本书是宁夏高等学校一流学科建设（教育学学科）资助项目（NXYLXK2021B10）研究成果

幼儿园课程论

YOUERYUAN KECHENG LUN

张阿赛◎主编

中国社会出版社
国家一级出版社·全国百佳图书出版单位

图书在版编目（CIP）数据

幼儿园课程论 / 张阿赛主编 . -- 北京 ：中国社会出版社，2022.10
ISBN 978-7-5087-6742-0

Ⅰ.①幼… Ⅱ. ①张… Ⅲ.①幼儿园－课程－教材
Ⅳ.①G612

中国版本图书馆 CIP 数据核字（2022）第 180573 号

出 版 人：浦善新
终 审 人：陆　强
责任编辑：杜　康
责任校对：刘云燕
封面设计：尹　帅

出版发行：中国社会出版社
邮政编码：100032
网　　址：shcbs.mca.gov.cn
经　　销：新华书店
地　　址：北京市西城区二龙路甲 33 号
编 辑 部：(010)58124864
发 行 部：(010)58124864；58124845

印刷装订：河北鑫兆源印刷有限公司
印　　张：20.25
版　　次：2022 年 10 月第 1 版
定　　价：79.00 元
开　　本：170 mm×240 mm　1/16
字　　数：340 千字
印　　次：2022 年 10 月第 1 次印刷

中国社会出版社微信公众号

中国社会出版社天猫旗舰店

前　言

本书适应“新文科”建设的需求，在培养“知识+能力+品行”的学前教育专业应用复合型人才的目标导向下，以“OBE”（Outcome Based Education）理念为教材建设引领，在编写过程中遵循以学生为中心、产出为导向、持续改进的教育逻辑。

本书主要作为学前教育专业本科生使用的教材，也可以作为幼儿教育工作者的学习和工作参考。本书与同类教材相比，内容实现了有广度、有深度、有温度的“三度”标准。一是有广度。跨课程重组教学内容，优化教材内容结构；厘清本课程与前继、后续课程间的层次衔接关系，跨课程关联知识内容，删减无必要的重复内容，调整必要的重复内容，补充共同的缺失内容。二是有深度。融入前沿研究新进展、新成果，拓展深化教材内容。三是有温度。理论与实践知识交互渗透，实现“理、实一体化”；融合课程思政内容，增强价值引领作用，提升教材内容的“温度”。

本书共3篇9章，第一篇为“知识篇”，包括第一章幼儿园课程概述、第二章幼儿园课程目标、第三章幼儿园课程内容、第四章幼儿园课程实施、第五章幼儿园课程评价，旨在帮助学习者全面理解幼儿园课程的基础知识，系统掌握幼儿园课程的基本结构和设计内容；第二篇为“能力篇”，包括第六章幼儿园课程开发、第七章幼儿园主题活动，旨在帮助学习者掌握幼儿园课程开发的模式，综合运用幼儿园课程目标、内容、实施和评价的相关理论进行幼儿园课程开发，利用本土化课程资源尝试开发“园本课程”，介绍幼儿园常见的教育活动形式（幼儿园主题活动），帮助学习者实现幼儿园课程理论知识在幼儿园教育活动实践中的转化与实施；第三篇为“视野篇”，包括第八章国外幼儿园典型课程、第九章国内幼儿园典型课程，旨在帮助学习者掌握国内外幼儿园典型课程的基本观点，尝试运用幼儿园典型课程理论分析我国当前幼儿园课程问题，把握国内外幼儿园课程的新变化和新趋势，树立构建“本土化”幼儿园课程体系的愿景。

本书还提供丰富的线上与线下课程资源，如练习题、拓展阅读资料等，巩固学习者的专业理论，提升学习者的实践能力，拓展学习者的学习视野。

本书在编写过程中，编者参考、引用、借鉴了许多国内外研究学者的研究成果，在此深表感谢。书中仍有疏漏或不当之处，敬请广大读者批评指正。编者希望在不断修订与完善的过程中，本书能够达到线上与线下的“时空融合”、理论与实践的“产学融合”、专业与价值的“思政融合”的“三合”效果。

编　者

2022 年 7 月

目　录

知识篇

能力篇

视野篇

知识篇

第一章　幼儿园课程概述

内容导航：

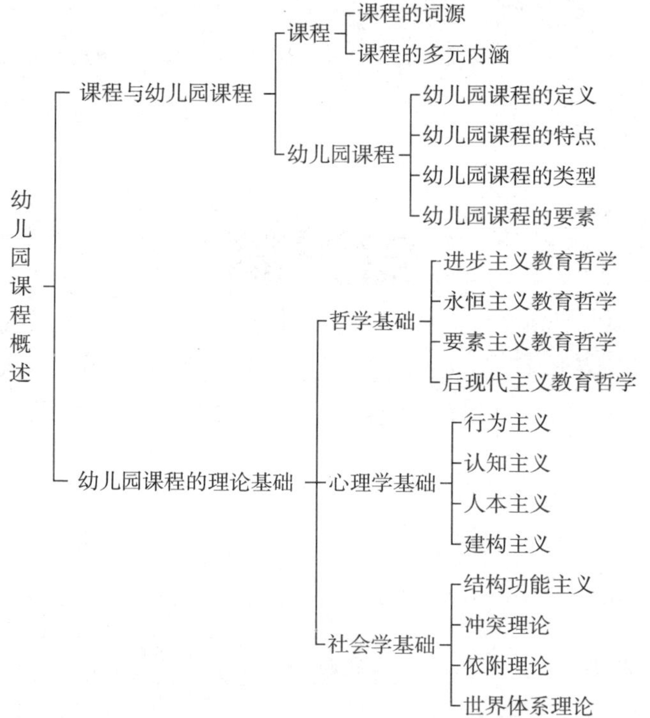

学习目标：

1. 掌握幼儿园课程的概念、类型和要素；

2. 能够结合幼儿园教育实践分析幼儿园课程的特点；

3. 理解幼儿园课程理论的哲学、心理学和社会学基础；

4. 萌发利用幼儿园课程的理论基础分析与处理幼儿园课程建设问题的意识；

5. 明确幼儿园课程建设必须关注优秀传统文化；

6. 在学习中感悟幼儿教师的历史使命与责任担当。

问题情境：

1. 回忆幼儿园、小学、中学和大学的学习生活，思考回答“什么是课程”？

2. 小时候，你参加过哪些幼儿园课程或活动？大学时，通过见习观察，你发现幼儿园开设了哪些课程？比较当今和小时候的幼儿园课程，有哪些变化？

课程论为一门独立的学科，隶属于教育科学，是教育科学系统的一门分支学科，幼儿园课程论则是根据幼儿园教育特点从课程论中独立出来的一门学科，强调幼儿园课程理论与实践的结合。幼儿园课程是幼儿园教育的核心，如何确定幼儿园教育目标、选择幼儿园教育内容、组织与实施幼儿园教育活动等，都是与幼儿园课程有关的问题。幼儿园课程概述是全书的起点，也是学习与研究幼儿园课程的逻辑起点。

第一节　课程与幼儿园课程

一、课程

（一）课程的词源

我国古代在出现“课程”一词之前，人们已经认识到要达到更好的教育效果，需要根据学生年龄、学业水平安排课程内容，例如春秋时期的“六艺”，即礼、乐、射、御、书、数，就是我国分科课程实践的先河；儒家经典“四书”“五经”作为封建社会长期的重要课程内容，影响重大且深远。据考证“课程”一词最早出现于唐代。我国唐代学者孔颖达为《诗经·小雅·巧言》中“奕奕寝庙，君子作之”一句注：“教护课程，必君子监之，乃得依法制也。”宋代朱熹在《朱子全书·论学》中指出“宽着期限，紧着课程”“小立课程，大作工夫”等。此处的课程指功课及进程。在我国，朱熹最早站在学习科目的角度提出“课程”一词，包括教学科目、教学时序等。

英语中的课程“curriculum”一词来源于拉丁语“currere”。英国教育思想家赫伯特·斯宾塞（Herbert Spencer）在《什么知识最有价值?》（1859年）一文中第一次使用这一术语。用名词形式解释，其含义为“跑道”，即“学程、学习的轨道或蓝图”，课程即为儿童设计的学习轨道，预先、专门设计关于教育内容和学习进程的总体规划、方案；用动词形式解释，其含义为“奔跑”，即“学习的过程”，课程即为儿童对自己学习经验的认识，更加注重教育过程。

专栏1-1 中西方对课程问题的著述①

《学记》“比年入学，中年考校；一年视离经辨志，三年视敬业乐群，五年视博习亲师，七年视论学取友，谓之小成。九年知类通达，强立而不反，谓之大成”。

《史记》“孔子以《诗》《书》《礼》《乐》教弟子”。孔子不仅开创了我国分科课程之先河，而且还对这些科目内容的价值进行过论述。

《论语》“子曰：兴于《诗》，立于《礼》，成于《乐》”。

《理想国》 古希腊哲学家柏拉图认为哲学是最高的学问，其基础学科是算术、几何、天文学、音乐等，以及体育、文法学、修辞学。这一论述对于古希腊、古罗马和欧洲中世纪“七艺”的确立产生了深远影响。

《大教学论》 捷克教育家夸美纽斯提出了“把一切事物教给一切人”的主张，并设计了“泛智”的课程内容，即“百科全书式”的课程。

《普通教育学》 德国教育家赫尔巴特提出了根据学生的多方面兴趣设置相应课程的主张。

《教育论》 英国教育思想家斯宾塞提出了“教育预备说”的主张，对人的完满生活作了划分，明确提出了“科学知识最有价值”的卓越见解。其中，他的关于“什么知识最有价值”的问题，成为课程理论与实践中无法回避的关键问题。

① 钟启泉．课程论［M］．北京：教育科学出版社，2014：6.

（二）课程的多元内涵

在教育史上，国内外学者对课程内涵有不同的解读，正如学者施良方所说：“每一种课程定义都蕴含着某种哲学假设和价值取向，蕴含着某种意识形态以及对教育的某种信念，从而表明了这种课程最关注哪些方面。”① 教育学家对课程的内涵有着多元界定，目前对课程本质的理解主要有四种。

1. 课程即科目

课程即科目的基本观点为“课程是学习科目的总和”，指一种或教或学的内容，是学生学习的对象，是客体。我国古代的“六艺”（礼、乐、射、御、书、数）和欧洲中世纪初的“七艺”（文法、修辞、辩证法、算数、几何、音乐、天文学）是典型代表，英国著名教育思想家斯宾塞主张课程是由系统的知识构成的学科或科目，苏联也长期把课程看成学校传授的学科。综观教育史，代表性观点包括：课程是教材；课程是老师传授的东西；课程是在老师指导下，在学校内外所传授的东西；课程是系列学习材料；课程是学习内容等。课程即科目解决了课程内容问题，认为静态知识或知识体系构成了课程，在当今的教育实践领域仍起重要作用。但是只关注“教什么”，不关注“为什么而教”和“怎样教”；只关注知识的逻辑、结构和体系，不关注学生的需要、兴趣、能力以及所学知识对学习者个人的意义；只关注学生的认知学习，不关注学生的全面发展；对课程的理解局限于客观外在的间接经验，忽略学习者在学校生活和活动中所获得的各种鲜活的直接经验和主体体验。

2. 课程即经验

课程即经验的基本观点为“课程是学生的学习经验”，把课程视为学生在教师指导下或自发获得的经验或体验，课程的关注点以学生为主体。美国教育家约翰·杜威（John Dewey）是该观点的集大成者，他认为课程的起点和基础是儿童的经验，儿童需要在经验中学习，“需要把各门学科的教材或知识各部分恢复到原来的经验”。受杜威的影响，美国著名课程论专家卡斯威尔（H. L. Caswell）和坎贝尔（D. S. Campbell）认为，“课程是儿童在教师指导下

① 施良方. 课程理论：课程的基础、原理与问题［M］. 北京：教育科学出版社，1996：1.

所获得的一切经验”，后来也有一些课程专家把儿童在学校所获得的自发经验纳入课程体系之中，这就更加扩大了课程的范围。综观教育史，代表性观点包括：课程是学习者在学校所经历的经验；课程是学习者在学校所获得的一系列经验等。课程即经验使教师从过去只关注“教什么”，开始关注“为什么教”“怎样教”“为什么这样教”，以及“这样教会对学生产生什么影响”，但是学习经验是学习者在学习过程中产生的，因而带有主观性、个体内在性和模糊性（无标准性），这对于教师来说难以把握、挑战性强、实践上难以实行。

3. 课程即目标

课程即目标的基本观点为“课程是培养人的蓝图和计划”，将预期的结果和目标视为课程，将内容或经验视为课程手段。美国学者约翰·富兰克林·博比特（John Franklin Bobbitt）、美国教育学家拉尔夫·泰勒（Ralph W. Tyler）、美国教育心理学家罗伯特·米尔斯·加涅（Robert Mills Gagne）、W. 詹姆斯·波帕姆（W. James Popham）等英美课程专家均是持这种观点的代表，他们普遍认为课程是教育者企图达成的教学目标或希望学生达到的学习结果。综观教育史，代表性观点包括：课程是学习计划；课程是系列行为目标等。课程即目标力图纠正“经验说”的失之过宽、教材说的失之过窄问题，在这种观点下，课程的核心任务是选择和制定目标，然后围绕目标选择组织学习经验，并进行教育评价。在该观点下，目标是教育追求的方向和目的，也是评价的标准，强调教育的目的性、可操作性。自其产生以来，影响极大，当今课程编制中的“目标模式”就是由此演化而来的一种课程编制模式，但是过分强调静态设计、预成课程，忽视动态设计、生成课程的倾向，不易照顾课程实施中变化的教育环境及客观要求。

4. 课程即活动

课程即活动的基本观点为“学生的学习取决于他参加了什么活动，课程应为‘在学校教师的指导下出现的学习者学习活动的总和’”，课程成为一种教育活动，是学习者各种自主性活动的综合。我国台湾学者欧用生主张“课程是指有计划的学科或其他活动”，王策三教授认为“课程不仅包括学科，还有其他内容如劳动和其他各种活动”。综观教育史，代表性观点包括：课程是学习进程；课程是学校中所进行的各种活动等。课程即活动避免了课程科目说的“唯知识论”，克服了课程经验说的无标准性，比较好地把握了主体与客体、过程与结果的关系；在教学与活动高度统一的情况下，有学生的自主活动才有教学的发生，才能实现课程目标；有利于改变课程工作者的视角，促使他们同时注意学习对象（教学内容）和学习主体（学生）。但是在实践中，容易造成本末倒置，为活动而活动；过分强调一切学习都要从活动实践开始，强调从实践中获得的直接经验，并不完全反映学生学习的本质特征。

综上所述，课程客体论（课程即科目，课程即目标）关注学习客体，强调课程静态设计与预设的一面；课程主体论（课程即经验）关注学习主体，强调学生主体的经验与体验；课程活动论（课程即活动）强调学生与教育情景互动的活动是学生获得有益经验的必由之路。四种观点指向特定社会历史条件下的课程问题，有其合理性，同时各有局限性。对于课程工作者来说，重要的不是确认这种或那种课程定义，而是意识到各种课程定义所要解决的问题和与之相伴的新问题，然后根据课程实践的具体要求作出自己明智的选择。我们将课程定义为：教育者以一定的社会目标和发展人的目标为导向，根据学习者的兴趣和需要，选择合适的教育内容，在教育情境中对学习者的身心施加影响，使其获得有益经验的全部教育性活动。①

专栏 1-2　课程论的形成与发展阶段

前学科化研究时期（1890—1917 年）。19 世纪末美国的课程研究逐渐流行起来，但研究成果仍较零散，缺乏系统性，所使用的研究方法以主观思辨为主。1910 年后课程研究逐渐从哲学思辨向实证研究转变。课程研究尚未成为学科化的专门领域。

学科化研究的形成时期（1918—1948 年）。1918 年，博比特出版《课程》一书，标志着课程作为专门研究领域诞生的里程碑，是世界教育史上第一本课程理论专著。“科学管理原理”在课程领域产生了巨大影响。此时期课程研究表明专门化的学科领域已经形成，但在课程研究的基本问题上，带有浓厚的“技术化”色彩，理论框架尚未形成，学术水平不高。

---

① 陈文华．幼儿园课程论［M］．北京：科学出版社，2011：4.

理论体系的构建与发展时期（1949 年以后）。20 世纪 50 年代以前，泰勒原理、教育目标分类学、美国 H. 塔巴（Hilda Taba）的课程编制；20 世纪五六十年代，美国乔治·A. 比彻姆（G. A. Beauchamp）在 1961 年出版《课程理论》，探索课程理论体系建构，美国杰罗姆·布鲁纳（Jerome Seymour Bruner）的结构课程理论得到认同和推广；20 世纪 70 年代以后，人本主义课程理论关注的是学生的学习起因，即学习情感、信念和意图等，主张课程是满足学生成长和个性整合需要的自由解放的过程，学校课程要为学生提供一种促使他们去学习的情景。综观 1949 年以来的课程研究，最显著的特点就是课程理论体系的形成，课程研究更加全面系统深入，出现了百家争鸣、百花齐放的多元化态势。

二、幼儿园课程

（一）幼儿园课程的定义

早在 20 世纪 30 年代，我国的幼教先驱们就对幼儿园课程进行了深入研究，幼儿园课程理论研究成就显著。陶行知提出："全部的课程包括了全部的生活：一切课程都是生活。一切生活都是课程。我们不知道什么是课内活动和课外活动。"陈鹤琴强调："幼儿园应该给儿童一种充分的经验，这种经验的来源有二：一是与实物的接触，二是与人的接触。应该把儿童能够学而且应该学的东西有选择地组织成系统，应该以儿童的两个环境——自然环境和社会环境为中心组织幼儿园的课程。"同时期的张雪门曾提出："课程是什么？课程是经验……幼儿园课程是什么？就是给三足岁到六足岁的孩子所能够做而且喜欢做的经验的预备。"张宗麟也指出："幼稚园课程者，由广义的说之，乃幼稚生在幼稚园一切之活动也。"不难看出，我国教育学家关注的课程重心是幼儿的经验、活动、生活等，对当今的幼儿园课程工作者仍有重要的借鉴意义。

目前我国幼儿园课程主导的定义为课程活动论，幼儿园课程指教育者以一定的社会发展和培养人的目标为导向，针对处于幼儿园学习阶段的幼儿，根据其身心发展需要和社会性发展需要，充分利用幼儿园内外的教育情境，选择适合幼儿全面素质发展的学习内容，对幼儿的身心施加影响，使其获得有益发展的全部活动。[①] 幼儿园课程表现形式多样，凡是作为实现幼儿园教育目的的手段而运用的、能够帮助幼儿获得有益的学习经验的活动，无论是集体教学活动，还是游戏或生活活动，都是幼儿园课程的组成部分。

课堂思考：根据幼儿园课程的定义，判断幼儿教师带领幼儿去超市买鸡蛋，引导亲子在家煮、煎、蒸鸡蛋，幼儿在幼儿园科学区自主实验如何区别生鸡蛋和熟鸡蛋，哪些是幼儿园课程？为什么？

答案分析：题目涉及的活动，均属于幼儿园课程。因为上述活动虽然在社区超市、家庭厨房、幼儿园教室区角等园内外不同的教育情境下进行，但均是教师以目标为导向，根据3～6岁幼儿身心发展规律，选择适合幼儿全面和谐发展需要的学习内容，并对幼儿身心施加影响，使其获得社会交往、生活烹饪经验、科学启蒙知识等方面有益发展的活动。

（二）幼儿园课程的特点

课程是学校教育的核心，学校教育是多层次的，从幼儿园教育、小学教育、中等教育，再到高等教育，每一阶段的课程都是针对特定年龄的教育对象而设计和实施的，教育对象的身心发展的特点和规律决定了不同层次课程的特点。3～6岁幼儿正处于身心迅速发展阶段，在学习与发展上区别于其他年龄段儿童的基本规律，因此幼儿学习与发展的规律决定了幼儿园课程的特点。

1. 幼儿园课程的基础性

幼儿园课程的基础性，又称根基性、启蒙性，主要表现在两个方面：一方面，从教育体制的角度看，幼儿园教育是基础教育的重要组成部分，是学校教育体系的起始环节，幼儿园课程为儿童日后学习奠定良好的基础；另一方面，从人的发展的角度看，处于幼儿园学习阶段的3～6岁幼儿身心发展正处于关键期，此阶段的经验和发展对幼儿一生的影响最大，幼儿园课程需要为儿童的一生发展奠定良好基础。

课堂思考：用手机触碰回形针，结果会怎样？如果中间隔一张纸，回形

① 陈文华．幼儿园课程论［M］．北京：科学出版社，2011：4.

针还能被手机吸住吗？它们还会在手机上“跳舞”吗？思考并分析，该活动如何体现幼儿园课程的启蒙性？

答案分析：手机能够吸起回形针，隔着纸也可以吸住。幼儿虽然不能一下子理解科学原因，但并不妨碍幼儿对这一现象着迷。儿时的爱因斯坦对罗盘无比好奇，今天的孩子很好接触指南针，每天都能见到的手机同样可以为他们打开一个奇妙的世界。幼儿园课程重在知识的启蒙，而非知识的传授；重在未来的奠基，而非眼前的进步。

2. 幼儿园课程的活动性与直接经验性

在活动中，幼儿以直接经验为基础的“做中学”才是有意义的理解性学习。瑞士心理学家让·皮亚杰（Jean Piaget）认为：2～7 岁儿童的思维处于克服各种心理障碍逐渐向逻辑思维过渡的“前运算阶段”，这一阶段的儿童主要是表象性思维，思维的基本特点是相对具体性、直观形象性。因此，幼儿园课程必须借助于具体的情境、具体的事物，引导幼儿在参与、探索和交往中学习。幼儿园课程的实施，关键在于为幼儿创设适合其身心发展的丰富的活动情境与氛围，使幼儿在主动探究的过程中获得经验和发展。2012 年教育部颁布的《3～6 岁儿童学习与发展指南》（以下简称《指南》）明确指出：“幼儿的学习是以直接经验为基础，在游戏和日常生活中进行的。要珍视游戏和生活的独特价值，创设丰富的教育环境，合理安排一日生活，最大限度地支持和满足幼儿通过直接感知、实际操作和亲身体验获取经验的需要，严禁‘揠苗助长’式的超前教育和强化训练。”2016 年教育部颁布的《幼儿园工作规程》（以下简称《规程》）明确指出：“以游戏为基本活动，寓教育于各项活动之中。”因此，幼儿园课程要具有活动性和生活经验性，游戏是幼儿的基本活动形式。

课堂思考：小班的“乘坐公交车”活动中，教师带领幼儿真实体验乘坐公交车，并在班内设计“公交车”（活动区），幼儿们有的扮演公交车司机，有的扮演乘客，有的扮演售票员或刷卡器等，玩得不亦乐乎。思考并分析，该活动如何体现幼儿园课程的活动性？

答案分析：在“乘坐公交车”活动中，教师通过带领幼儿进入真实的教育情境（乘坐公交车），引导幼儿通过以直接经验为基础的体验学习，掌握乘坐公交车的方法。在班内创设的“公交车”的活动区，为幼儿创设了模拟的教育情境，提供了充分的自由探索与互动机会，体现了幼儿园课程的活动性和直接经验性。

3. 幼儿园课程的生活性

幼儿正处于身心发展的特殊时期，在这一阶段需要养成一些基本的生活卫生习惯、培养一定的生活自理能力与学习一些基本的与人相处的态度及基本的常识等。幼儿园课程的生活性主要表现在两个方面：一方面，“为了生活，源于生活”，幼儿进入幼儿园后，离开了家长的悉心照顾，他们需要在幼儿园学习一些生活常识，这也就决定了幼儿园课程必须体现生活性原则；另一方面，“通过生活，学会生活”，幼儿园课程实施贯穿于幼儿的生活，幼儿在生活中学生活，在生活交往中学交往，在生活劳动中学劳动……《指南》明确指出：“幼儿的学习是以直接经验为基础，在游戏和日常生活中进行的。要珍视游戏和生活的独特价值，创设丰富的教育环境，合理安排一日生活……”从这一意义上看，幼儿园课程要具有生活性。

课堂思考：在大班“运动中的着装”活动中，举行幼儿跳绳比赛，教师要求每个幼儿都要精心准备跳绳服饰，孩子们有的穿着民族服装，有的穿着长长的公主裙，有的头上戴着挂着长长穗子的帽子，甚至有一个幼儿头上戴着一个很重的大头娃娃等。教师要求幼儿说一说：“你为什么选择这套服饰？”孩子们争相回答，有的说“漂亮”，有的说“好玩儿”，有的说“我喜欢这样的服饰”……教师：“我们来找一个空地方进行跳绳比赛，看看你穿的服饰是否影响你跳绳？”幼儿在教师哨声下开始跳绳。思考并分析，该活动有无体现幼儿园课程的生活性？

答案分析：在幼儿园生活了近三年，大班幼儿在幼儿园参加过不计其数的体育活动和游戏；在家中也参加过爬山、郊游等各类远足活动，他们在园内外生活中积累了参加体育运动的相关经验，而且大班幼儿的社会性已开始发展，并具有了一定的竞争意识。试想哪个幼儿愿意戴着重重的大头娃娃参加跳绳比赛呢？教师如此故意的“强加”设计，违背了幼儿园课程的生活性。陈鹤琴认为：“儿童离不开生活，生活离不开健康教育；儿童的生活是丰富多彩的，健康教育也应把握时机。”在这个活动中，孩子们仿佛只是活动过程中的一个个“道具”，这种不顾幼儿的生活经验，为设计而进行的设计不仅不能激活幼儿的思维，反而使他们的思维处于僵化、呆板的状态。

4. 幼儿园课程的全面性与整合性

幼儿的身心发展水平和学习特点决定了幼儿园课程应该是全面的、高度整合的课程，必须以实现幼儿身体的、认知的、情感的、道德的、社会性等方面的和谐发展为目标，培养完整儿童。《指南》中明确指出：“关注幼儿学习与发展的整体性。儿童的发展是一个整体，要注重领域之间、目标之间的相互渗透和整合，促进幼儿身心全面协调发展，而不应片面追求某一方面或几方面的发展。”因此，幼儿园课程应涉及多个学科、多个领域，并使之相互联系、相互促进，从而构成一个有机的发展整体。

课堂思考：分析儿歌《勇敢是什么?》可以整合哪些领域内容？促进幼儿哪些方面的发展？

勇敢是什么？

勇敢是摔倒了不哭，自己爬起来；

勇敢是不管药多苦，也要喝下去；

勇敢是一个人在家，一个人睡觉；

勇敢是大胆地一个人走过吊桥；

勇敢是打雷闪电我不怕；

勇敢是碰到困难还能坚持；

勇敢是上课想玩玩具忍住不玩；

勇敢是大胆上台表演；

勇敢是对不好的要求说不；

勇敢是有信心迎接挑战。

答案分析：该儿歌可以整合健康、语言、社会、科学、艺术5个领域的内容，具体包括健康领域身体、心理和社会适应方面的内容，语言领域语言理解与表达方面的内容，社会领域人际交往和社会适应方面的内容，科学领域科学知识启蒙（如打雷闪电现象是怎么产生的），艺术领域感受、表现和创造儿歌美。促进幼儿形成遇事沉着、冷静，并勇敢大胆地处理生活中困难问题的品质和能力；根据儿歌情景联系实际生活，发展文学想象力与创造力等。

5. 幼儿园课程的潜在性

幼儿园教育是有目的、有计划的教育过程，幼儿园课程也有明确的课程目标和基本学习领域，但是由于幼儿身心发展和学习的特点，幼儿园课程不是体现在课表、教材、课堂中，而是体现在生活、游戏和其他幼儿喜闻乐见的各种活动形式中。幼儿知识经验贫乏，自我辨别与自我控制的能力较低，模仿力强，幼儿园的一砖一瓦、一草一木，教师的一言一行、一举一动无时无刻不影响着幼儿的发展。虽然怎样创设环境，怎样支持幼儿的探索学习，都是教师根据幼儿园课程的目的、内容要求精心设计的，但这些内容、目的和要求仅仅存在于教师的意识和行动中，幼儿并不能清楚地认识到。幼儿感受到的更多是环境、生活、活动、材料和教师不经意的行为，而不是教育者的教育目的和期望。《指南》也明确指出："幼儿的社会性主要是在日常生活和游戏中通过观察和模仿潜移默化地发展起来的。"因此，潜在性也是幼儿园课程的重要特性，幼儿园课程蕴含在环境、材料、活动和教师的行为中，潜移默化地对幼儿起作用。

思考回答：你如何理解"幼儿园的环境是第三位老师"这句话？

答案分析：幼儿园环境是重要的课程资源，它对幼儿的影响具有无意识性、非预期性、不易察觉性、多样性等特点，可以引发幼儿与环境的活动、幼儿与材料的互动、幼儿之间的互动、师幼之间的互动，潜移默化中促进幼儿发展。

幼儿园课程还具备诸多其他特点，如游戏性、适宜发展性、开放性等。《规程》指出，幼儿园教育工作要"以游戏为基本活动"，幼儿的游戏蕴含着丰富的教育价值，是幼儿园课程整体结构中的重要形式，此外，教师专门设计、组织和指导的学习活动，也要强调其"游戏性"，因此幼儿园课程具有游戏性；幼儿园课程必须以幼儿的身心健康和谐发展为目标，必须适宜于并有利于幼儿发展，要适应幼儿身心发展的客观规律和特点，因此幼儿园课程具有适宜发展性；幼儿园教育是幼儿园、家庭和社区协同共育的过程，幼儿园要充分利用家庭、社区的人力、场所等教育资源，三者协同促进幼儿发展，因此幼儿园课程具有开放性。

（三）幼儿园课程的类型

按照不同的标准，可以将课程和幼儿园课程划分为不同类型：按照课程内容设计方式，可划分为学科课程和活动课程；按照课程知识分化程度，可划分为分科课程和综合课程；按照影响学生的方式，可划分为显性课程和隐性课程；按照课程的形成方式，可划分为预设课程和生成课程；按照课程哲学观基础，可划分为学科中心课程、儿童中心课程和社会中心课程。

（四）幼儿园课程的要素①

1. 幼儿园课程的核心要素——教育理念

幼儿园课程的教育理念即价值取向，是幼儿园课程所依据的教育哲学观及其所反映的教育目的。幼儿园不同课程间的差异首先主要表现在其所依据的教育哲学观和所确定的教育目标上。

各种幼儿园课程的教育哲学观和教育目标的差异主要表现为：强调培养幼儿一般的社会性，主张要帮助幼儿在未来获得成功，最为重要的保证是向他们提供以幼儿为中心的生活经验，因此，课程计划应起始于对幼儿发展特征的分析，并与幼儿的需要和兴趣相一致，这就意味着中、小学的课程应与幼儿园课程相适应；强调进行某种学习，特别是在学业领域中的知识技能学习，主张幼儿园教育应为幼儿在成人以后的成功打下基础，幼儿园课程应与当今教育制度保持连续性，特别强调要为幼儿提出有序的教育要求，为幼儿进入小学做好准备，这意味着幼儿园课程应与中、小学课程相衔接和贯通。如果运用简化的方法反映幼儿园课程所持有的基本教育理念，那么，任何幼儿园课程都可以在这个“连续体”上找到一个合适的位置，如图 1-1 所示。

幼儿的自然发展 幼儿一般能力的获得	←——→	教师预定的教育任务 学业知识和技能的获得
对幼儿自然发展和一般能力的强调		对教师教学的学业知识、技能的强调

图 1-1　幼儿园课程的教育理念构成的“连续体”

① 胡娟．幼儿园课程概论［M］.（第二版）. 上海：复旦大学出版社，2021：12-13.

2. 幼儿园课程的基本要素

幼儿园课程目标、幼儿园课程内容、幼儿园课程实施和幼儿园课程评价是幼儿园课程的基本要素。接下来会在第二章、第三章、第四章、第五章对上述四要素进行详细解读，在此不再一一赘述。

3. 幼儿园课程核心要素和基本要素的关系

幼儿园课程的教育理念决定着课程 4 个基本要素的内容，在教育理念的统合之下幼儿园课程目标、内容、方法和评价就形成一个协调的整体，并发挥其总体的功能。

在“强调幼儿的自然发展和一般能力的获得”的教育理念下，幼儿园课程常被看成幼儿在幼儿园中所获得的全部经验，课程目标会以幼儿活动经验为主要取向，课程内容会围绕幼儿生活经验展开，课程实施多以个体或小组的方式进行，课程评价则以教师自我评价为主。这种价值取向的幼儿园课程多以综合的方式呈现，当然也会以学科或领域的方式呈现，但是“学科”“领域”等也只是表面形式，其本质还是强调以儿童为中心。因此，幼儿园课程注重幼儿本身的活动，注重幼儿园环境的创设，注重教师对幼儿发展和学习规律的把握，注重运用以自然评价为主的方式评价幼儿园的教育质量。

在“强调教师预定的教育任务，强调学业知识和技能的获得”的教育理念下，幼儿园课程常被看成学科或科目，课程目标以幼儿获得预期行为变化为主要取向，课程内容基于学科的逻辑体系加以选择和组织，课程实施以集体的、传递的方式进行，课程评价则以客观结果为评价标准。这种价值取向的幼儿园课程多以学科的方式呈现，当然也会以综合的方式呈现，但是其所谓的“综合”“整合”“主题”等只是表面形式，而其本质还是强调教师为中心展开的教学，强调幼儿达到社会或教师预定的行为标准。因此，幼儿园课程注重课程标准的制定，注重教科书的编写，注重教师专业技能的训练，并注重按统一的标准评价幼儿园的教育质量。

任何一种教育理念都有其存在的价值，幼儿园课程的魅力在于张力状态，过分倾向于某种理念会有失偏颇，幼儿园课程工作者需要在研究与实践中不断调整与平衡。在“强调幼儿的自然发展和一般能力的获得”的教育理念下，也必须考虑和利用好知识手段，才能真正获得有效经验；在“强调教师预定的教育任务，强调学业知识和技能的获得”的教育理念下，也要充分调动作为主体的幼儿的主动性和积极性，否则便会导致幼儿掌握的知识有限。图 1-2 呈现了不同教育理念下幼儿园课程核心要素与基本要素的关系。

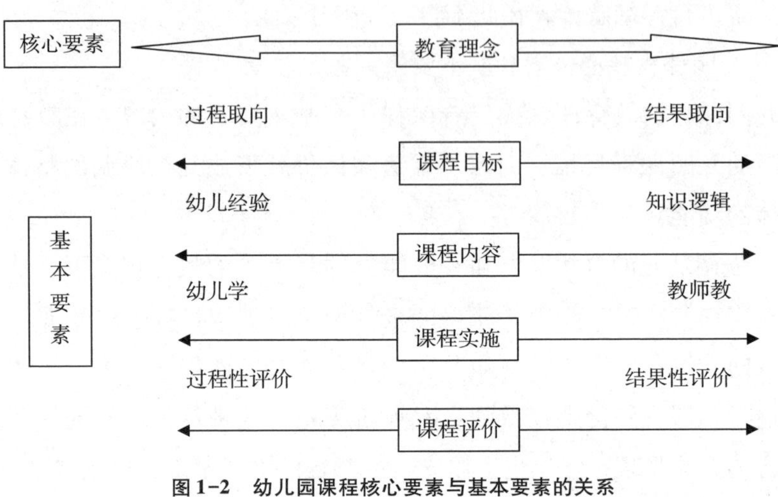

图 1-2　幼儿园课程核心要素与基本要素的关系

第二节　幼儿园课程的理论基础

幼儿园课程理论有其哲学、心理学和社会学理论基础，幼儿园课程的发展与这些基础理论的发展密切关联。了解幼儿园课程的理论基础，有利于更好地指导幼儿园课程工作实践。

一、哲学基础

心理学和社会学是从哲学母体中分化出来的，哲学是幼儿园课程最重要的理论基础。不同的哲学学派与思潮应用在教育领域，形成了不同的教育哲学流派，代表性流派包括：进步主义教育哲学、永恒主义教育哲学、要素主义教育哲学以及后现代主义的教育哲学。

（一）进步主义教育哲学

实用主义哲学在教育领域中的应用即形成了进步主义的教育哲学观，发端于 19 世纪末，蓬勃发展于 20 世纪上半叶，杜威是其代表人物。杜威批判哲学领域中的形式主义，崇尚“实用主义的真理理论”，认为世界上不存在永恒的真理，否认真理的普遍性、绝对性和客观性，认为“实用效果”“有用与否”才是衡量真理的标准。进步主义哲学不仅指导了19世纪末20世纪初的美国“进步主义教育运动”，还引发了一场历时几十年的具有世界影响的课程与教学改革运动。杜威认为，以学科为中心、以教师讲授为中心的传统课程与教学弊端显著，提倡“以儿童为中心”的理念，主张应把课程与教学同儿童的生活经验相结合，应以儿童为出发点、为中心、为目的，促进儿童的成长和发展。杜威反对将课程内容等同于教材中所罗列的抽象知识，而强调以“经验”为中心的课程内容，以儿童为中心的组织内容。在教学问题上，以杜威为代表的进步主义者认为知识必须通过积极主动的活动得来，必须与经验结合在一起，在此基础上，杜威提出了“教育即生活”“从做中学”的教学主张。

（二）永恒主义教育哲学

永恒主义教育哲学产生于20世纪30年代，主要代表人物是美国教育家罗伯特·哈钦斯（Robert M. Hutchins）、美国教育家艾德勒（Mortimer J. Adler）等人。永恒主义认为，世界是由先验的“实在”所组成的，因而在世界上存在着由“实在”构成的永恒不变的真理，主张过去的东西是卓越的，特别是由伟大的著作家及其著作所代表的过去的成就是无与伦比的。在课程问题上，强调教育的最高目的是促进学生理智发展；从“永恒真理”中引申出“永恒的学科”，强调学校应该以“永恒学科”（即历代伟大哲学家、思想家的伟大著作）为核心为学生设计和确定课程；永恒主义紧紧围绕理智训练这一宗旨，将永恒学科分为理智训练内容的学科（哲学、文学、历史）、理智训练方法的学科（数学、科学、艺术）和理智训练工具的学科（英语、拉丁语、希腊语等）三类，形成了大百科全书式的课程内容体系；推崇苏格拉底的教学方法，认为苏格拉底的方法最能发展人性、实现理智训练的目的；教育是教师有目的、有计划地培养学生理智的活动，教师是专业工作者，是学生学习的指导者和引路人，教师有能力也有责任对学生严加管教。

（三）要素主义教育哲学

要素主义产生于20世纪30年代，主要代表人物是美国教育家威廉·钱德勒·巴格莱（William Chandler Bagley）、德米亚谢维奇（Michael Demiashevich）、莫里逊（Henry Morrison）等。要素主义基本观点强调人类文化的“共同要素”，认为在人类的文化遗产中，存在着永恒不变的、共同的、超时空的要素，它们是种族文化和民族文化的基础。要素主义倡导“社会进化论”，认为社会进化就是“积累精华知识的过程”，社会发展的过程就是文化传承的过程。在个人与社会的关系上，强调个人对社会的遵从、责任和义务。对课程的影响主要表现在：课程内容的选择方面，为实现社会进步，应将人类文化中的“共同要素”（即学习习惯和基本技能、知识、理想和情感化的准则、态度）作为学校课程的内容；课程内容的组织与编排方面，主张恢复各门学科的自身逻辑，按照严格的系统编写教材；教学过程方面，认为教学过程必须是一个训练智慧的过程，强调传统的心智训练，强调学生在学习上必须努力和专心，强调教师在教学中的核心地位。

（四）后现代主义教育哲学

后现代主义是20世纪后半期西方社会广为流行的哲学、文化思潮，主要代表人物有法国的哲学家雅克·德里达（Jacques Derrida）、米歇尔·福柯（Michel Foucault），美国哲学家伊哈布·哈桑（Ihab Hassan）、弗雷德里克·杰姆逊（Fredric R. Jameson）等。后现代主义哲学特征集中表现为：怀疑与否定的思维特征，对任何一种确定性的前提和假定都提出质疑，志在摧毁传统、封闭、僵化的思维方式；消除判断的价值取向，主张摒弃表达认识深度的模式，消解阐释的必要性，赋予不同的话语以平等的权利；非中心化和反基础、反权威的结构策略；实用性的知识观；多元化的方法论。20世纪70年代，后现代主义哲学被逐步引入课程研究领域，在美国出现了许多后现代课程理论学派，如概念重建主义、新马克思主义、多元文化主义、后结构主义、解构主义、建构的后现代主义等。美国课程论专家小威廉·E. 多尔（W. E. Doll）的开放性后现代主义课程与教学论颇具代表性，他指出现代主义课程与教学的主要特征是封闭性、简单性和累积性，而后现代课程与教学则强调“四R”，即课程是丰富的（Rich）、回归性的（Recursive）、关联的（Relational）和严密的（Rigorous），提倡“三S”，即需要将科学（Science）的理性与逻辑、故事（Story）的想象力与文化，以及精神（Spirit）的感觉与创造性结合起来[①]。后现代主义哲学对课程的影响主要表现在：目标方面，认为课程与教学目标随着课程与教学的展开，随着教师、学生及教材的互动，逐渐明确，并在行动中不断加以调整；课程内容方面，强调其开放性、变革性、情境性、价值化；课程实施方面，主张课程与教学的实施是一种开放的、具有启发性、激发对话的方式，教学是师生共同参与探究知识的过程，教师是“平等中的首席”；课程评价方面，认为应承认和尊重价值多元，承认和强调学生的组织、建构能力，关注学生的自我意识和创造性。

二、心理学基础

心理学以人为研究对象，幼儿园课程以幼儿为实施对象，心理学研究和幼儿园课程理论研究共同指向了人。因此，心理学是幼儿园课程的理论基础，为课程编制提供了幼儿心理发展的原因和规律，以及幼儿学习动机和过程等方面的信息。从约翰·弗里德里希·赫尔巴特（Johann Friedrich Herbart）首次提出教育学心理学化至今，心理学的研究成果极大地推动了教育学和课程理论的发展。行为主义、认知主义、人本主义和建构主义，对幼儿园课程理论研究的影响重大。

（一）行为主义

19 世纪末 20 世纪初，达尔文的进化论、巴甫洛夫的经典条件反射理论、桑代克的试误理论等，是早期行为主义产生的直接动因。行为主义心理学的形成与发展主要经历了经典行为主义、新行为主义和新的新行为主义时期。经典行为主义的创始人美国心理学家约翰·华生（John Broadus Watson），将心理学仅仅专注意识方面的研究转移到重视行为方面的研究上来，提出了刺激-反应学说；新行为主义的代表性人物美国心理学家伯尔赫斯·弗雷德里克·斯金纳（Burrhus Frederic Skinner）强调反应后的刺激，即强化，斯金纳的操作性条件作用理论认为学习的存在有两个必要条件：一是必须有反应；

① 小威廉·E. 多尔. 后现代课程观［M］. 王红宇，译. 北京：教育科学出版社，2015：序.

二是必须继以强化；新的新行为主义的代表性人物美国心理学家阿尔伯特·班杜拉（Albert Bandura）综合行为主义与认知心理学理论，通过实验得出了社会学习理论。

行为主义心理学的基本观点可以概括为以下几点：科学心理学所反映的对象只是能够客观观察和测量的外显的行为；多个个体的反应就是可知行为的整体；个体行为不是与生俱来的，而是受环境的影响被动学习而来的；对动物或儿童试验研究而得到的行为原则，可以被推广为人的行为原则。

行为主义心理学对幼儿园课程的影响主要表现在以下几个方面：课程目标要分解、要具体，强调目标的外显性和层次性；提倡教学设计，重视运用不同的教学技术，例如，斯金纳的程序化教学主张遵循小步子、积极反应、及时反馈、自定步调、低错误率的原则，班杜拉的社会学习理论强调榜样的作用等；尝试对幼儿的外显性行为进行评价，重视教学过程中的强化，例如斯金纳强调在课程组织过程中重视对学生行为的强化与惩罚，班杜拉则将强化划分为直接强化、替代性强化和自我强化。

（二）认知主义

认知主义心理学经布鲁纳、戴维·保罗·奥苏贝尔（David Pawl Ausubel）、加涅等人的研究拓展和深化，形成了多种思潮和流派，为课程与教学产生了多方面贡献。20 世纪 60 年代布鲁纳提出的认知-发现学习理论的主要内容包括：学习是学习者主动认知并形成认知结构的过程；学习过程是动作表征、形象表征和符号表征三种表征能力递进发展的过程；提倡发现学习。奥苏贝尔的认知-接受学习理论则认为：学习是通过同化将当前的知识与原来的认知结构建立实质的、非人为的联系，使知识结构不断发展的过程；提出了下位学习、上位学习、并列结合学习三种知识学习的同化模式；提出了一个主动为学习者提供背景知识的技术——先行组织者技术。20 世纪 70 年代中期到 80 年代，以加涅为代表的信息加工学习理论逐渐成为占主导地位的理论，加涅提出的信息加工模型被认为是解释学习者内部信息加工过程的基本模型。

认知主义心理学的基本观点可以概括为以下几点：学习是积极主动的过

程，是认知结构的组织和再组织过程；学习是一种对信息符号进行分阶段加工的过程，而这种加工处理是学习者与环境的交互动态的过程。

认知主义心理学对幼儿园课程的影响主要表现在以下几个方面：课程就是促进幼儿在认知结构的形成过程中推动幼儿的认知发展，如布鲁纳指出“对一门学科来说，没有什么比它如何思考问题的方法更重要的事情”，他十分重视思维在学生学习知识结构时的作用；在课程内容的选择与组织上，布鲁纳强调：“不论我们选教什么学科，务必使学生理解该学科的基本结构”，对于课程与教学内容的组织，布鲁纳则主张采取“螺旋式”，便于将学科的知识结构与学生的认知结构统一起来；课程设计要依据幼儿的认知结构水平，尊重幼儿的认知规律。

（三）人本主义

人本主义心理学于20世纪50年代兴起，60—70年代得到迅速发展，其主要代表人物是美国心理学家亚伯拉罕·哈洛德·马斯洛（Abraham H. Maslow）和卡尔·兰塞姆·罗杰斯（Carl Ransom Rogers）等。人本主义心理学的核心理念是，相信人的本能和潜能，强调人具有主动性和选择性，具有创造性和无限发展的可能性，应尊重人的价值、需要和尊严。在人本主义心理学的视野中，人是一个有着巨大潜能的、有思想、有感情、有个性的多方面统一的整体。

人本主义心理学对学习过程的本质和特点的解释，包括以下几个方面：人生来就有学习和生长的自然潜能，最重要的学习是有意义的经验学习；学习过程是促使每一个个体自我发展的过程，而自我发展的实质是自我评价的发展；每个人都有一种自然生长的本能，都有自我实现的共同趋势和自我指导的能力。

人本主义心理学对幼儿园课程的影响主要表现在以下几个方面：在课程目标上，以促进幼儿完整人格的发展、独特潜能的发挥以及达成自我实现的目的为核心；在课程内容的选择上，注重对于幼儿的个人意义及与幼儿实际生活的“适切性”，幼儿园课程内容的选择应多考虑引导幼儿去寻找知识的个人意义，“适切性”指的是课程内容要适合幼儿学习的兴趣、能力和需要，要与学习者的生活经验和社会状况密切相关；在课程组织上，注重“统合”，即学习者心理发展与教材结构逻辑的统合，情感领域与认知领域的统合，相关学科在经验指导下的统合，从而适应学生多方协调、整体发展的需要；在课程实施中，重视“人际关系”在人的发展中的作用，认为通过人际间的心灵沟通，发展学生的合作意识、团体意识和交往意识；课程评价是促进学生自我发展的手段，推崇自我评价，让学生主动参与学习过程和评价过程，同时主要采用自我评价、同伴评价、教师评价等灵活而多样的课程评价方法。

（四）建构主义

20 世纪 90 年代以后，教育心理学界出现了一场建构主义的“革命运动”，是从行为主义发展到认知主义，在客观主义与主观主义之间寻找的“第三条道路”的理论。我国心理学界将建构主义分为以皮亚杰为代表的认知建构主义和以苏联心理学家维果茨基（Lev Vygotsky）为代表的社会建构主义两种。

皮亚杰用同化与顺应，以及两者之间的平衡等概念来解释人类认识的形式，他主张人在适应外部世界的过程中，不断地同化外界信息，同时又不断改变着认知结构自身以顺应外界环境，最终形成和营建自己的认知结构。皮亚杰认为，任何知识都发源于动作，动作是联系主、客体的桥梁，动作发展了，主客体各自的体系就得到了发展，它们分别演化成为关于客体的物理知识结构和关于主体的逻辑数理结构。

维果茨基主张，儿童能主动建构知识；个体发展与社会背景相关联；学习能引导发展；语言在心理发展中起关键作用。他在将总的发生学规律应用于儿童的学习与发展问题时提出了“最近发展区”① 概念（Zone of Proximal Development，ZPD），是幼儿的潜在发展区域。

建构主义学习理论对幼儿园课程的影响主要表现在：课程目标方面，应抛弃课程目标完全事先预定的观念，将预成与生成、确定与不确定统一起来，

① “最近发展区”指的是儿童已经达到的发展水平和即将达到的发展水平之间的差距，其操作性定义可以表述为“儿童自己独立完成的智力活动任务和在成人或有能力的伙伴帮助下所能完成的任务之间的差距”，这个距离空间恰恰是教育的“用武之地”。

注重在儿童、教师与教育情境的交互作用过程中产生课程目标；课程内容方面，幼儿园课程内容的选择应适合儿童发展的年龄特征，择取处于幼儿“最近发展区”内的内容要素，并通过“教学脚手架”营造出教师与幼儿之间互动学习的环境；课程实施中的师幼关系方面，在建构主义儿童发展观下，课程实施中的教师是幼儿探究的引导者与合作者，幼儿是主动的建构者，教师与幼儿之间是一种平等、民主、自由、对话的和谐关系；课程评价方面，认为课程评价不应是目标达成式的评价，应是动态的、多元化的进行发展性评价。

三、社会学基础

教育随着人类社会的产生而产生，幼儿园课程深受社会政治、经济、文化等社会因素的影响与制约，同时对社会发展产生作用。结构功能主义理论、冲突理论、依附理论和世界体系理论等社会理论极大影响着幼儿园课程研究。

（一）结构功能主义

功能主义（functionalism），亦称结构功能主义（structural functionalism）、均衡论（equilibrium theory）或和谐论（consensus theory），是现代西方社会学中一个重要的理论流派。经过法国的埃米尔·涂尔干（Émile Durkheim）、美国的塔尔科特·帕森斯（Talcott Parsons）等人的努力，形成了功能主义的社会学理论范式和框架，均衡、和谐的思想成为20世纪中期社会理论思想发展的主流。结构功能主义强调社会整合、共同的价值观念和社会稳定，主张社会各部分都在协作的基础上有秩序地为满足社会的需要而发挥作用，具有整体性、均衡性、静态性、宏观性、一致性5个特征。帕森斯在《班级作为一种社会体系》一文中指出，学校是“社会化的机构”，要通过社会化功能的发挥维持社会的共同文化，并为社会结构提供合格的人力资源，协助维护社会使之成为一个协调一致的整体。

在功能主义理论的基础上，作为幼儿园教育工作的核心——幼儿园课程，理所当然地应以满足幼儿个体的社会化需要为目的，向幼儿提供社会普遍的“共同文化”，以使幼儿具备在社会结构中扮演不同社会角色所需要的知识技能。功能主义理论对幼儿园课程的影响具体表现在：一是课程目标方面，突出社会化功能。由于课程的目的是使幼儿社会化，因此，必须要规范幼儿的思想和行为，使幼儿理解并接受自己在社会中的位置，以达到维持社会结构、保持社会平衡的目的。二是课程内容方面，强调贴近社会生活。幼儿是社会结构中的一个组成部分，课程内容要密切贴近社会生活，特别是面临科技与知识迅速变革的时代情景，课程必须使幼儿适应生活于其中的社会环境。三是课程与社会的关系方面，强调社会对课程发展的推动作用。课程是为社会服务的，而社会的进步对课程的发展具有很强的推动作用，能够有力地促进课程与教学的发展。功能主义理论将幼儿园课程置于整个社会大系统来考察，通过社会化途径寻求课程同社会系统之间的和谐一致，其理论价值和实践意义均不可否认。

（二）冲突理论

冲突理论（conflict theory）是以社会冲突现象为研究对象的重要的社会思潮，是关于如何应对和解决社会发展过程中出现的矛盾冲突的社会学理论。随着拉尔夫·达伦多夫（Ralf Dahrendorf）、刘易斯·科塞（Lewis Coser）、尤尔根·哈贝马斯（Jürgen Habermas）、丹尼尔·贝尔（Daniel Bell）等人的研究深入，冲突理论成为20世纪六七十年代的重要社会理论之一。冲突理论内部虽然统一性不强，但不同的冲突论学者却拥有一些共同的假设和前提：冲突是客观存在的，冲突可以暂时被镇压、调解、疏通和控制，但不能一劳永逸地消除冲突；尽管冲突是社会结构所固有的，但它并不总是暴力性的和外显性的，它可以是潜在的、受调节的和暂时受控制的；权力、利益是引发冲突的关键要素；社会和社会组织不是由合意、普遍同意，而是由强制手段和一些人对另一些人的压制维持在一起的。在与结构功能主义学派的抗衡中，社会冲突理论逐渐发展起来，并分化为“新马克思主义”与“新韦伯主义”两个学派，对教育领域也产生了极大的影响。就教育系统来说，学校存在的目的就是充当社会统治的工具，通过教育的手段，从经济、文化、权力等各方面复制阶级的差别性，使这种不平等永远维持下去。教育本身的社会性及由此带来的人际互动中的权威与控制关系，使得教育摆脱不了在社会阶层复制中的工具职能。

在冲突理论基础上的课程，虽然成为再生产社会阶级结构的不公正的手段，但是同时引导幼儿园课程工作者关注并重视来自底层“社会背景”的幼儿，并为解释幼儿园课程改革中的冲突问题提供了重要的社会学研究视角，对幼儿园课程发展有一定的积极意义。

（三）依附理论

依附理论（dependency theory）是20世纪60年代兴起于拉丁美洲的诠释外围资本主义不发达状态的成因及其对策的宏观发展理论。依附理论主要从西方发达国家对发展中国家的控制、从不发达国家对西方发达国家的依附出发，解释非西方国家的欠发达。它反对现代化理论的西方化模式，认为西方化过程正是非西方不发达国家被纳入不平等的世界政治经济体系的过程，它与依附化过程是相辅相成的。

依附理论对幼儿园课程的影响主要表现在：一是避免盲目移植发达国家的幼儿园课程理论和方法，否则会导致依附程度进一步加深；二是幼儿园课程要走“内源性发展”道路，努力发掘本民族的传统优秀文化宝藏，扎根于本国的政治、经济和文化情境；三是为促进城乡幼儿园课程的优质均衡发展，提供了重要的社会学研究视角，有利于改变农村幼儿园课程教学呈现出的对城市幼儿园的依附性，推动城乡融合视域下城乡学前教育的一体化发展。

（四）世界体系理论

世界体系理论是由伊曼纽尔·莫里斯·沃勒斯坦（Immanuel Maurice Wallerstein）首创于20世纪70年代的一种社会科学理论，也对传统社会科学进行了解构和重构。世界体系解构了国家，主张历史研究的单位应该是世界体系，必须具有长篇幅的跨国家、跨民族的分析。

世界体系理论对幼儿园课程研究有一定的影响，具体表现为：一是扩大了幼儿园课程的研究视野。在全球一体化的时代背景下，主张打破学科界限，提倡学科一体化，为幼儿园课程研究者提供了新的理论支持，扩大了研究视野，拓宽了研究领域。二是有利于全面诠释和理解世界不同类型国家的幼儿园课程改革与发展，并将焦点放到不发达国家和地区的教育问题上。

新的时代背景下，幼儿园课程的发展面临着各种机遇与挑战，幼儿园课程研究需要以一种具有开放性、发展性和创造性的心态和宏观视野，在全面准确把握哲学、心理学、社会学等理论基础上不断创新理论和深化实践。

小 结

本章主要围绕幼儿园课程概念与特点进行阐释，并深入探讨了幼儿园课程的理论基础。要全面系统学习幼儿园课程理论与实践知识，先要明确幼儿园课程的含义、特点、类型与构成要素，这是学习的起点。本章第一节，编者在分析课程的词源及多元化内涵的基础上，指出了幼儿园课程是教育者以一定的社会发展和培养人的目标为导向，针对处于幼儿园学习阶段的幼儿，根据其身心发展需要和社会性发展需要，充分利用幼儿园内外的教育情境，选择适合幼儿素质全面发展的学习内容，对幼儿的身心施加影响，使其获得有益发展的全部活动。幼儿园课程具有基础性、活动性与直接经验性、生活性、全面性与整合性、潜在性的特点。根据不同的标准，幼儿园课程可划分为不同类型，核心要素（教育理念）与基本要素（课程目标、内容、实施、评价）关系密切。任何一门学科都有其理论基础，这是学科生存和发展的土壤，而幼儿园课程理论的发展史建立在哲学、心理学和社会学发展的基础上。本章第二节，编者详细分析了进步主义教育哲学、永恒主义教育哲学、要素主义教育哲学和后现代主义教育哲学思想，行为主义、认知主义、人本主义心理学和建构主义学习理论，结构功能主义、冲突理论、依附理论和世界体系理论的社会学理论，及其对幼儿园课程产生的影响。

课外阅读资料

虞永平，张帅．从模仿借鉴到规范创新——新中国成立70年来幼儿园课程的发展［J］．南京师大学报（社会科学版），2019（6）：34-48.

练习题

一、单选题

1. 1918 年，（　　）出版《课程》一书，标志着课程作为专门研究领域诞生的里程碑，是世界教育史上第一本课程理论专著。

A. 博比特　　B. 泰勒　　C. 惠勒　　D. 斯滕豪斯

2. 国内外学者对课程本质有四种理解，（　　）的基本观点为：课程是培养人的蓝图和计划。

A. 课程即科目　　B. 课程即目标　　C. 课程即经验　　D. 课程即活动

3. 幼儿园课程是教育者以一定的社会发展和培养人的目标为导向，针对处于幼儿园学习阶段的幼儿，根据其身心发展需要和社会性发展需要，充分利用幼儿园内外的教育情境，选择适合幼儿全面素质发展的学习内容，对幼儿的身心施加影响，使其获得有益发展的（　　）活动。

A. 主要　　B. 基本　　C. 核心　　D. 全部

4. 幼儿进入幼儿园后，离开了家长的悉心照顾，需要在幼儿园中学习一些生活常识，这也就决定了幼儿园课程必须具有（　　），体现生活化原则。

A. 启蒙性　　B. 整合性　　C. 生活性　　D. 活动性

5. 下列不属于行为主义心理学对幼儿园课程影响的观点是（　　）。

A. 课程目标要分解、要具体，强调目标的外显性和层次性

B. 提倡教学设计，重视运用不同的教学技术

C. 尝试对幼儿的外显性行为进行评价，重视教学过程中的强化

D. 课程就是促进幼儿在认知结构的形成过程中推动幼儿的认知发展

二、简答题

1. 什么是幼儿园课程？幼儿园课程有哪些特点？

2. 幼儿园课程的类型是什么？

3. 幼儿园课程包括哪些要素？关系是什么？

4. 幼儿园课程论的理论基础有哪些？

三、论述题

1. 试述哲学理论对幼儿园课程的影响。

2. 试述心理学理论对幼儿园课程的影响。

3. 试述社会学理论对幼儿园课程的影响。

参考答案

一、单选题

1. A　2. B　3. D　4. C　5. D

二、简答题

1. 幼儿园课程是教育者以一定的社会发展和培养人的目标为导向，针对处于幼儿园学习阶段的幼儿，根据其身心发展需要和社会性发展需要，充分利用幼儿园内外的教育情境，选择适合幼儿全面素质发展的学习内容，对幼儿的身心施加影响，使其获得有益发展的全部活动。幼儿园课程的特点包括：基础性、活动性与直接经验性、生活性、全面性与整合性、潜在性。

2. 按照不同的标准，可以将课程和幼儿园课程划分为不同类型：按照课程内容设计方式，可划分为学科课程和活动课程；按照课程知识分化程度，可划分为分科课程和综合课程；按照影响学生的方式，可划分为显性课程和隐性课程；按照课程的形成方式，可划分为预设课程和生成课程；按照课程哲学观基础，可划分为学科中心课程、儿童中心课程和社会中心课程。

3. 幼儿园课程的核心要素为教育理念，基本要素为幼儿园课程目标、内容、实施、评价。幼儿园课程核心要素和基本要素的关系：幼儿园课程的教育理念决定着课程 4 个基本要素的内容，在教育理念的统合之下幼儿园课程目标、内容、方法和评价就形成一个协调的整体，并发挥其总体的功能。一方面，在“强调幼儿的自然发展和一般能力的获得”的教育理念下，幼儿园课程常被看成幼儿在幼儿园中所获得的全部经验，课程目标会以幼儿活动经验为主要取向，课程内容会围绕幼儿生活经验展开，课程实施多以个体或小组的方式进行，课程评价则以教师自我评价为主；另一方面，在“强调教师预定的教育任务，强调学业知识和技能的获得”的教育理念下，幼儿园课程常被看成是学科或科目，课程目标以幼儿获得预期行为变化为主要取向，课程内容基于学科的逻辑体系加以选择和组织，课程实施以集体的、传递的方式进行，课程评价则以客观结果为评价标准。

4. 哲学：进步主义、永恒主义、要素主义和后现代主义教育哲学思想；

心理学：行为主义、认知主义、人本主义和建构主义心理学理论；

社会学：结构功能主义、冲突理论、依附理论和世界体系的社会学理论。

三、论述题（略，详见第二节内容）

第二章　幼儿园课程目标

内容导航：

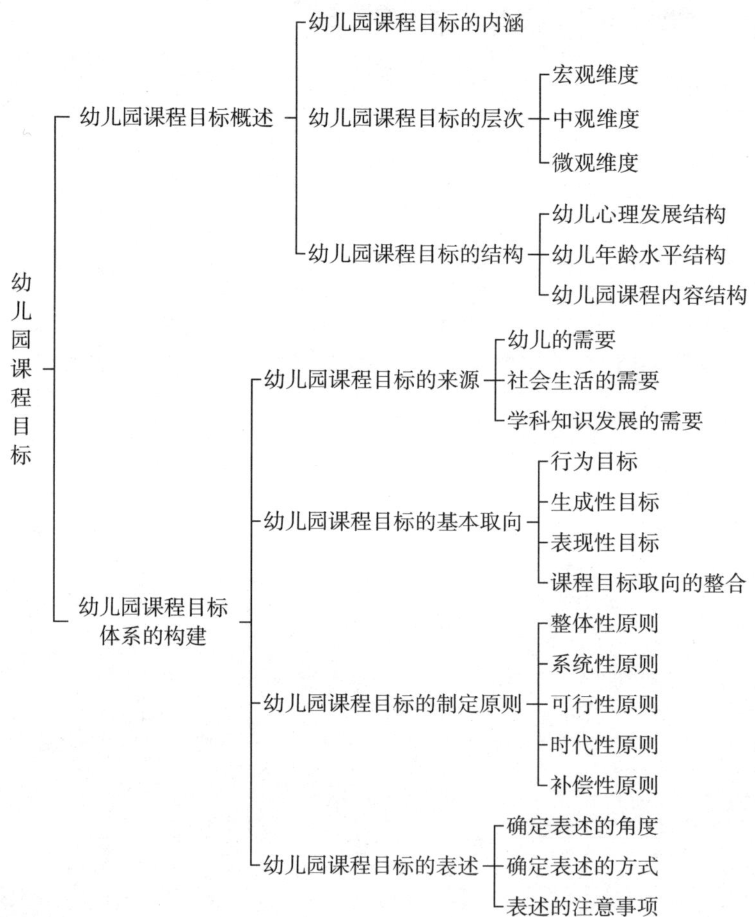

学习目标：

1. 理解幼儿园课程目标的内涵；

2. 掌握幼儿园课程目标的层次结构；

3. 知道幼儿园课程目标的来源、基本取向和制定原则；

4. 具备正确表述幼儿园课程目标的能力；

5. 能够在分析《3～6岁儿童学习与发展指南》《幼儿园教育指导纲要（试行）》《幼儿园工作规程》的基础上，结合所学知识，尝试制定微观维度的幼儿园课程目标（即单元目标和活动目标）；

6. 关注幼儿的全面发展，树立专业情怀。

问题情境：

回顾知识，思考并回答什么是课程目标？课程目标与教育目的、培养目标、教学目标之间存在什么关系？课程目标与幼儿园课程目标之间存在什么关系？

课程目标是课程论研究的基本问题之一，是课程的灵魂，是课程的“指南针”和“方向盘”。幼儿园课程设计的起点和归宿点就是幼儿园课程目标，它为幼儿园课程内容选择和组织提供依据，为幼儿园课程实施与评价提供基本准则，贯穿幼儿园课程设计与实施的全过程。幼儿园课程目标是幼儿园教师的行动指南，只有在其导引下，才能最终实现幼儿身心全面健康和谐发展。

第一节　幼儿园课程目标概述

一、幼儿园课程目标的内涵

中外学者对课程目标进行了多元化的阐释和界定，纷繁多样的课程目标观点有其共同点，即将课程目标理解为“学习者学习要达到的结果”。《教育大辞典（增订合编本）》（1998年，第898页）指出：“课程目标是指课程本身要实现的具体目标，是期望一定教育阶段的学生在发展品德、智力、体质等方面达到的程度。”课程目标是一定的教育价值理念或教育目的在课程领域的具体化，明确了特定阶段的课程所要达到的预期结果。广义的课程目标，就是教育意图，课程目标与教育目的、教育目标一致或等同，一定程度上造成了人们对课程目标、教育目标认识的混乱。狭义的课程目标定位于教育实践中教与学的关系，以一个具体化的视角阐明课程要达到的预期结果，主要包括“教学目的”和“教学目标”，其中也包括了“年级教学目标”“单元教学目标”“课时教学目标”。从实际来看，狭义的课程目标也更符合其具体性、预测性和操作性的特点。

幼儿园课程目标指的是幼儿园阶段的课程要达到的预期效果。时限，3~6岁；预期效果，包括幼儿发展状态（幼儿整体素质是否得到全面、主动、和谐的发展）和发展水平（幼儿基本素质的发展所达到的高度）；社会期望，即课程要符合社会和时代发展的要求。

二、幼儿园课程目标的层次

在阐释幼儿园课程目标的层次前，我们首先需要明确课程目标与教育目的、培养目标、教学目标等之间的关系，只有在这种关系体系中，才能准确定位课程目标。教育目的是一定社会培养人的总要求，是一个国家乃至一种社会人才培养的终极目标；培养目标是各级各类学校及各个学段应具体达到的要求，是教育目的在各级各类学校中的具体化；教学目标是教学中师生预期达到的学习结果和标准，是教师教学与学生学习的目标，是每个单元、每节课、每个教学活动应达到的具体目标。课程目标的制定以教育目的和培养目标为依据，并体现教育目的与培养目标的意图。课程目标是学校全部教育内容和教育实践活动的直接目标，外延有总体目标和学科目标之分：课程总体目标与培养目标是一致的，是某一类学校或专业所有课程设置和实施所要达到的目标，对学科目标有指导作用；学科课程目标，是指从某一门或几门学科的角度所规定的人才培养的具体规格和质量要求，它是课程总目标的具体化。从教育目的到培养目的到课程目标再到培养目标，是一个从宏观到中观再到微观，从概括到具体的过程。

幼儿园课程目标的层次指的是幼儿园课程目标的纵向结构。根据幼儿园课程实践，幼儿园课程目标一般分为3个维度6个层次，如图2-1所示。

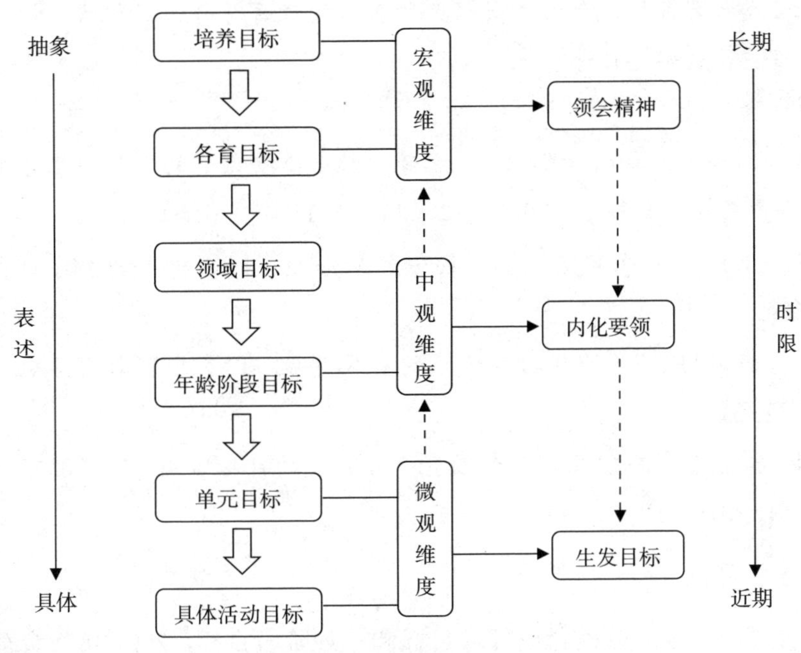

图2-1　幼儿园课程目标层次

（一）宏观维度

宏观维度主要包括幼儿园培养目标（又称幼儿园课程总目标）和幼儿园各育目标。《规程》指出："幼儿园的任务是：贯彻国家的教育方针，按照保育与教育相结合的原则，遵循幼儿身心发展特点和规律，实施德、智、体、美等方面全面发展的教育，促进幼儿身心和谐发展。"德育目标为："萌发幼儿爱祖国、爱家乡、爱集体、爱劳动、爱科学的情感，培养诚实、自信、友爱、勇敢、勤学、好问、爱护公物、克服困难、讲礼貌、守纪律等良好的品德行为和习惯，以及活泼开朗的性格。"智育目标为："发展幼儿智力，培养正确运用感官和运用语言交往的基本能力，增进对环境的认识，培养有益的兴趣和求知欲望，培养初步的动手探究能力。"体育目标为："促进幼儿身体正常发育和机能的协调发展，增强体质，促进心理健康，培养良好的生活习惯、卫生习惯和参加体育活动的兴趣。"美育目标为："培养幼儿初步感受美和表现美的情趣和能力。"

课堂思考：《规程》规定了幼儿园德育、智育、体育、美育的各育目标，未涉及劳动教育目标，在大力提倡劳动教育的教育背景下，你认为幼儿园的劳动教育应达成哪些目标?

参考资料：

[1] 刘芳芳，吴琼．习近平关于劳动教育重要论述的思想内涵与时代价值[J]．内蒙古社会科学，2021，42（3）：9-15.

[2] 王秋．用故事塑造幼儿勤劳的好品质[J]．中国教育学刊，2021(3)：106.

[3] 海建利．“多维劳动教育”的有效开展[J]．中国教育学刊，2020(S2)：37-39.

[4] 黄丽蓉，班建武．劳动教育资源开发的目标审视[J]．教育科学研究，2020（10）：17-21+30.

（二）中观维度

中观维度主要包括幼儿园领域目标和年龄阶段目标。2001 年教育部印发的《幼儿园教育指导纲要（试行）》（以下简称《纲要》）规定了健康、语言、社会、科学、艺术 5 个领域目标（详见表 2-1）。《纲要》目标更多地指向幼儿的一般发展，体现出课程的整合性。但它对于课程目标的表述依然是笼统而概括的，幼儿园必须制定出具体的、更具操作性的课程目标。

表 2-1　幼儿园课程的领域目标

领域	目标
健康	1. 身体健康，在集体生活中情绪安定、愉快 2. 生活、卫生习惯良好，有基本的生活自理能力 3. 知道必要的安全保健常识，学习保护自己 4. 喜欢参加体育活动，动作协调、灵活
语言	1. 乐意与人交谈，讲话礼貌 2. 注意倾听对方讲话，能理解日常用语 3. 能清楚地说出自己想说的事 4. 喜欢听故事、看图书 5. 能听懂和会说普通话

续表

领域	目标
社会	1. 能主动地参与各项活动，有自信心 2. 乐意与人交往，学习互助、合作和分享，有同情心 3. 理解并遵守日常生活中基本的社会行为规则 4. 能努力做好力所能及的事，不怕困难，有初步的责任感 5. 爱父母长辈、老师和同伴，爱集体、爱家乡、爱祖国
科学	1. 对周围的事物、现象感兴趣，有好奇心和求知欲 2. 能运用各种感官，动手动脑，探究问题 3. 能用适当的方式表达、交流探索的过程和结果 4. 能从生活和游戏中感受事物的数量关系并体验到数学的重要和有趣 5. 爱护动植物，关心周围环境，亲近大自然，珍惜自然资源，有初步的环保意识
艺术	1. 能初步感受并喜爱环境、生活和艺术中的美 2. 喜欢参加艺术活动，并能大胆地表现自己的情感和体验 3. 能用自己喜欢的方式进行艺术表现活动

年龄阶段目标（见表2-2），从健康领域描述幼儿的学习与发展目标，“目标部分分别对3~4岁、4~5岁、5~6岁3个年龄段末期幼儿应该知道什么、能做什么，大致可以达到什么发展水平提出了合理期望，指明了幼儿学习与发展的具体方向”。需要特别注意的是，幼儿园需要充分考虑本地区、本园的特色与需求，结合本园自身的课程理念和愿景，根据幼儿的年龄特点，制定出适用于本园的学年目标。

表2-2　健康领域幼儿动作发展中
“具有一定的平衡能力，动作协调、灵敏”的年龄阶段目标

3~4岁	4~5岁	5~6岁
1. 能沿地面直线或在较窄的低矮物体上走一段距离 2. 能双脚灵活交替上下楼梯 3. 能身体平稳地双脚连续向前跳 4. 分散跑时能躲避他人的碰撞 5. 能双手向上抛球	1. 能在较窄的低矮物体上平稳地走一段距离 2. 能以匍匐、膝盖悬空等多种方式钻爬 3. 能助跑跨跳过一定距离，或助跑跨跳过一定高度的物体 4. 能与他人玩追逐、躲闪跑的游戏 5. 能连续自抛自接球	1. 能在斜坡、荡桥和有一定间隔的物体上较平稳地行走 2. 能以手脚并用的方式安全地爬攀登架、网等 3. 能连续跳绳 4. 能躲避他人滚过来的球或扔过来的沙包 5. 能连续拍球

（三）微观维度

微观维度主要包括单元目标和具体活动目标。单元目标可以以时间为单元，它是年龄阶段目标或学年阶段目标的再分解，即学期目标、月目标、周目标，见表2-3；也可以以内容为单位，表现为一定实践内围绕特定的主题展开活动，见表2-4。具体活动目标是对单元目标的再分解，即“教学目标”，是教师设计的某一活动目标，一般要求制定得非常具体、清晰，见表2-5。幼儿园主题活动作为当今幼儿园课程实施常见的课程形式，得到幼儿园课程工作者的一致认可。以主题为中心，将时间与内容为单元进行综合，设计完成主题目标（月目标）、分主题目标（周目标）和活动目标（一次活动），见表2-6。

表2-3　以时间为单元的目标

小班第二学期学期目标	第四个月月目标	周目标
健康：适应幼儿园一日生活，在活动中大胆参与并进行模仿和表现，情绪愉快；能在成人的说服下调整自己的行为，不发脾气，保持良好的心情；经常参加各种体育游戏活动，表现积极……	健康：继续学习近距离、有目标投掷；学习单脚跳圈……	……
语言：会说普通话，能够清楚地表达自己的愿望；能大胆在集体中讲述自己感兴趣的事情……	语言：继续学说普通话，纠正g、k、h的发音；能较清晰地讲述故事内容……	……
社会：积极参加自己喜欢的活动，能自己选择材料、玩具进行活动；学习初步判断事情的对与错，学习改正自己的不正确行为；能遵守简单的集体生活规则和游戏规则……	社会：继续培养良好的生活习惯；在游戏后，能主动将游戏材料整理好……	……
……	……	

表2-4　以内容为单位（主题）的目标

主题	主题目标	分主题/主题脉络	分主题目标
蝴蝶仙子	感知蝴蝶的多样性，了解其基本特征 欣赏蝴蝶的美丽，能大胆运用各种语言、艺术、科学等多种手段表现蝴蝶的美 愿意与同伴共同探究、互相交流，体验合作乐趣 感受大自然的美，萌发保护小动物和大自然的意识	认识蝴蝶	喜欢接触大自然，感知蝴蝶的种类，收集蝴蝶的特征信息，了解蝴蝶的生长过程 乐意与同伴分享交流，体验合作的乐趣
		蝴蝶联想	能够用语言、艺术、科学等方式，表达自己对蝴蝶的深入认识 积极主动参加舞台剧活动，体验综合活动的乐趣
		保护蝴蝶	知道保护自然环境对蝴蝶生存的重要性 具有保护蝴蝶的意识，并萌发保护大自然的责任意识

表 2-5　幼儿园活动目标示例

活动类型	活动名称	活动目标
中班 健康活动	“不任性的好孩子”	知道任性是不好的心理品质和行为 初步学会有意识地控制自己的不良情绪 愿意做一个不任性的好孩子
大班 语言活动	“假如我有一双翅膀”	大胆想象，在同伴面前清晰、完整、连贯地用“假如我有一双翅膀，我会……”表达自己的想法 积极参与选择出小组的最佳表述，为集体创编“散文诗”贡献力量 主动、积极地参与小组谈话和集体谈话，体验谈话活动的快乐
小班 社会活动	“认识我自己”	了解男女面貌中的性别特征，学会判断性别 能用“我叫×，今年×岁，我是×孩子，喜欢×”句式介绍自己 有勇气在同伴面前大声说话
中班 科学活动	“神奇的纸”	感知不同形状的卡纸都只有一个能顶起来的平衡点，形状改变则平衡点位置改变 尝试找到几何图形的平衡点，积累使几何图形平衡的有益经验 乐于参与顶卡纸游戏，体验顶卡纸游戏的挑战性和乐趣
中班 艺术活动	“数豆豆”	通过学习数豆豆，掌握 10 以内的点数 逐步掌握数豆豆音乐游戏的规则和玩法 乐意参加音乐活动，体验“豆豆”和“裤兜”相互逗趣的乐趣

表 2-6　主题活动中时间与内容综合下的单元目标与教学活动目标

<table>
<tr><th colspan="2">月目标</th><th colspan="2">周目标</th><th colspan="2">活动目标</th></tr>
<tr><th>主题</th><th>主题目标</th><th>分主题/主题脉络</th><th>分主题目标</th><th>活动名称</th><th>活动目标</th></tr>
<tr><td rowspan="8">『红红的社火』</td><td rowspan="8">了解社火民间艺术，提高语言、表演、绘画等方面的表现能力
通过制作社火表演道具，发展创新、动手操作和探索能力
感受民间习俗社火的乐趣、喜庆氛围和艺术魅力，萌发对民间社火艺术的喜爱、保护和传承之情</td><td rowspan="2">社火知多少</td><td rowspan="2">了解社火的发展历程、产生原因和表演形式
感受民间社火艺术的乐趣、喜庆氛围</td><td>“喜气洋洋看社火”</td><td>初步了解社火的表演形式
尝试模仿社火表演的简单动作
感受社火的喜庆氛围，萌发喜爱之情</td></tr>
<tr><td>“社火艺人讲社火”</td><td>……</td></tr>
<tr><td rowspan="3">社火手工坊</td><td rowspan="3">了解社火道具的制作方法
提高语言、艺术、手工制作等方面的表现能力
发展动手能力，体验制作活动的乐趣</td><td>“我来画脸谱”</td><td>……</td></tr>
<tr><td>“社火工艺大师”</td><td>……</td></tr>
<tr><td>“社火服装秀”</td><td>……</td></tr>
<tr><td rowspan="3">社火嘉年华</td><td rowspan="3">通过表演，感受社火的喜庆气氛和传统民俗带给人们的喜悦之情
提升社火艺术美的创造和表现力
将社火文化与现实生活联系起来，从生活做起保护并传承社火文化</td><td>“慧心妙舌仪程官”</td><td>……</td></tr>
<tr><td>“我们一起踩踩踩”</td><td>……</td></tr>
<tr><td>“我是小小舞狮人”
……</td><td>……</td></tr>
</table>

幼儿园课程目标体系是一个在具体教育实践中“有中生有”的动态生成过程。第一个“有”，即预设的宏观与中观维度的目标；第二个“有”，即生成的微观维度的目标。因此，制定科学合理的幼儿园课程目标，需要把握宏观维度的目标，领会教育精神，以确立教育坐标；熟悉中观维度的目标，内化教育要领，以奠定实践基础框架；生成微观维度的目标，引导幼儿发展，以达成滋养生命的目的。宏观维度的目标是根基，体现方向性、主导性；中观维度的目标是树干，体现基础性、框架性；微观维度的目标犹如花叶和果实，体现生成性、具体性。三个维度的目标是从“类生命”（人）到“群体生命”（幼儿）再到“个体生命”（个别幼儿）“层层相生”的展开过程，见图2-2。

图2-2　幼儿园课程三个维度目标的关系

三、幼儿园课程目标的结构

幼儿园课程目标的结构是对幼儿园课程目标体系的横向分析，只有将幼儿园课程总目标落实到幼儿发展的各领域和各年龄段课程实施的阶段目标上，才能最终实现总目标。课程编制者需充分了解幼儿园课程目标的横向结构，即幼儿的心理发展结构、幼儿的年龄水平结构和幼儿园课程内容结构，才能制定既符合科学性又符合逻辑性，促进幼儿全面发展的幼儿园课程目标体系。也就是说，制定幼儿园课程目标要兼顾学科领域知识体系，以及幼儿的心理结构和心理发展水平。从纵坐标的3个不同年龄段幼儿的发展水平考虑，结合横坐标的幼儿发展领域，无论是纵坐标上还是横坐标上都要考虑幼儿的心理结构，使课程阶段目标在纵向的年龄段上有序列性，并结合幼儿的发展领域在横向的心理结构上有全面性。与此同时，各领域之间、各目标之间又是相互联系、相互支撑的关系，因此在横向上还应该具有整体性，即将各领域之间的相关内容从幼儿整体发展角度出发，渗透并融合在一起。

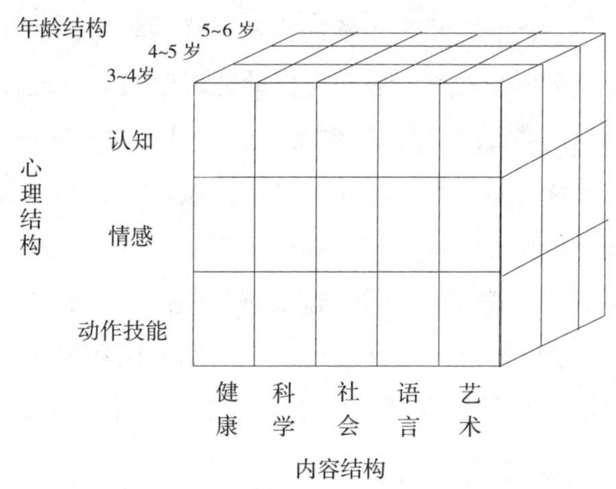

图 2-3 幼儿园课程目标结构的三维立体模型

（一）幼儿心理发展结构

在确定课程目标时，必须考虑幼儿心理发展结构，即期望幼儿获得哪些身心方面的发展。美国著名教育心理学家本杰明·布卢姆（BenJamin Bloom）等人的《教育目标分类学》以人的身心发展的整体结构为框架，为建立教育目标体系提供了一个比较规范化、清晰化的形式标准，被人们广泛接纳和采用。其将教育目标分为认知、情感、动作技能三大类，不同类别的目标包含不同的发展内容：认知领域目标包括知识的掌握、理解或回忆、再认，以及认知能力的形成、发展等方面的目标，例如，大班数学活动“趣味围棋赛”中的目标“能根据每次摆黑白棋子的数量列出 9 的加法算式”；情感领域目标包括兴趣、态度、习惯和价值观等方面的形成、发展的目标，例如，小班社会活动“垃圾回家”中的目标“养成不乱丢垃圾的好习惯”；动作技能领域目标包括神经与肌肉协调的操作技能、动作技能和行动等方面的目标，例如，中班体育活动“快乐的跑”中的目标“能双眼注视前方，曲肘协调摆臂，快速安全地跑动”。

（二）幼儿年龄水平结构

幼儿的身心发展迅速，在不同的年龄阶段会表现出不同的年龄特征和心理发展特征，此处幼儿的年龄水平结构指的是幼儿的心理年龄。不同年龄阶段的幼儿在注意力、记忆力、想象力、思维能力及个性等方面体现出明显的发展差异，应该为每个年龄段的儿童选择什么样的教育内容，对每个年龄段的幼儿提出什么样的发展要求，必须考虑幼儿现阶段心理发展的已有水平和应达到的水平之间的差距。因此，在确定课程目标时，同样要考虑小、中、大班儿童发展目标的差异，为不同年龄段幼儿制定适合的目标。如同样是社会领域中社会适应方面的“具有初步的归属感”，3 ~4 岁的学年目标为“知道和自己一起生活的家庭成员及其与自己的关系，体会到自己是家庭的一员”；4 ~5 岁的学年目标为“喜欢自己所在的幼儿园和班级，积极参加集体活动”；5 ~6 岁的学年目标为“愿意为集体做事，为集体的成绩感到高兴”。

（三）幼儿园课程内容结构

幼儿园课程内容结构即幼儿园的学科领域，也可以说是教育内容的范畴和结构。《纲要》指出：“可按照幼儿学习活动的范畴相对划分为健康、社会、科学、语言、艺术等五个方面，也可以按其他方式划分。”课程内容的五大领域也是制定课程目标必须考虑的重要因素，需要注意的是幼儿的学习与发展是整体的、连续的，各领域之间并非彼此分离，而是相互联系、相互支撑的，各领域之间、各目标之间要相互渗透和整合，以促进幼儿身心全面协调发展。

第二节　幼儿园课程目标体系的构建

构建幼儿园课程目标体系，需要在明确幼儿园宏观目标和中观目标的基础上，确定其基本来源，明确其基本取向，遵循制定的基本原则，制定微观层面的幼儿园课程目标。

一、幼儿园课程目标的来源

怎样确立科学合理的幼儿园课程目标？这是幼儿园课程编制者首先要思

考的问题。一般认为，对幼儿、社会生活和学科知识的研究是幼儿园课程目标制定的基本依据，从课程目标来源的角度看，幼儿园课程目标来源于幼儿的需要、社会生活的需要和学科知识发展的需要。

（一）幼儿的需要

1. 研究幼儿的原因

幼儿园课程是为支持、帮助、引导幼儿学习，促进其身心全面、和谐发展而设置的，因此，课程编制者必须关注幼儿发展，必须深入、全面、科学地研究幼儿。

2. 研究内容

研究幼儿的身心发展规律，尤其是要关注幼儿的发展需要。幼儿的发展需要指的是“理想发展”与“现实发展”之间的距离，对幼儿发展需要的把握可以从以下几个方面理解：第一，幼儿可能的发展水平，课程编制者要充分了解相关儿童发展心理学所揭示的幼儿应该和可能达到的理想发展程度，这方面的知识可以通过学习儿童发展心理学中的知识获得；第二，幼儿现有的发展水平，课程编制者要充分了解幼儿的现实发展状况，这需要其实际观察研究自己的教育对象，即通过幼儿的行为表现判断幼儿的发展水平和特点；第三，前两者之间的差异就是“最近发展区”，幼儿园课程目标应着眼于幼儿的“最近发展区”，为幼儿提供带有难度的内容，调动幼儿的积极性，发挥其潜能，支持幼儿超越其最近发展区从而达到下一发展阶段的水平，并进入下一个“最近发展区”的发展。

案例 2-1

材料：发展心理学的研究发现，幼儿的各种感觉知觉能力相对比较发达，对周围世界的认识能力和兴趣高，另外由于初步掌握了本民族的基本口语，因此，十分乐意与人交往和分享经验。而由于各种原因，我国不少幼儿对事物缺乏敏感性，主动认识事物、发现问题、寻找答案、相互交流的积极性不高。

根据材料内容，可确立的目标：

①具备正确运用感官和语言交往的基本能力；

②增进对环境的认识；

③发展有益的兴趣和动手能力，发展智力。

（二）社会生活的需要

1. 研究社会生活的原因

幼儿园课程的基本职责之一是让幼儿在度过快乐有意义的童年的同时，为积极适应未来的社会生活做准备。在设计幼儿园课程目标时，必须研究社会对儿童成长的期望和社会生活的需求。

2. 研究内容

社会对幼儿成长的期望和要求，可以从以下几个方面理解：一是社会生活的变化，陶行知说“社会即学校”，制定幼儿园课程目标必须要关注社会发展，把握社会生活的各种变化，适应社会发展的需要；二是各种政策法规、教育方针，社会对幼儿的期望体现在此类文件中，制定幼儿园课程目标必须理解各项教育方针政策；三是家庭的要求，制定幼儿园课程目标必须尊重家庭的合理要求。在满足社会生活需要的同时，需要注意“教育先行”，即教育要面向未来，使教育在适应现实生产力和政治经济发展水平的基础上，适当超前于社会生产力和政治经济的发展，教育需如此，幼儿园教育亦需如此。

案例 2-2

材料：我国文化与社会价值观中比较关注幼儿道德的培养，在“地球村”，人与人之间的交际、合作比较频繁。

根据材料内容，可确立的目标：

①萌发爱家乡、爱祖国、爱集体、爱劳动的情感；

②发展幼儿与他人之间的交往、合作品质。

（三）学科知识发展的需要

1. 研究学科知识发展的原因

幼儿园课程的一个重要职能是传递社会文化，使幼儿从自然人发展为社会人。知识是人类智慧的结晶，可以帮助幼儿更好地认识自然、认识社会、认识自己，因此，学科知识是课程目标重要的制定依据和来源。

2. 研究内容

研究内容主要包括两部分，即各学科领域的知识与幼儿身心发展有什么关系？各学科领域知识能促进幼儿哪些方面的发展？

案例 2-3

材料：“美术”作为幼儿园课程的内容。

根据材料内容，可确立的目标：

①感受和体验生活和艺术品中的美，逐渐形成对美的敏感性；

②发展观察、比较、抽象、符号化、组合、想象力；

③增加对形状、颜色等的认识，发展空间定向的能力；

④运用图像语言自由地表达自己的理解与感受，体验自我，增强自我价值感。

二、幼儿园课程目标的基本取向

课程目标隐含着一定的立场和价值取向。对幼儿、社会生活和学科知识的性质以及三者关系的不同理解，形成了不同的课程目标的价值取向。在幼儿园课程中，较为常见的目标取向有行为目标、生成性目标和表现性目标等。

专栏 2-1　普遍性目标

普遍性目标是根据一定的哲学或伦理观、意识形态、社会政治的需要，对课程进行总括性和原则性规范与指导的目标。一般表现为对课程有较大影响的教育宗旨或教育目的，例如：

《大学》：“大学之道，在明明德，在亲民，在止于至善。”

亚里士多德：“教育的终极目的是‘幸福’。”

昆体良：“教育的理想是培养‘大演说家’。”

斯宾塞：“教育是为过上‘完美生活’做准备。”

鲁洁：“道德教育的根本指向是‘做成一个人’。”

……

普遍性目标把教育宗旨和课程目标等同起来，具有普遍性特点，适用范围广，但是过于模糊、泛化，具有一定的随意性，需要辩证把握。

（一）行为目标

1. 行为目标的含义与特点

行为目标是随着课程研究领域的独立而出现并逐步发展、完善起来的课程目标模式，它是把学校要达成的教育目标，以具体的、可操作的行为加以陈述，指明学习后学习者所发生的可见行为变化。行为目标的设计，旨在将目标具体化和可操作化，用泰勒的话说是为了“有助于选择学习经验和指导教学”。在幼儿园课程中，行为目标是以幼儿具体的、可被观察的行为表述的课程为目标，指向的是课程实施后在幼儿身上所发生的行为变化。以设计课程行为结果的方式对课程进行规范与指导的行为目标，取向于“认知理性”，具有具体性、客观性、可操作性等特点。

2. 行为目标的产生与发展

行为目标在课程领域中的确立始于博比特，他认为，20 世纪已进入科学时代，面对“科学的时代要求精确性和具体性”，课程目标必须科学化、标准化。他在《怎样编制课程》（1924 年）一书中用“活动分析法”对人类经验和职业进行了系统分析，由此提出了 10 个领域中的 800 多个目标，为行为目标在课程领域的确立奠定了最初的基础。

泰勒在 1949 年出版了《课程与教学的基本原理》一书，系统发展了博比特等人的行为目标理念，克服了博比特等人把课程目标无限具体化的倾向，主张在课程目标的概括化与具体化之间找到一个“度”，并提出了影响至今的经典目标原理。泰勒的主张为行为目标的健康发展打下了坚实的基础。

20 世纪五六十年代，布卢姆等人继承并发展了泰勒的行为目标理念，他们借用生物学中的“分类学”概念，在教育领域建立了“教育目标分类学”，把行为目标发展推到新阶段。

20 世纪六七十年代，美国著名教育学者梅杰（R. F. Mager）、泼帕姆等人领导发动了“行为目标运动”，该运动把行为目标取向的发展推到了顶峰。

3. 行为目标在幼儿园课程中的应用

由于行为目标可以在课堂教学中提高课堂整体效率，在世界各国得以广泛传播与应用，也对我国的教学实践产生了较大的影响，在很长一段时期，行为目标几乎成为课程目标的同义语。在西方国家，行为目标取向在早期儿童教育课程中的影响远远比不上它在学校课程中的影响，这与人们对早期儿童教育的总体目的的认识有关联，“早期儿童教育课程常被看作较少有计划性和方向性。换言之，早期儿童教育课程似乎倾向于采用对幼儿有所帮助的活动的形式而并不太多考虑实际要做成些什么[①]”。相对而言，东方文化对于行为目标取向具有较高的接纳性，我国幼儿园课程设计与实践长期以来以课程目标导向选择课程内容、组织教育活动、实施课程评价，这是比较典型的行为目标取向。行为目标取向为教师指明了活动后要达到的具体结果，因此受到众多教师的认同。它以活动结果的达成度作为评判教学效果的主要标准，这与长期以来幼儿园重视课程结果的现实相吻合。幼儿园课程划分为五大领域，课程编制中会进一步将艺术领域划分为音乐、美术、舞蹈和戏剧等，再将美术划分为绘画、手工制作、美术欣赏等，然后再针对不同方面逐级制定详细的、可操作的行为目标。例如“幼儿在尝试将不同颜色的染料混合在一起之后，能准确讲述其中某两种染料混合后产生的变化”。在这个目标中，幼儿是主体，“讲述”是行为动词，“在尝试将不同颜色的染料混合在一起”是行为产生的条件，“能准确讲述其中某两种染料混合后产生的变化”是行为达成的结果。由此可见，行为目标所列出的是一系列可以观察或测量的幼儿学习行为变化的结果。在幼儿园课程编制中采用行为目标，需做到以下两个方面。

（1）目标要具体明确，可观察。配合幼儿的年龄特点、发展水平，依据课程内容和性质，制定出明确和详细的目标，写明期望幼儿达到的具体行为。描写行为目标的动词通常有“说出”“指出”“描述”“复述”“辨认”“分辨出”“数出”“画出”“写出”等。

（2）明确写出达到目标的条件。由于不同年龄阶段的幼儿从不同的层次去认识和理解事物，因此需要明确写出期望幼儿在怎样的条件下达到该目标。

① Butler, A. L. et al. Early Childhood Programs: Developmental Objectives and Their Use. Charles E. Merrill Publishing Company, 1975: preface.

例如，同是有关分辨水果的活动，要求 3 岁幼儿从众多食物中辨认出水果，要求 4 岁幼儿闭上眼睛凭味觉分辨出水果，要求 5 岁幼儿从众多名词中分辨出对应的水果名称。

近几年，随着幼儿园课程改革的深入，行为目标本身的具体内容发生了变化。教师从以往注重的是认知部分的目标，现在开始关注情感、能力、认知三维目标的整合。

4. 对行为目标的评价

行为目标是课程目标科学化的一个重要里程碑，它的主要贡献在于：一是行为目标具有具体性、客观性、可操作性等特点，克服了“普遍性目标”的模糊性缺陷；二是有利于教师控制教学过程，当教师将教学内容以行为目标进行陈述时，教师便可以清晰地领会和把握教学内容，教育目标转化为课程目标也变得容易；三是有利于教师就教学内容与教学管理者、儿童、家长进行准确的交流，当教师将教学内容以行为目标进行陈述时，教育内容也比较明确具体；四是行为目标便于准确评价，因为行为目标是以具体的行为呈现的，很容易判断目标是否达成，有利于教师、儿童明确努力的方向。但是它的不足也很明显：一是体现的是一种“唯科学主义”价值观，有控制本位倾向，泯灭了人的学习的主体性，“只见目标，忽略儿童”；二是具有还原论倾向，把完整的人肢解了，把学习分解成各个独立的部分，不利于促进学生全面发展，“只见部分，忽略整体”；三是忽视了难以测评、难以转化为行为的目标，“只见外显，忽略内隐”。

（二）生成性目标

1. 生成性目标的含义与特点

生成性目标又称形成性目标、展开性目标，是指在教育过程中，儿童、教师与教育情境之间相互作用而形成的课程目标。它是在教育情境中随着教育过程的展开而自然生成的课程目标，如果说行为目标关注的是结果，那么生成性目标关注的就是过程。在幼儿园课程中，生成性目标强调幼儿、教师与教育情境的交互作用，关注的是教育过程中幼儿的需要和兴趣，关注的是在一定情境下幼儿经验的成长与获得。生成性目标取向于“实践理性”，它鲜明地体现出过程性、即时性的特点，即目标不是外在于教学过程预先设定好的，而是在不断发现问题、解决问题的过程中逐渐产生的；目标是外在强加的，是师生共同选择、确立的，它自然而然地促进了教育活动的深入发展。

2. 生成性目标的产生与发展

生成性目标的渊源可以上溯到杜威提出的“教育即生长”命题。在杜威看来，教育是儿童经验的不断改造，儿童的生活、生长及经验的改造就是教育的目的，换言之，教育的目的就是促进儿童的生长。他明确反对把外在的目的强加于儿童，认为课程与教学目的不是预先设定好的，而是在教育过程中决定的，是教育经验的结果。

英国课程理论专家劳伦斯·斯滕豪斯（Lawrence Stenhouse）提出的“过程模式”也倡导生成性目标。他认为，课程不应以事先规定的目标为中心，而要以过程为中心，要以儿童在教室内的表现为基础展开。他主张，教育主要包括“训练”“教学”“引导”三个过程，“训练”和“教学”可以用行为目标来表述，但“引导”则不能用行为目标来表述，因为“引导”的本质恰恰在于它的不可预测性，很难预测的目标是无法用行为目标准确表述的。斯滕豪斯曾指出：“没有教师的发展就没有教育的发展，而且发展的最好的手段不是通过明晰目的，而是通过批评实践。”因此，课程可以规定教师所要做的事情，但是教师不能将这些规定看成教育目的或结果，以此评价儿童的学习结果，而应在处理这些所要做的事情的过程中，对儿童的发展持一种审视、研究和批评的态度，从而引导儿童不断地发展。

人本主义理论者将生成性目标发展到极点。人本主义心理学家罗杰斯认为，凡是可以教的东西，相对来讲都是无用的，而真正能影响人行为的知识，只能是他自己发现并加以同化的知识。因此，课程要为儿童提供有助于个人自由发展的学习经验，而不是关注如何让幼儿获得一些现成的、可以直接学习的东西，这不能反映课程的本质。

持生成性目标取向的学者坚持模糊性术语，如“过程”，不主张采用可操作性的方式界定目标，因为在他们眼中，教育是一个演进的过程，课程目标反映的是此过程的方向的性质，而不是此过程某些阶段或外部东西的性质。

3. 生成性目标在幼儿园课程中的应用

生成性目标取向主要在强调幼儿经验获得的课程中可以看到，特别是20世纪以来的西方国家，早期儿童教育课程的设计和实施出现了以儿童发展理论为其主要依据的倾向，强调儿童游戏、主动活动、活动过程，强调儿童、教师和教育环境的交互作用等，促使生成性目标取向在早期儿童教育课程中被广泛采用。代表性课程方案有美国的高瞻课程方案（High Scope Program，又称海伊斯科普课程方案）、凯米（Constance Kamii）和德弗里斯（Rheta. L. Devries）建立的早期教育方案。

（1）海伊斯科普（High/Scope）课程

海伊斯科普课程又称高瞻课程，它没有设置特定的课程目标，只是列出了关键经验作为教师在组织和实施教育过程中的提示，目的就在于使教师从对工作手册和工作程序表的服从中解脱出来，在教育过程中更好地发挥儿童和教师双方的主动性和积极性。后续章节会系统介绍“国外幼儿园典型课程”，在此不再对高瞻课程进行赘述。

（2）凯米和德弗里斯建立的早期教育方案

凯米和德弗里斯以皮亚杰理论为早期教育方案主要理论基础，接受了皮亚杰对发展的基本观点，即“发展是基本的过程，而每一个学习成分仅仅作为整个发展的一个功能而出现，并不能作为说明发展的一个成分”①。在他们看来，教育的目的不是去教儿童特定任务，也不是去推动儿童向下一个阶段发展，因此每一个活动无须一定有特化的目标和特别的材料，每一个儿童都有可能在活动过程中获取与自己发展水平相适合的经验。他们将课程目标划分为社会情感和认知目标两个方面：一是社会情感目标，让儿童与成人保持一种非强制性的关系，逐渐增加儿童自主性；要求儿童尊重他人的情感和权利，并开始与人合作；让儿童养成机敏和好奇，并主动地去满足好奇心，具有解决问题的自信能力，并能自信地表达自己的思想。二是认知目标，让儿童提出种种想法和问题；让儿童把事物放在关系中去考虑，注意其相似性和差异性。杜克沃斯称第一个认知目标是“了不起的主张”，因为它与记住成人

---

① 皮亚杰．皮亚杰教育论著选［M］．卢濬，选译．北京：人民教育出版社，1990：19.

所要求的正确答案的目标是背道而驰的。第二个是第一个认知目标的必然结果，强调这个目标旨在强调教师要有意识地鼓励儿童去建构知识，因为如果儿童能够将事物放在关系中加以考虑，那么运算就会发展，它将最终对其他方面的学习有用，而社会情感方面的 3 个目标能保证认知目标的顺利实现。

从上述两个具有代表性的早期儿童教育课程中可以发现，课程目标并不是课程开发者和教师强加于儿童的东西，儿童有权利通过自己的自主活动，学习他们认为值得学习的东西，在自己已有的水平上主动建构知识。

在当今我国幼儿园课程实践中，生成性目标同样受到了幼儿园课程工作者和幼儿教师的关注。走近幼儿，关注儿童成长的教育理念使得教师逐渐开始关注儿童本身的兴趣和需要，并注重将课程要达到的目标与儿童的发展需要相结合。如某园“小小记者团”的主题活动目标原为“学会运用采访收集信息资料”，但幼儿在采访过程中遇到了困难，所以生成了“采访秘诀”的分享活动和“表达采访的感受、总结问题”的目标。可见，目标是在教育情境中随活动过程的展开而自然生成的，是植根于活动过程的。不得不提的是，有的教师尽管有这样的生成性取向，但觉得“生成性目标”很难把握，不知如何在活动过程中比较自然地生成目标，这是需要以后加以关注和重视的方面。

4. 对生成性目标的评价

生成性目标消解了行为目标取向过于重视以教学结果来评价教学过程的倾向，课程目标不是预设好的，而是师生在教育过程中、在教育情境的相互作用中所产生的目标。生成性目标取向的主要贡献在于：一是以生成性目标为取向的课程能够激发儿童的学习动机，促进幼儿终身学习；二是尊重儿童的自主权，在学习过程中发挥了儿童的自主性。但是生成性目标被批评带有浓厚的“理想主义”色彩，其不足主要表现在生成的目标具有很大的不可预测性和不可控制性，对教师提出了更高的要求，实施难度大。生成性目标要求在教学过程中与幼儿进行有意义的对话和交流，这就需要教师不仅要熟悉各科知识和幼儿身心发展的特征以及可运用的教育资源，而且要求教师在了解幼儿兴趣和需要的基础上及时洞察幼儿新的兴趣点以生成合适的活动目标。但大多数教师没有经过这方面的训练，这对很多教师来讲是很大的挑战，难以被教师广泛地运用。因此，一般生成性目标与预设的课程目标结合运用，它难以成为主导的课程目标。

（三）表现性目标

1. 表现性目标的含义与特点

表现性目标是指每一个学生在具体的教育情境中的个性化表现，追求的是学生反应的多元化。它关注的是学生在活动中表现出来的某种程度上首创性的反应形式，而不是事先规定的结果，不是反应的同质性。表现性目标一般只为学生提供活动的领域，而结果则是开放的，其目的主要是培养学生的创造性和个性。在幼儿园课程中，表现性目标是指每一个幼儿在具体教育情境的各种相互作用中所产生的个性化表现。它多被运用于幼儿园艺术领域，指向每一个幼儿在教育情境的种种“际遇”中所产生的个性化表现及反应的多元性。与表现性目标相对应的幼儿园课程评价也不像行为目标那样以预定目标的达成情况来评定课程效果，而是一种美学评论式的评价，即对幼儿活动及其结果作鉴赏式的评判，依据幼儿在活动中具有创造性和个性的表现来评价活动的质量。表现性目标取向于“解放理性”，它鲜明地体现出个性化、多元性的特点。

2. 表现性目标的产生与发展

表现性目标是由美国课程理论学者埃利奥特·W. 艾斯纳（Elliot W. Eisner）提出的一种目标取向，流行于20世纪80年代以后的课程领域。艾斯纳受所从事的艺术教育的启发，发现预定的行为目标不适用于艺术领域，无法涵盖儿童在艺术活动中基于自身的创造性的表现，因此提出了表现性目标作为补充。艾斯纳认为，在课程编制中存在两种不同的教育目标：一是教学性目标，它是在课程计划中预先规定好的，这种规定明确指出了大部分学生在完成学习活动后应该获得具体行为，如学习到的技能、知识等；二是表现性目标，它不是规定学生在完成一项或多项学习活动后学习到的知识和行为，而是指向每个儿童在教育情境中的种种“际遇”，指明儿童所处的情境、将要处理的问题和将要从事的活动，追求的是同一任务同一内容下儿童的个性化的表现。因为不同儿童对同一问题的认识和反应是多种多样的，因此，表现性目标带有明显的个人色彩，不可能事先予以确定。

艾斯纳提出表现性目标的用意在于完善教学性目标，而非替代教学性目标。他认为，如果教师希望儿童富有想象力地运用技能和观点，希望儿童能建立某种完全属于自己的形式或观点，那么表现性目标极为合适，而表现性目标是以表现技能为基础的。艾斯纳指出："表现不仅仅是感情的发泄，而是感情、意象与观点转化成某种材料的表达，一旦转化了，这一材料就成为表达的媒介。在此种转化中，技能是必需的，因为没有了此种技能，转化就不会发生。"① 艾斯纳在阐述教学性目标和表现性目标的关系时指出，教学性目标针对的是表现所必需的某种技能的发展，这些技能一旦得到，便可用于表现活动。表现性目标则是鼓励儿童运用已有的技能，拓展并探索自己的观点、意象和情感。

3. 表现性目标在幼儿园课程中的应用

表现性目标是一种非特定的、较广泛的目标，用于描述幼儿身心的一般变化，具体用于：一是表述中远期目标；二是表述难以用具体行为来表述的那些情感态度类的目标；三是多用于艺术欣赏活动、艺术创作活动或较为复杂的智力活动；四是由于它的非特定性，为保证具体活动目标的弹性，有人主张用它来代替行为目标，为幼儿主动学习与发展创造条件。例如"讨论海底世界有趣的事情""知道水的用途和重要性，能节约用水""适应幼儿园的集体生活，情绪稳定、愉快""参观动物园并讨论那儿有趣的事情""观赏花，谈谈自己的发现""听七个小矮人的故事，谈谈自己的感受，并用自己喜欢的方式表达对故事的感受"等。

从意大利瑞吉欧教育体系所推崇的教育思想、课程理念和儿童观中可以窥见表现性目标取向对其的影响与渗透。在瑞吉欧方案课程中，教育被认为是一个开放而充满创造性的活动，"儿童的一百种语言"预示着儿童自我生成、自我发展的无限可能，尤其是在艺术领域，表现性目标的取向可以使我们更清醒地认识到艺术教育的价值并不在于技能，而是儿童的个性化表现与多元创造。

① 埃利奥特·W. 艾斯纳. 儿童的知觉与视觉的发展［M］. 孙宏，等，译. 长沙：湖南美术出版社，1994：150.

在目前的幼儿园教育实践中，表现性目标与生成性目标一样，如何确定和实现表现性目标依然是一个难题，因而对教师的专业素质和能力有较高的要求。幼儿园教师长期以来习惯于运用行为目标模式设计幼儿园课程，其自身的创造性不足影响了表现性目标作用的发挥。因此，深入了解该取向的优势和缺陷，根据实际确定适宜的表现性目标，并使教师明确这一取向对幼儿发展的重大意义，这对提高教师对幼儿园课程的认识以及在教育实践中更有效地实施课程有重大意义。另外，承认表现性目标并不意味着完全否定行为目标的合理性，只是行为目标适合于人的发展中的知识技能层面，表现性目标更适合于人的发展中的精神需求。

4. 对表现性目标的评价

表现性目标强调幼儿的个性发展和创造性表现，尊重个性差异，指向人的自由与解放，这种目标取向与当代人本主义的教育价值观是相契合的。表现性目标的贡献主要在于它重视人的个性，尤其是教师和幼儿在课程教学中的自主性、创造性，但是与生成性目标相同，表现性目标具有不可预测性、不易操作的特点，难以被教师广泛运用，在课程评价中由于缺乏客观标准往往带有很多的教师主观色彩。在设计教育活动时，确定的活动目标会比较模糊，很难对活动实施起到明确的导向作用。

课堂思考：

1. 要不要预先确定课程目标？

2. 确定什么取向的幼儿园课程目标是合适的？

答案分析：

1. 人的行为是有目的的，课程也需要一个基本的目标要求，否则，课程质量很难保证，课程结果也很难评价，但随着教师的成熟，预定的目标应逐渐减少。

2. 具体、明确、便于操作和评价的行为目标可用于表述知识和技能的传授、行为习惯的训练；以人的自主发展作为课程目标取向的生成性目标，把课程看作一种动态生成的师生互动过程，若要培养幼儿解决问题的能力，生成性目标比较有效；以人的个性化发展为课程目标取向的表现性目标，把课程看作幼儿个性发展和创造性表现的过程，若要鼓励幼儿的创造精神，表现性目标的形式较为合适。各种目标取向各有其长处，也有其短处，每种目标取向都有其存在的价值，相互补充和联系。

（四）课程目标取向的整合

不同的课程目标取向表现出不同的特点或呈现方式，行为目标是规定性的，生成性目标是在教育情景中随着教育过程的展开而自然生成的，而唤起性的、非规定性的表现性目标强调幼儿的个性化反应。从行为目标取向发展到生成性目标取向，再发展到表现性目标取向，体现了课程发展对人的主体价值和个性解放的追求，反映了时代精神的发展方向。

在确定课程目标时，教师可以从行为目标、生成性目标和表现性目标等不同的取向设计目标。不同取向的目标只是从某一特定的角度把握课程目标，它们之间不是相互排斥或对立的，而是相互补充和联系的，都有其存在的价值。在幼儿园课程的编制中，应兼容并蓄各种课程目标取向，以每种课程目标取向的长处弥补他种课程目标取向的短处，为达到学前教育的目的服务。整合课程目标取向的具体要求为：一是行为目标具体、明确，便于操作和评价。因此某些简单知识和技能的传授、行为习惯的训练可以运用行为目标来表述，使全体或多数儿童能够发生目标所规定的变化。二是生成性目标和表现性目标关注活动过程，关注幼儿较高层次的兴趣和需要。因此，幼儿的学习能力和学习兴趣的培养、个性发展和创造性的表现可以运用生成性目标和表现性目标来表述。三是课程目标要具有开放性，允许幼儿、教师和具体教育情境生成新的目标，允许幼儿创造性思维的发展和个性的张扬，注重幼儿知识技能、情感、态度的全面培养。

目标取向决定了一个幼儿园课程内容的选择和课程实施的安排以及相应评价的建立。如果没有明确的课程目标取向，那么对课程内容的选择和课程实施的安排只能是“人云亦云”，在实施过程中容易出现各种偏差。

三、幼儿园课程目标的制定原则

（一）整体性原则

幼儿园课程应涵盖与幼儿未来发展直接相关的各个方面，整体性原则体现为课程目标横向结构上的全面性。整体性原则表现在：一是幼儿园课程目标包括体、智、德、美各方面，指向幼儿的全面发展，在健康、语言、社会、科学、艺术各领域提出适合幼儿年龄特征和心理发展特点的子目标。这些目标不仅要注重幼儿知识的获得，更要注重幼儿良好的情绪、情感、健康的生活态度的培养。二是幼儿园课程目标要兼顾不同类别的目标。在幼儿园课程目标的确定上不仅要考虑显性课程目标，也需要考虑隐性课程目标，以达到显性目标和隐性目标的同构。要使幼儿园课程目标达到显性目标和隐性目标的同构，就要将认知、情感、动作技能等相互联系、紧密结合。

（二）系统性原则

系统性原则体现在课程目标纵向层次的延续性和一致性，即幼儿园课程的总目标、各育目标、领域目标、学年目标、单元目标和活动目标保持一致，体现出课程目标的层次性。从宏观维度目标到中观维度目标，再到微观维度目标，每个维度目标应是上一维度的具体化，各个层次的目标与整体目标之间要协调一致，以保证每一个具体目标的实现为总目标的实现打下扎实的基础。

幼儿园各个年龄阶段目标之间要相互连接，层层递进，体现儿童心理发展的渐进性。在制定课程目标时，要用长远的眼光审视目标对幼儿未来发展的价值，遵循幼儿心理发展的特征和顺序，切不可拔苗助长或者用孤立的眼光看待幼儿的现实发展，以免造成幼儿应有学习经验的缺失和断层。

（三）可行性原则

可行性原则体现在幼儿园课程目标能否落实，即课程目标的制定要充分考虑本地区、本幼儿园、本班幼儿的实际情况。可行性原则要求：第一，制定幼儿园课程目标应以幼儿身心发展成熟程度即可接受水平为基础。幼儿园课程目标要设计在幼儿的“最近发展区”内，既不要等于或低于儿童已有水平，使课程失去应有的引导、促进发展的价值和功能；也不要一味攀高，使幼儿丧失学习的兴趣和信心。第二，制定幼儿园课程目标要充分结合本园的实际，例如本园教师的能力水平能否达到目标。瑞吉欧教育体系将幼儿看作拥有充分的生存和发展权利的人，它的课程目标是让幼儿“更健康、更聪明、更具潜力、更愿学习、更好奇、更敏感、更具随机应变的适应能力、对象征语言更感兴趣、更能反省自己、更渴望友谊”，但由于其对教师的要求太高，该课程目标在很多幼儿园很难实现。第三，制定幼儿园课程目标应充分考虑各地区的不同情况，注意城乡差距、地区经济发展水平差距和不同风俗习惯的差距等，因地制宜地发挥本地资源的优势。如南京师范大学课程研究中心和全国部分幼儿园历经 5 年探索，不断开发本土化幼儿园课程资源，取得了幼儿园课程建设成果，即南京市梅花山庄幼儿园的“中国娃”、南京太平巷幼儿园的“小小艺术家”、南京市香山路幼儿园的“小小农艺师”、南京市雨花台区实验幼儿园的“幼儿园图书馆”、山东东营市利津县第二实验幼儿园的“小小园丁”、苏州幼儿高等师范学校附属花朵幼儿园的“小小美食家”、无锡市港下中心幼儿园的“幼儿园博物馆”、苏州市吴江区金家坝幼儿园的“小小饲养员”、青岛市实验幼儿园的“书屋的故事”、潘天寿艺术幼儿园的“小小木工坊”和常熟市实验游文幼儿园的“小小布衣坊”等。

（四）时代性原则

时代性原则体现在幼儿园课程目标要充分关注社会发展，即立足于现在，面向未来，在了解社会发展趋势的基础上预测未来社会所需要的人才规格，培养适合未来社会需要的人才。学前教育作为基础教育的重要组成部分，作为学校教育和终身教育的奠基阶段，应该更加重视面向未来制定的课程目标，更需具有超前意识。一些幼儿园看到了信息化、国际化的社会发展趋势，将人工智能启蒙教育（如信息技术教育、幼儿编程等）和英语教育引进幼儿园课程，这当然是面向未来的实际举措，但是培养未来社会所需要的人的基本素质更重要，尤其是情感、态度和能力方面的素质。

（五）补偿性原则

补偿性原则又称缺失优先原则。从社会需要和人的潜能出发而考虑制定的旨在全面和谐发展的课程目标是一种理想的目标，这种理想的目标与儿童的现实发展之间必然存在差距，不同群体、不同个体与理想目标各方面的差距可能是不完全一样的，差距有大有小。其中差距最大的部分尤其应该引起教育工作者的注意，在确定课程目标时将它们突出，以借助于课程使儿童发展的不足得到补偿。幼儿时期缺乏学习经验导致某些不均衡现象，完全可以通过改变经验得以补偿，如部分城市幼儿身体运动的协调性、灵活性较差，缺乏耐受性和对自然变化的适应能力，这主要是城市幼儿因为生活环境比较单一狭小，缺乏运动锻炼，因此城市幼儿可以适当增加体育锻炼和户外活动来弥补这一部分的不足。

四、幼儿园课程目标的表述

（一）确定表述的角度

幼儿园教育活动包括教师的教和幼儿的学，因此目标表述的角度包括从教师角度表述和从幼儿角度表述：首先，从教师的角度表述课程目标，即指明教师应该做的工作或应该努力达到的教育效果，一般常用“鼓励”“引导”“帮助”“培养”“增进”“激发”“使”“让”等行为动词表述教师的教，例如“鼓励幼儿在活动中友好协作”“增强幼儿垃圾分类的意识”“引导幼儿大胆合理地创编故事”“激发幼儿热爱动物、保护动物的情感”等；其次，从幼儿的角度表述课程目标，即指明幼儿通过学习应该达到的发展程度，一般常用“理解”“感受”“体验”“知道”“掌握”“了解”“尝试”“学会”“喜欢”“养成”“萌发”“能”等行为动词表述幼儿的学，例如“体验自我服务的乐趣和成就感”“知道打电话时向对方说‘你好’”“能自由选择卡片拼出不同的几何图形”“掌握匍匐爬的动作要领”“大胆地尝试寻找利用不同材料、不同难度的物体或器械进行攀爬练习”等。目标表述的角度并无严格的限定，但是每条目标的表述应保持一致的角度。目前，多数人主张从幼儿的角度表述，以促使教师的注意力向幼儿转移，克服以往教育中教师过多注意自己“教”的行为，而忽视幼儿的“学”和“学的效果”的倾向。

（二）确定表述的方式

确定课程目标表述的方式即确定课程目标表述的价值取向，即行为目标、生成性目标或表现性目标取向。不同层次的目标应有不同取向，具体、明确、便于操作和评价的行为目标可用于表述知识和技能的传授、行为习惯的训练；

以人的自主发展作为课程目标取向的生成性目标，把课程看作一种动态生成的师生互动过程，若要培养幼儿解决问题的能力，生成性目标比较有效；以人的个性化发展为课程目标取向的表现性目标，把课程看作幼儿个性发展和创造性表现的过程，若要鼓励幼儿的创造精神，表现性目标的形式较为合适。各种目标取向有其长处，也有其短处，每种目标取向都有其存在的价值，相互补充和联系。

不同取向的目标，其表述方式也不同：行为目标的表述一般采用行为目标ABCD表述法，详见专栏2-2；生成性目标的本质是过程性，“尝试……”是较为典型的表达方式之一；表现性目标的本质是反应的多元性，“欣赏/听/参观……讨论/谈谈/表达……”是较为典型的表达方式之一。

专栏2-2　行为目标ABCD表述法

A：Audience，意指“学习者”，要求有明确的学习者，目标表述句中的主语。

B：Behavior，意为“行为”，要求说明通过学习后学习者能做什么，是表述句中的谓语和宾语。

C：Conditions，意为“条件”，要求说明上述行为在什么条件下产生，是目标表述句中的状语。

D：Degree，意为“程度”，要求明确上述行为的标准。

（三）表述的注意事项

课程目标的表述还需要注意以下事项：不同层次的目标采用不同的取向和表述方法；基于幼儿身心发展水平，避免目标低于、等于或过度高于幼儿已有经验；合理安排认知、动作技能和情感体验三个维度的目标；表述要言简意赅、清晰明确，避免啰嗦冗长、模糊不清；一条目标避免隐含多条目标；表述要采用专业化用语，避免口语化；避免将目标混同于手段或途径；目标要典型集中，避免目标容量超载。

案例分析：下列活动目标的表述存在什么问题？如何修改？

案例 2-4

“认识三角形”的教学活动目标：

1. 让幼儿认识三角形；
2. 学习三角形的画法；
3. 培养幼儿的合作精神；
4. 培养儿童德、智、体、美、劳等全面发展。

案例 2-5

“我和小动物”的教学活动目标：

1. 通过图片欣赏和联系幼儿亲身体会，培养幼儿对动物的喜爱情感，丰富幼儿关于动物的认识；
2. 通过幼儿介绍与教师指导，帮助幼儿增强语言表达能力；
3. 感受动物是我们的朋友，培养幼儿保护动物的意识。

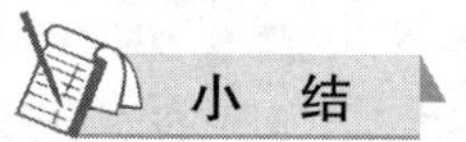

小　结

本章主要围绕幼儿园课程目标探讨了以下问题：一是幼儿园课程目标的内涵、层次、结构；二是幼儿园课程目标体系的构建，包括幼儿园课程目标的来源、基本取向、制定原则及其表述。

在教育系统中，教育目的、培养目标、课程目标、教学目标等构成了一个有机的整体，课程目标有广义狭义之分，从本质上看，幼儿园课程目标就是幼儿园阶段的课程要达到的预期效果。从幼儿园课程总目标、各育目标，到领域目标、学年目标，再到单元目标、活动目标，是一个从宏观维度到中观维度再到微观维度的过程。以幼儿心理发展结构、幼儿年龄水平结构和幼儿园课程内容结构建立幼儿园课程目标的三维立体模型，全面兼顾了幼儿园课程目标的结构，只有如此，才能制定出科学合理的幼儿园课程目标。

构建幼儿园课程目标体系，需要在明确幼儿园宏观目标和中观目标的基础上，确定其基本来源及其关系，明确其基本取向，遵循制定的基本原则，叙写幼儿园课程目标。幼儿园课程目标的来源为幼儿的需要、社会生活的需要和学科知识发展的需要；幼儿园课程目标的基本取向一般包括行为目标、生成性目标和表现性目标取向；制定幼儿园课程目标需要遵循整体性、系统性、可行性、时代性和补偿性原则；幼儿园课程目标的表述一般采用幼儿表述的角度，可遵循不同的目标取向，采取不同的表述方式。

课外阅读资料

1. 朱家雄．幼儿园课程［M］．上海：华东师范大学出版社，2003.

2. 艾斯纳．儿童的知觉与视觉的发展［M］．孙宏，等，译．长沙：湖南美术出版社，1994.

3. 刘华蓉．幼儿园：教什么？怎么教？——“耶鲁一期”美国研修手记［M］．北京：教育科学出版社，2016.

4. 《幼儿园教育指导纲要（试行）》(2001).

5. 《3～6岁儿童学习与发展指南》(2012).

6. 《幼儿园工作规程》(2016).

练习题

一、单选题

1. 行为性目标的基本特点是（　　）。

A. 目标精确、具体、可操作性强

B. 注重过程

C. 追求学生反应的多元化

D. 指向每个儿童在教育情境的种种“际遇”

2. “幼儿在尝试将不同颜色的染料混合在一起之后，能准确讲述其中某两种染料混合后产生的变化”，请用“行为目标 ABCD 法”分析 D 指的是（　　）。

A. 幼儿

B. 讲述

C. 能准确讲述其中某两种染料混合后产生的变化

D. 尝试将不同颜色的染料混合在一起

3. 生成性目标取向于（　　）。

A. 认知理性　　B. 解放理性　　C. 实践理性　　D. 解构理性

4. 美国课程学者艾斯纳认为课程中存在两种不同的教育目标，即教学性目标和（　　）。

A. 普遍性目标　　B. 表现性目标　C. 行为目标　　D. 生成性目标

5. 部分城市幼儿身体运动的协调性、灵活性较差，因此在制定课程目标时可以适当增加体育锻炼和户外活动，体现了制定课程目标的（　　）原则。

A. 全面性　　B. 系统性　　C. 时代性　　D. 补偿性

二、简答题

1. 幼儿园课程目标分为哪几个层次？

2. 幼儿园课程目标的结构是什么？

3. 幼儿园课程目标的来源是什么？

三、案例分析

大班语言活动“爷爷一定有办法”活动目标的表述存在什么问题？

活动目标：

1. 通过排列从毯子到纽扣的变化过程，幼儿理解故事内容，初步形成废物可以再利用的意识，发展幼儿的思维推理能力；

2. 尝试进行“变废为宝”的操作，感受相互合作变废为宝的快乐，并懂得对于废旧物品，只要肯动脑筋，也能变废为宝。

活动过程：在活动中，教师一边讲述绘本，一边播放课件，讲完后，教师问：“你们瞧，爷爷把一条旧毯子变成了什么呢？”幼儿三三两两地按故事的内容回忆出背心、领带等。教师接着说：“这里有一些图片，一会儿请小朋友四人一组坐到桌子边，按照故事里的顺序把它们排列出来。”这时，桌子中间早已准备了一只盒子，里面放着画有毯子、外套、背心、领带、纽扣的图片和一条用来显示排列顺序的长胶条，幼儿很快行动起来。教师在旁边鼓励："排好的小组将胶条拿到前面来，看哪一组排得又快又对。"全体操作结束，教师引导大家对胶条上的答案逐个检验，结果所有小组的答案全部正确。教师说："你们听得真仔细，答案全对了。我们再完整地听一遍故事。"听完故事后，教师说："爷爷真是有办法！生活中，人们想办法也把许多废旧物品做成了有用的东西，我们一起去欣赏欣赏。"教师带领幼儿起身来到活动室后面事先布置好的"变废为宝"展览区。一边走一边说："这些东西好看吗？"幼儿大声说："好看！""那我们一起动手做一做，看看谁还能把废物变成宝贝？"于是幼儿又被带回到桌子边，桌上放着已备好的材料，一些孩子一边好奇地摆弄一边互相询问："这怎么做呀？"

参考答案

一、单选题

1. A　2. C　3. C　4. B　5. D

二、简答题

1. 幼儿园课程目标的层次：幼儿园课程总目标、各育目标、领域目标、年龄阶段目标/学年目标、单元目标、活动目标。

2. 幼儿园课程目标结构：幼儿心理发展结构（认知、情感、动作技能）、幼儿园课程内容和结构（健康、语言、社会、科学、艺术）、幼儿心理发展水平（年龄阶段）。

3. 幼儿园课程目标的来源包括幼儿的需要、社会生活的需要和学科知识发展的需要。

三、案例分析

1. 目标容量超载，目标 1 中的关键词多重复杂，包括排列、理解、思维、废物利用意识等，导致教学的着力点分散。一些幼儿教师过度"挖掘"教材，试图在一次活动中将所有信息提取出来当作有价值的发展目标，忽略了对信息是否典型、信息与文本的主体价值是否对称的思考。由于信息量多、信息涣散、过程“蜻蜓点水”，目标显得多而杂。

2. 将目标混同于手段/途径，目标中“通过排列从毯子到纽扣的变化过程”“尝试进行‘变废为宝’的操作”都只是活动的过程和手段，教师将过程和手段当作目的来追求，本末倒置。

3. 一条目标隐含多条目标，“目标 2”包括了合作学习能力和设计制作技能实践等多个发展性目标要素，无法确切估计幼儿最终完成任务的水平。

第三章　幼儿园课程内容

内容导航：

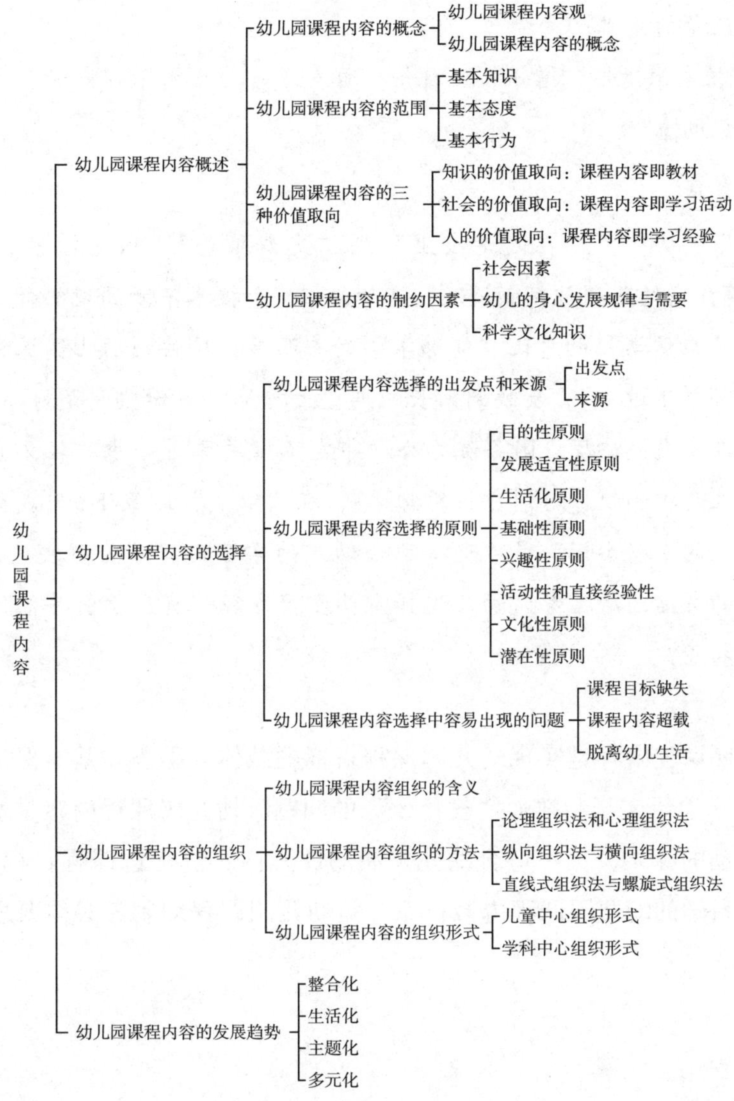

学习目标：

1. 理解幼儿园课程内容的概念、范围、价值取向、制约因素；

2. 掌握幼儿园课程内容选择的出发点、来源、原则；

3. 知道幼儿园课程组织的含义、方法和形式；

4. 学会处理幼儿园课程内容选择中容易出现的问题；

5. 初步具备选择和组织幼儿园课程内容的能力；

6. 把握幼儿园课程内容的发展趋势，并萌发努力实践和积极探索幼儿园课程内容改革的意识；

7. 厚植家国情怀，增强文化自信，萌发通过幼儿园课程内容传承中国优秀传统文化的意识。

问题情境：

近年来，从“不输在起跑线上”到“虎妈狼爸”，从“鸡娃”到“内卷”，教育焦虑的话题被频频提及。在新知识、新技术不断涌现的知识经济时代，幼儿“应该学”的总比“能够学”的东西多，反映到幼儿园课程内容中就是“幼儿学不过来”，反映到家长的期望上就是“多学些就是好的”。2021年7月中共中央办公厅、国务院办公厅印发了《关于进一步减轻义务教育阶段学生作业负担和校外培训负担的意见》，在“双减”政策下，“减负”不再是中小学生的专有名词。科学选择适合幼儿的学习内容成为解决“加与减”矛盾冲突的关键，请思考为幼儿选择哪些学习内容，有利于引导他们扣好人生第一粒扣子？

幼儿园课程内容是实现幼儿园课程目标的载体、手段和基本保证，主要解决幼儿“学什么”和教师“教什么”的问题。幼儿园课程内容是幼儿园教育生命活动的源泉，选择适合幼儿发展的课程内容以促进课程目标的实现，从而形成科学的幼儿园课程内容体系，是幼儿园课程编制者必须要思考和解决的问题。

第一节　幼儿园课程内容概述

一、幼儿园课程内容的概念

（一）幼儿园课程内容观

在不同的幼儿园课程内容观的指导下，对幼儿园课程内容的概念界定也会不同。根据学前教育的特点，一般认为幼儿园课程内容观包括三种形式，即以知识为中心的静态形式、以活动为中心的动态形式和以生活为中心的动静融合形式。

1. 静态的课程内容观

基本观点：课程内容就是静态的知识和知识体系，以知识为中心的静态形式呈现。在一定意义上，课程即“教育方案或计划”，所指的课程内容是文本的，如“课程内容就是学科知识”“课程内容就是教材”等，其实质上就是一种以学科为中心的课程观。

代表性人物：赫尔巴特、伊凡·安德烈耶维奇·凯洛夫等。

评价：这种课程内容观有利于教师把握教育进程，有利于教师进行教育教学评价，但是它与现代教育观不符，在一定程度上忽略了幼儿身心发展规律，因此其存在状况逐渐式微。

2. 动态的课程内容观

基本观点：课程内容是以幼儿的兴趣、动机为中心构建的，以活动为中心的动态形式呈现。在一定意义上，“课程即活动”“课程即经验”，所指的课程内容是动态的、不断生成的，如“课程内容就是实际存在的活动过程”。

代表性人物：杜威、陶行知的“做中学”等教育思想。杜威认为，学校科目互相联系的真正中心，不是科学，不是文学，而是儿童本身的社会活动。

评价：动态的、生动形象的课程内容能激发幼儿的学习兴趣，发展幼儿的实际行为能力，增长实际经验，能将幼儿的非智力因素（如兴趣、需要、动机、情感、性格等）紧密结合起来，使幼儿在“切身体会”中获得发展，但它难以让幼儿掌握系统的知识体验；由于学习时间有限，幼儿通过活动获得直接经验的方式低效且耗时长；由于轻视系统学科知识，易导致过分关注外显活动，流于形式的活动会降低教学质量。

3. 动静融合的课程内容观

课程内容以生活为中心的动静融合形式呈现。在一定意义上，“教育即生活”“生活即教育”，生活是幼儿的学习内容。根据学前教育的特点，动静融合的幼儿园生活教育得到越来越多的追捧。在辩证唯物主义理论指导下，合理科学的课程内容应该就是既有动态形式，也有静态形式，静态和动态应该是融合的。

幼儿园课程编制者需要根据幼儿的心理发展顺序和知识经验基础以及接受能力，合理确定动静课程内容比例。一方面，一般随着幼儿年龄的增长，应该减弱课程内容的动态性，增强课程内容的静态性。这与幼儿的思维特点有关，由于低年龄段的幼儿注意力不易集中，所以课程内容应多点动态，丰富多样；由于高年龄段的幼儿在自律意识和自控能力上都有所增强，所以可以适量增加静态内容。另一方面，到底是动态内容多一点还是静态内容多一点，要充分考虑学科特点，例如很多纯理论性或真理性的东西并不适宜活动。

（二）幼儿园课程内容的概念

课程内容是幼儿园课程内容的上位概念，我们首先要明确何为课程内容。教育界对课程内容没有统一的界定，不同的课程研究者对课程内容的概念进行了不同的定义。在《课程理论——课程的基础原理与问题》中施良方将课程内容定义为：“课程内容是指各门学科中特定的事实、观点、原理和问题以及处理它们的方式。”在《现代课程论》中靳玉乐将课程内容定义为：“课程内容是作为符合课程目标要求的一系列比较规范的间接经验和直接经验组成的用以构成学校课程的文化知识体系，课程内容是课程的主体部分。”全国十二所重点师范大学联合编写的《课程论》一书指出：“课程内容是根据课程目标，有目的地选择的一系列直接经验和间接经验的总和，是从人类的经验体系中选择出并按照一定的逻辑序列组织编排而成的知识体系和经验体系。”

在学前教育界，有些学者将课程内容看作是一系列比较系统的直接经验和间接经验的总活动，例如，陈文华（2011）在《幼儿园课程论》中指出：

“幼儿园的课程内容就是以培养幼儿完整健全人格和身心全面和谐发展为目的而选择和组织的能够帮助幼儿获得有益经验的一切幼儿园课程因素的总和。”王海燕（2015）在《幼儿园课程》中指出：“幼儿园课程内容是根据幼儿园课程目标，有目的地选择的各种直接经验和间接经验的知识与活动体系。”除此之外，还有学者将课程内容看作学习者需要学习的基本知识、态度、行为等，例如，以冯晓霞（2000）为代表的幼儿园课程理论研究者认为：“幼儿园课程内容指的是根据幼儿园的课程目标和相应的学习经验选择的、蕴含或组织在幼儿的各种活动中的基本态度、基础知识、基本技能和基本行为方式。”以虞永平（2002）为代表的幼儿园课程研究者将幼儿园课程定义为：“幼儿园课程内容是指依照幼儿园课程目标选定的通过一定形式表现和组织的基本知识、基本态度、基本行为。”《纲要》的第二部分“教育内容与要求”指出：“幼儿园的教育内容是全面的、启蒙性的，可以相对划分为健康、语言、社会、科学、艺术等五个领域，也可作其他不同的划分。”《纲要》对幼儿园教育内容进行了划分，马占兰（2018）在《幼儿园课程新论》中指出：“幼儿园课程内容，主要表现在健康、语言、社会、科学、艺术等五个领域；各个领域的内容是相互渗透的，共同促进幼儿知识、技能、能力、情感、态度等方面的发展。”

综上所述，幼儿园课程内容涵盖面非常广泛，在综合分析诸多观点的基础上，本书将幼儿园课程内容界定为：“幼儿园课程内容是根据幼儿园课程目标选定的，通过各种活动形式表现和组织的基本知识、基本态度和基本行为。”为全面理解幼儿园课程内容的本质内涵，需要把握以下几点。

1. 幼儿园课程内容与幼儿园课程目标紧密相连

幼儿园课程内容是实现幼儿园课程目标的载体和手段，幼儿园课程内容与幼儿园课程目标紧密相连。课程目标指导着课程内容的选择与组织，课程内容必须为实现课程目标服务。

2. 幼儿园课程内容是通过各种活动形式表现和组织的

幼儿园各类活动是课程内容的主要载体：一方面，课程内容蕴含或表现在活动的基本结构——活动对象和活动过程中，幼儿通过参与各类活动接触不同方面的课程内容，最终通过内化而积累学习经验，促成自身的发展；另一方面，通过不同的活动形式——生活活动、游戏、区域活动、集体教学活动等，实现幼儿园课程内容的系统性和组织性，幼儿园课程内容不是分散、堆积、支离破碎的，而是相互联系、有机组织、协调有序的，只有具有系统性与组织性的课程内容才能保证幼儿实现全面发展。

3. 幼儿园课程内容应包括基本知识、基本态度、基本行为三个方面

无论认为幼儿园课程内容是教材、学习活动还是学习经验，确定幼儿园课程内容时均应全盘考虑取其长处。同时，从幼儿的认知心理结构看，认知过程包含情感、认知、动作技能等几个方面，因此，幼儿园课程内容必须涵盖知识、态度、行为三个方面。

二、幼儿园课程内容的范围

幼儿园课程内容的范围指的是幼儿园课程内容的基本要素或基本组成部分，即有助于幼儿发展的基本知识、基本态度、基本行为所组成的区域。这既是对幼儿园课程内容所作的价值判断，又是对幼儿认知心理结构认识的结果。

（一）基本知识

具有多种价值的知识可以帮助幼儿更好地认识自己所处的生活环境，实现身心健康成长。知识是智力发展、能力提高和情感态度培养的前提基础，具有发展价值，离开知识奢谈促进幼儿发展是毫无意义的，基本知识在课程内容中的作用不容忽视。“基本知识”指的是关于周围世界（包括自己）的浅显而基本的知识。

专栏3-1　基本知识①

生命活动必需的知识，如与幼儿的健康、安全有关的知识。

有利于幼儿解决基本的生活、交往问题的知识，如基本的社会行为规则、规则的意义等。

帮助幼儿认识自己生活环境的知识，如自然和社会环境中常见事物的名

① 冯晓霞．幼儿园课程［M］．北京：北京师范大学出版社，2000：51.

称、属性、幼儿能理解事物之间的关联等。

为今后学习系统的学科知识打基础的知识，如基本的数、量、形、时间、空间概念等。

为成长为未来社会的高素质公民奠基的知识，如简单的环保知识等。

在对待基本知识时，要注意避免走向两个极端：一是过分注重知识。主要表现是强调死记硬背的知识，忽略幼儿的兴趣和需要，强行灌输给幼儿由成人规定的不易或不能理解的知识。尽管幼儿能背下来此类知识，但由于幼儿缺乏理解，无法应用，很快就会忘记。这种知识不仅无法促进幼儿发展，还会给幼儿带来很大的学习压力，降低幼儿的学习兴趣，打击幼儿学习的自信心。二是忽略必要知识。其主要表现是选择课程内容完全基于幼儿的兴趣，将“兴趣”错误地等同于“学习兴趣”，混淆“虚假兴趣”与“真实兴趣”，过度依赖引人入胜的教育情境或手段激发幼儿的兴趣，忽略了幼儿对知识的兴趣。既不考虑幼儿应该学习哪些知识，也不考虑怎样帮助幼儿整理、扩充、提升其自然的、零散的日常经验。

（二）基本态度

态度构成行为动机，影响人的行为。态度一般指对人、对事、对己的一种倾向性。“基本态度”即人作为一个社会成员所应该具有的心理品质，如基本的情感、个性品质。态度不可“教”，它是伴随着活动过程而产生的体验，更多的属于隐性课程内容。但是，这不等于说幼儿园课程无法对幼儿的态度倾向施加影响，我们可以依据研究揭示的教育规律，选择有趣而适当的关于基本态度的课程内容。幼儿园课程应着重培养幼儿的兴趣、自我价值感、责任感、归属感、关心、友好、尊重、同情等基本态度。

专栏 3-2　态度形成的基本途径①

心理学研究表明，态度一般通过三种基本途径形成：

一是环境的同化作用。周围人对某事的评价会不知不觉地影响幼儿，使他/她也持有同样的观点。

① 冯晓霞．幼儿园课程［M］．北京：北京师范大学出版社，2000：54.

二是经验的情绪效应。对使自己体验到愉快、满意的事物会形成积极的态度，如喜好；对使自己感到痛苦的事物则形成相反的态度，如厌烦。

三是理智分析。当人们认识到并真正理解了某种事物或特定行为的真正含义时，会根据这种认识对它们形成“好”或“恶”的态度。

（三）基本行为

行为是指受思想支配而表现出来的活动，人无时无刻不在活动，活动是人存在的形式，也是人发展的方式。“基本行为”指的是关于基本活动方式方法的知识和经验，即所谓“做”的知识，或程序性知识。幼儿的自我服务、身体锻炼、游戏、观察、交流、探索等日常活动包含着一些基本的方式方法、技能技巧，如社会交往的技能、语用技能、解决问题的技能等。引导幼儿掌握基本的活动方式方法，自然有利于幼儿的日常生活顺利进行。

三、幼儿园课程内容的三种价值取向

课程价值取向是基于对课程的总认识，在制订和选择课程方案以及实施课程计划时人们表现出来的一种倾向性。课程内容存在三种不同的取向，即知识的价值取向、社会的价值取向和人的价值取向，不同的价值取向对课程内容的选择产生了不同的影响。

（一）知识的价值取向：课程内容即教材

基本观点：在知识的价值取向下，课程内容被认为是教材，体现了以学科为中心的教育目的观。

代表性人物：扬·阿姆斯·夸美纽斯、赫尔巴特和布鲁纳等，如夸美纽斯从其“把一切事物教给一切人”的泛智教育论出发，提出百科全书式课程的观点。

对幼儿园课程内容选择的影响：在选择幼儿园课程内容时，一方面，必须注重内容的基础性，将经过认真筛选的基础知识和基础技能编入教学计划、教学大纲和教材；另一方面，要求这些基础知识和基本技能既在一定程度上反映人类文化遗产中的精华，又能满足幼儿未来社会生活需求。

评价：这种把重点放在教材上的静态课程内容价值取向有它自身的优势，

迄今在教学实践中还在应用，当然它也存在明显的局限性。优点：考虑到各门学科知识的逻辑性、系统性；在教材取向下，教师与学生有明确的教育内容，容易把握和评价，从而使课程教学工作有据可依。缺点：过分强调学科系统，容易导致对新知识更新的排斥和对学生要求的忽视；学科专家预设好的课程内容，意味着只有学科专家最清楚教师“教什么”、学生“学什么”。

（二）社会的价值取向：课程内容即学习活动

基本观点：社会的价值取向将课程内容看成学习活动，关注儿童做些什么，强调课程与社会生活的联系，强调儿童在学习中的主动性。它对“课程内容即教材”提出了挑战，批评这种取向关心的只是向儿童呈现关于基本事实和方法的内容，而不关注儿童本身对活动过程的参与。

代表性人物：英国教育家阿弗烈·诺夫·怀特海（Alfred North Whiteheael）指出：“教育只有一种教材，那就是生活的一切方面”；我国教育家陈鹤琴提出的“活教育”，其中“做中学、做中教、做中求进步”“大自然、大社会都是活教材”，反映的就是这种取向。

对幼儿园课程内容选择的影响：在其影响下，幼儿园课程编制者在选择幼儿园课程内容时，一方面，要设计和安排大量的活动，并让幼儿在参与活动的过程中去探索和发现；另一方面，注重使课程内容贴近社会生活，以有益于儿童接触社会、了解社会，并初步学习一些与自身社会生活相贴近的知识和技能。

评价：在幼儿园课程编制中，社会的价值取向相对中、小学课程更容易被幼儿园接受和采用，有其自身优势，但也存在明显的不足。优点：强调课程与社会生活的联系，强调儿童在学习中的主动性，主张学生通过参与活动学习知识，要求课程与社会活动密切联系，这样学习才有意义，才能激发学生的兴趣。缺点：尽管这些活动在表面上可能很活跃，但是，这往往不是儿童对课程内容的同化，不会从根本上引起儿童深层次的心理结构的变化，没有从根本上反映出儿童学习这一本质。其缺点具体表现在：它注重学生的外显活动，而无法看到学生是如何同化课程内容的，无法看到学生的经验是如何获得的；它关注外显活动，鄙视系统学科知识，忽视深层次的研究学习，活动容易流于形式，从而导致教学质量的下降。

（三）人的价值取向：课程内容即学习经验

基本观点：人的价值取向将课程内容看作学习经验，将儿童在学习过程中所获得的经验作为选择和组织课程内容的出发点。课程内容即学习经验，是一种建构主义的观点，学生是否真正理解课程内容，取决于学生的心理建构，知识只能是“学”会的，而不是“教”会的；课程内容应由儿童决定，而不是由学科专家支配。

代表性人物：泰勒认为，课程内容即学习经验，而学习经验是指学生与外部环境的相互作用。他主张，“教育的基本手段是提供学习经验，而不是向学生展示的各种事物”。学习是通过学生的主动行为而发生的，取决于他自己做了些什么，而不是教师呈现了些什么内容或要求做些什么。

对幼儿园课程内容选择的影响：注重课程内容与幼儿发展特征相符合，使课程内容能够通过幼儿与环境之间有意义的交互作用而被幼儿同化，这就是说，在选择课程内容时，要充分顾及幼儿的兴趣、需要和能力。课程编制者关注幼儿园环境的创设，关注幼儿学习经验的获得。例如，以皮亚杰建构理论为主要理论基础的早期儿童教育课程和教育方案，体现了该课程内容取向，课程和方案设计者强调的是儿童在与环境交互作用中经验的获得和知识的建构，而不是特定知识的传递，或是一般意义上活动的组织和安排。

评价：在幼儿园课程编制中，这种取向不难看到。优点：强调学生是主动参与者，认为学生是学习活动的主体，学习的质和量取决于学生而不是课程；强调学生与外部环境的互相作用，教师的职责是要构建适合学生能力与兴趣的各种情境，以便为每个学生提供有意义的经验。缺点：增加了课程内容选择的难度，因为学习经验是儿童自己主观的心理体验，课程编制者和教师都难以把握，容易使课程内容过分泛化，并导致学校课程总是以学生为主导，受学生的支配；实践证明，过于强调以学习者为中心，于教育质量提高无太大益处。

综上所述，在选择幼儿园课程内容时，课程内容适合幼儿发展特征、贴近社会生活以及顾及知识的基础性这三个方面并不矛盾和相互排斥，只是不同的教育价值取向在涉及课程内容选择的问题时，以不同的方式平衡这三者之间的关系。因此在选择或组织幼儿园课程内容时，三种取向要相互兼容、取长补短，在学科知识、学习活动和学习经验之间取得平衡。

四、幼儿园课程内容的制约因素

（一）社会因素

社会发展对幼儿素质发展的一般要求是幼儿园课程内容选择的客观依据。一定的社会生产力发展水平和状况、政治经济制度、社会意识形态等，对幼儿的素质发展提出了不同的要求。

（二）幼儿的身心发展规律与需要

幼儿的身心发展规律、水平和需要，制约着幼儿园课程内容：一方面，幼儿园课程内容的选择需要考虑幼儿身心发展水平及其发展规律；另一方面，幼儿园课程内容的选择还应考虑幼儿身心发展需要。

（三）科学文化知识

知识是课程内容的基本要素，因而，幼儿园课程内容的选择必须考虑人类科学文化知识和技术的特点及发展趋势。

第二节　幼儿园课程内容的选择

人类社会积累下浩如烟海的知识和经验，而且当今社会知识增长速度飞快，由于幼儿吸收信息有限，因此幼儿园课程内容必须经过严格的、精心的选择。本节将从幼儿园课程内容选择的出发点和来源、选择的原则、选择中容易出现的问题进行阐释。

一、幼儿园课程内容选择的出发点和来源

（一）出发点

幼儿园课程内容的选择标准不是固定的，更不是唯一的。在选择课程内容时，我们首要考虑的问题是：所选内容是否与幼儿当前经验相吻合？是否

与该年龄段的教育目标相一致？是否有可利用的社会资源和家长资源……在诸多纷繁复杂的问题中，我们可以聚焦幼儿生活，归纳幼儿园课程内容的出发点。

1. 幼儿的社会生活经验与兴趣

从幼儿的兴趣和需要出发选择幼儿园课程内容，贴近幼儿生活来选择幼儿感兴趣的内容，有助于拓展幼儿的经验和视野。幼儿园单元主题活动的主题选择必须要从幼儿的兴趣和需要出发，如“有趣的泥塑”“保护牙齿”“孙悟空练本领”等都是考虑到幼儿的兴趣和需要而选择的主题。

案例 3–1

有趣的泥塑

玩泥巴的游戏是伴随着农村幼儿成长的。幼儿对玩泥巴情有独钟，对泥土有了一些认识，并且喜欢动手制作。泥塑是中国传统的手工艺术，泥塑活动的最大魅力在于幼儿在活动过程中以玩儿为载体，在玩儿中体验制作泥塑作品的乐趣。以“有趣的泥塑”为主题的“玩泥巴”“泥土的轻与重”“泥土变变变”“泥娃娃也有爸爸妈妈”“泥塑故事汇”等课程内容就产生了。

2. 幼儿现实发展需要

幼儿园课程内容来自幼儿的现实生活，即幼儿园课程内容既要适合幼儿的现有水平，又要符合幼儿的现实需要。同时，课程内容的选择还应着眼于从现有的内容和材料出发。例如，“春节”“家乡的枸杞”等。

案例 3–2

家乡的枸杞

进入 7 月份，宁夏的枸杞红了，幼儿园栽种的枸杞树上结出了红红的枸杞。在枸杞成熟之际，我们围绕“家乡的枸杞”设计、组织和开展了系列主题活动，引导幼儿认识、了解枸杞，并且萌发爱枸杞、爱“宁夏五宝”、爱家乡的情感。毛毛的爷爷在乡村栽种了几亩枸杞，我们带领幼儿来到枸杞地，毛毛的爷爷为我们准备了采摘桶、小手套等工具。在采摘枸杞的活动中，孩子们被红红的枸杞吸引，他们劳动着、品尝着、议论着，兴奋不已。老师顺着幼儿现实的兴趣点，以“家乡的枸杞”为主题的“枸杞花开”“小小红宝石的秘密”“美味的枸杞”“小枸杞，大能量”“创意枸杞秀”“枸杞小市场”等课程内容就产生了。

3. 幼儿未来发展

以幼儿未来发展为出发点选择幼儿园课程内容，即所选内容应立足于幼儿的长远发展，并具有一定的挑战性。在选择课程内容时，必须充分考虑是否有利于实现课程目标和幼儿的长远发展。如《纲要》中的社会领域目标之一，“乐于与人交往，学习互助合作和分析，富于同情心”，为实现该目标，我们要选择“合作交往”“相互帮助”的幼儿园课程内容，如“弟弟妹妹我来帮助你”“小动物诊所”“我们都是好朋友”等。

（二）来源

1. 学科领域

学科领域是幼儿园课程内容选择的重要来源，同时应选择幼儿关注的内容。随着幼儿园课程的综合化趋势，越来越多的幼儿园从幼儿生活领域中确定主题，并融合学科领域的内容来设计幼儿园课程。例如，幼儿现实生活中常见的“粮食”就可以作为一个很好的课程内容来辐射出丰富的学习资源。

类别：麦类、豆类、稻类、粗粮类等；

个数：如 1+2-3 可以表述为 0+00-000；

健康：“我不挑食”“食品安全记心间”等；

儿歌：《吃饭不挑食》《包饺子》《饭桌之歌》《我会自己吃饭》等；

唐诗：引导幼儿通过《悯农》感悟农民伯伯劳动的艰辛、劳动果实来之不易。

2. 幼儿自身的内在环境与外在环境

（1）幼儿内在环境

幼儿的内在环境包括生理方面和心理方面：一方面，幼儿生理方面的内在环境主要包括身体的发展与变化、身体的健康与保护等，如“舌头本领大”“我换牙了”“生病我不怕”“长高啦”等课程内容都是以幼儿生理上的变化为来源的；另一方面，幼儿心理方面的环境主要包括幼儿的兴趣、爱好、能力、情绪情感等，如“变勇敢”“不哭不哭”“微笑天使”“猜猜我有多爱你”

“写给妈妈的信”等课程内容是以幼儿心理的变化为来源的。

案例 3-3

明亮的眼睛

眼睛是人体重要的感觉器官，对于我们的生活、工作、学习都非常重要。由于幼儿在日常生活中缺少保护眼睛的意识，看书、画画、看电视时姿势不正确，严重影响了眼睛的健康。因此围绕“保护眼睛”设计了系列内容，引导幼儿重视眼睛的作用，形成自觉护眼的好习惯。

案例 3-4

我不任性

教师要高度重视幼儿的心理健康，教师通过与家长的沟通，了解到班内有的幼儿几乎每天离园后都吵着要买东西；有的幼儿早上起床总爱挑拣衣服，甚至有时天气冷还吵着穿裙子；有的幼儿总爱在祖辈面前乱发脾气……幼儿的任性行为让家长很头疼，家长用威胁和打骂的方法可以使幼儿暂时有所收敛，但幼儿会产生逆反心理。为正面引导和教育幼儿，减少幼儿任性行为，设计了“我不任性”活动。

（2）幼儿外在环境

幼儿外在环境主要包括社会环境和自然环境。社会环境有大环境和小环境之分：大环境即幼儿所处的社会环境，大环境生成的课程内容最终要落实到幼儿身边的生活环境中，从而使幼儿有更深刻的情感体验，如“我为灾区献爱心”“防疫小卫士”“民族大团结”等；小环境即幼儿所处的周围的生活环境，小环境生成的课程内容，如“我爱我的幼儿园”“教室中的垃圾分类”“我的朋友”“超市购物”等都是围绕孩子身边的小环境选择的课程内容。

案例 3-5

防疫小卫士

新冠病毒悄悄潜入我们的生活之中，所有人都戴上了口罩，所有的中国人同舟共济与病毒展开抗争，医学专家研制疫苗、门卫叔叔严格测量体温、社区工作人员入户排查、保洁阿姨重复消杀、各行各业的志愿者不断站出来……为了美好明天，我们万众一心，共同抗疫。幼儿通过手绘防疫宣传画报、写给防疫工作者的一封信、小手拉大手等活动，从自身做起，科学防疫，为打赢疫情防控阻击战贡献力量。

案例3-6

教室里的垃圾分类

本次活动是主题活动“垃圾知多少”中的一个小活动，主题活动缘于生活中多数幼儿出现了把厕纸垃圾、骨头倒进了纸张垃圾桶的现象，并且不知道为什么要分开放这些垃圾，所以我们一起了解了许多关于垃圾的基本知识：垃圾的产生、垃圾的种类、垃圾的处理方法、分类垃圾桶的作用与类别。本活动在了解垃圾分类的基础上，幼儿按照类别分组设计垃圾桶标志，并以游戏的形式将周围的垃圾分类投放。让幼儿把学到的垃圾知识运用到生活中，使垃圾分类意识、环保意识植根于幼儿心中。

自然环境也有大环境和小环境之分：大环境即幼儿生活的大的自然环境，大环境生成的课程内容，如“美丽家乡”“我的祖国”“我们亚洲”“世界地球日”等；小环境即幼儿园的自然环境、班级环境等，小环境生成的课程内容，如“幼儿园的四季变化”“门前的小河”等。

案例3-7

我和我的祖国

在我们伟大的祖国妈妈生日来临之际，我们开展了“我和我的祖国”国庆主题活动，并选择了“我的祖国叫中国”“五星红旗”“厉害了我的国”“祝福中国”等课程内容。

案例3-8

树的秘密

在幼儿园组织的春游活动中，当大家都在草坪上休息时，一名幼儿说：“我看过一种只开花不长叶子的树，它的花是红色的，它叫英雄树，可漂亮了。”接着又有幼儿说：“我看过流苏树。”“我知道你们不知道的炸弹树。”“我妈妈告诉过我有一种吸血树。”……说了好多好多，鉴于这种情况，我设计了“树的秘密”，引导幼儿了解生活中不常见的树，了解它们的外形特征、生长习性、分布地域等。（编者注：英雄树一般指木棉，实际有树叶。）

3. 人为专门概括出来的一些现象

人们专门提炼和概括的过程、原理或变化规律，如“味道”“色彩”等，都是很抽象的词语，在现实生活中没有这个物质，是人们概括出来的，并且具有多层含义，所以要让幼儿有趣味地学习它，体会它是不容易的。

案例 3-9

“甜甜的”

如何让孩子们感受到“甜”的味道，并能体会到“甜”的抽象含义。前一个目标比较好实现，可以通过组织游戏，把各式各样的糖果作为奖品给幼儿，让幼儿在吃糖的过程中体验“甜”的味道，可“甜”不仅是一种味道，还可以表示“开心”的含义。要怎么让孩子们理解呢？老师问孩子：“小朋友们，糖果甜不甜呀？”“甜！”“那你们开不开心啊？”“开心！”“老师看到你们脸上的笑容好甜啊！以后都要这样啊！”“好！”

二、幼儿园课程内容选择的原则

《纲要》第三部分“组织与实施”中，第五条明确指出：“教育活动内容的选择应遵照本《纲要》第二部分的有关条款进行，同时体现以下原则：（一）既适合幼儿的现有水平，又有一定的挑战性。（二）既符合幼儿的现实需要，又有利于其长远发展；（三）既贴近幼儿的生活来选择幼儿感兴趣的事物和问题，又有助于拓展幼儿的经验和视野。”依据《纲要》的基本精神，在选择幼儿园课程内容时，需要遵循以下具体原则①。

（一）目的性原则

目的性原则指的是幼儿园课程内容的选择应紧紧围绕课程目标。课程内容是课程目标的载体，选择幼儿园课程内容，首先要以课程目标为导向，有价值的幼儿园课程内容应该是“有助于幼儿获得基础知识，形成基本技能，

① 冯晓霞．幼儿园课程［M］．北京：北京师范大学出版社，2000：57-63.

培养正确的价值观和情感态度”的内容。《规程》“第五章幼儿园的教育”中，第二十八条指出：“教育活动内容应当根据教育目标、幼儿的实际水平和兴趣确定，以循序渐进为原则，有计划地选择和组织。”课程目标为课程内容的选择提供了一个基本的范围和标准。

按照目的性原则，在选择课程内容时需要做到以下几点。

1. 有目标意识

选择内容时首先要考虑：“选择这个内容是为了实现哪一个或哪几个目标?”对内容所包含的教育价值进行基本分析，预估这项内容与目标有无关联，什么关联，是否还有关联更密切的内容等。

2. 正确理解目标与内容的关系

课程内容与目标并非一一对应的关系，往往通过多项内容的学习方能达到一项目标，一项内容可能指向多项目标。一是围绕某一目标来选择内容时需要考虑“还有哪些内容可以促进这一目标的实现?”例如，“能进行简单的分类”这一目标，就需要通过多种多样的内容逐渐达成，如几何形体的分类、颜色的分类、玩具的分类、动植物的分类、服装的分类等。二是在选择某一内容时需要考虑“这一内容还可以达到哪些目标?”例如，“幼儿园的树”这一活动不仅可以提高幼儿的绘画表现能力，还有利于他们的观察、图形抽象与组合能力的发展，同时激发对幼儿园的情感。对目标与内容之间关系的正确理解，会使对课程的学习变得扎实、有效、自然。

3. 考虑目标达成所需要的“关键学习经验”

有些目标没有直接与之相对应的内容，如自信心、探究精神等，因而很难由特定的内容来保证这些目标实现。例如，我们希望培养幼儿的自信心，而自信心来源于多次成功的经验。我们无法通过“教或学什么”让幼儿获得这种经验，只能通过控制内容的难易程度，指导学习的方法，为他们创造获得成功经验的有利条件。

除上述三点，还需要注意课程目标是要求所有幼儿达到的最低标准，幼儿潜能的充分激发还要依靠更丰富的内容。在课程目标的引领下，我们需要进一步丰富幼儿园课程内容，比如与传统的“难、旧、繁、偏、深”的课程内容相比较，当前的课程内容则要求在基础知识上必须发展幼儿的个性和多样性。

（二）发展适宜性原则

幼儿园课程内容的选择应紧紧立足于幼儿发展，课程内容既要符合幼儿已有的发展水平，又能促进其进一步发展，课程内容难度水平处在幼儿的“最近发展区”之内。同一年龄阶段的儿童既有共同的最近发展区，也有各自不同的最近发展区。因此，课程内容的选择既要适合幼儿的一般年龄特点，又要适合幼儿的个别差异。

遵循发展适宜性原则的关键在于了解幼儿，了解幼儿需要注意以下几点。

1. 掌握不同年龄阶段幼儿的一般特点

大量的学前心理学研究揭示了幼儿在认知、语言、社会性等方面的年龄特征和一般发展趋势，这为课程内容的选择提供了重要的心理学依据；《指南》提出3～6岁各年龄段儿童学习与发展的目标和相应的教育建议，这为课程内容的选择提供了重要的操作性依据。这些对于我们深刻把握当前3～6岁儿童学习与发展的基本规律和特点至关重要，可以帮助我们建立对幼儿发展的合理期望，选择恰当的学习内容。

2. 了解本地区、本园、本班幼儿的一般发展和需要

现实中的幼儿虽然基本遵循3～6岁儿童学习与发展的基本规律和特点，但不同地区、不同幼儿园、不同班级和不同家庭的幼儿的一般发展和需要存在一定的差异性。因此，了解本地区、本园、本班幼儿的一般发展和需要，是选择适宜的课程内容所必需的前提。

3. 精心观察现实中的每一个幼儿

由于每一个幼儿自身特点不一样，所处的环境不一样，幼儿与幼儿之间表现出很大的差异。不同幼儿在已有的经验和发展水平上往往会显示出自己的独特性，只有精心观察每一个幼儿，针对不同幼儿的特点选择课程内容，才能确保课程内容个体发展的适宜性。

（三）生活化原则

生活化原则即幼儿园课程内容的选择应基于幼儿的真实生活。幼儿园课程是幼儿正在经历的生活现实，所以幼儿园课程内容必须具有生活的真实性。杜威提出“教育即生活”“教育即生长”“教育即经验的重组和改造”，认为

学生在学校，其实和在家里一样，也是一种生活过程，学生在这个过程中生长发展。对于以无意学习和直接学习为主要学习方式的幼儿而言，能直接感知的、具体形象的课程内容才是最有效的学习内容，而这种学习内容主要源于幼儿周围的现实生活。《纲要》指出："贴近幼儿的生活来选择幼儿感兴趣的事物和问题"，越来越多的幼儿园相继提出"让教育回归生活""生活教育"等口号。

遵循幼儿园内容选择的生活化原则，需要做到以下几点：一是课程内容的选择应与现实生活密切相关，从生活中生成内容。因为幼儿在真实的环境中成长，因此我们要为幼儿创设出更适合他们特点的生活化的学习环境。二是生活教育要注重教育与生活的融合，寓幼儿园课程内容于生活。对于幼儿来说，有时候生活教育比知识教育更重要，例如，做人的道理、文明卫生习惯等不可以通过简单的"口耳相传"教会，而是"身教重于言教"。三是贴近幼儿生活并不是对幼儿生活简单的重复，不能等同于生活本身，而是要在生活中挖掘课程内容，让幼儿亲身感受，自然学习，然后再通过生活化的课程内容，帮助幼儿整理、提升经验，促使他们进一步发展，即"既来源于生活，又高于生活"。四是不能对"贴近生活"作过于狭隘的理解。随着电脑、电视等大众传媒的普及，幼儿的经验获得不再局限于传统意义上的生活，如许多幼儿对早已绝迹的恐龙很感兴趣，因此教师可以带领幼儿探讨恐龙灭绝的原因，这同样可以看作从幼儿的生活中发掘出来的有价值的课程内容。

（四）基础性原则

幼儿园课程内容选择的基础性原则，即选择幼儿园课程内容要立足于幼儿基本素质的全面发展，并为其一生的可持续发展奠定坚实的基础。基础性原则主要体现在幼儿园课程内容重在知识的启蒙，而非知识的传授；重在未来的奠基，而非眼前的进步。选择幼儿园课程内容为何要遵循基础性原则，主要有两方面的原因：一方面，幼儿对外界环境充满好奇，但具有很深的朦胧感，所以我们在引导孩子认识世界时，要从孩子的角度、孩子的视界去看问题，重在启蒙性内容的设计，而不是记忆性知识的灌输；另一方面，幼儿园教育是基础教育的重要组成部分，是我国学校教育和终身教育的奠基阶段，为幼儿一生的发展打好基础，重在课程内容对幼儿终身的影响，而不是停留在眼前的进步。因此，幼儿园的课程内容应该涉及人生发展最基本的问题，帮助他们学知、学做、学生活、学学习。其中，健康的生活方式、良好的行为习惯、学习的欲望和能力、积极适应社会生活的态度和能力尤为重要。

判断所选课程内容是否具有“基础性”的参照标准，主要包括以下几个方面：第一，参照本章“幼儿园课程内容的范围”部分，选择那些有助于幼儿获得基本知识、形成基本态度、发展基本行为的内容；第二，是否与儿童现在的生活、学习有直接关系；第三，是否必须现在学，以后再学就失去最佳时机；第四，是不是文化或人类知识中的最基本成分，而且是今后学习所必需的基础；第五，是否具有最大的应用性和迁移性等。事实表明，越是基础的内容，越具有长远的发展价值，因此，基础性也就意味着发展性。

（五）兴趣性原则

兴趣是个体力求认识某种事物或从事某种活动的心理倾向，人们对感兴趣的事物总是愉快地、主动地探究它，兴趣具有一种动机力量。孔子说：“知之者不如好之者，好之者不如乐之者。”现代心理学研究充分证明了兴趣的高低会直接影响课程内容的学习效果。若幼儿的兴趣与所选择的课程内容相一致，兴趣就会大大促进内容的学习，遵循兴趣性原则是基于幼儿学习成效的一种考虑。

在选择课程内容的时候，要从幼儿感兴趣的事物中寻找富含教育价值的内容，可以说，幼儿感兴趣且富含教育价值的内容，自然就是课程的内容。遵循兴趣性原则，需要做到以下两点。一是关注幼儿兴趣，从幼儿感兴趣的事物中选择具有教育价值的课程内容。幼儿感兴趣的事物中，有很多蕴含着丰富的教育价值，教师要善于发现、分析，及时将它们纳入课程，例如，教师注意到幼儿在“动物乐园”（活动区）中喜欢根据毛绒玩具的外形、色彩等特征猜动物，于是教师在设计教学活动“动物的尾巴”时，设计了“看尾巴猜动物”的教学环节。二是关注必要的课程内容，使之转化为幼儿的兴趣。有些课程内容，幼儿对其不感兴趣，但是从幼儿长远的发展来看是有必要的，那么，就需要教师巧妙地引导，使之转化为幼儿的兴趣。例如，部分幼儿对音乐十分感兴趣，但是对数学不感兴趣，于是教师在音乐活动中融合数学知识，如在歌唱活动“数豆豆”中设计10以内的点数。

除上述内容，还需要注意的是，幼儿阶段的孩子好动，而“寓教于游戏中”的教学效果最好，很多学者认为，幼儿园课程内容还应反映游戏性特点。游戏作为幼儿园的基本活动，对幼儿身体、认知、情感和社会性发展的促进作用是全方位的。我国幼儿园也越来越追求通过“课程游戏化”“游戏课程化”的逻辑路径，努力打造符合幼儿园特点的“游戏化课程内容”。例如，我国浙江的“安吉游戏”就是一场以“让游戏点亮儿童的生命”为信念的游戏革命。

（六）活动性和直接经验性

当今社会不乏能背诵唐诗宋词、能背诵英语课文的“神童”“小天才”，但是有多少孩子能真正理解诗歌中所蕴含的深刻情感？在日复一日的机械记忆中，幼儿的聪明智慧、创造力和想象力、童年的快乐被无情地扼杀。幼儿的学习具有直接经验性特点，“做中学”才是理解性的学习，才是有意义的学习。因此，幼儿园的课程内容应该具有直观性、情境性和活动性，使幼儿能够通过直接感知操作和体验，将学习内容转化为自己的直接经验。福禄贝尔、杜威等都主张让幼儿在生活中、在接触自然与社会中学习。陈鹤琴也提出“活教育”的思想，主张以大自然、大社会作为幼儿的“活教材”，让幼儿直接向大自然、大社会学习。大自然、大社会是直观形象的、生动的、具有情境性的、幼儿能参与其中进行各种探索活动的、蕴含着丰富的教育价值的“知识宝库”和“实验室”。

（七）文化性原则

德国教育家阿道尔夫·第斯多惠（Friedrich Adolf Wilhelm Diesterweg）在强调自然适应性原则的同时提出文化适应性原则，优秀传统文化教育应从家庭做起、从娃娃抓起。因此，教育应关注本土文化，尤其是应关注中华民族优秀文化。人类必须从自己深厚的文化积淀中挑选出最优秀的部分，同时也是与个体早期接受能力相一致的部分构成一个“文本”，这便是幼儿园课程内容。关注中华民族传统文化，甄选其中最优秀的部分，将幼儿喜闻乐见、能够理解、能够与之对话的内容纳入幼儿园课程中来。以文化人，有什么样的文化就有什么样的精神，中华传统文化博大精深，具有重要的教育功能。以"以文化人"的方式滋养幼儿生命，在幼小的心田播下中华传统文化的种子，让他们从小扎下中华民族的根，铸起中华民族的魂。无论对于幼儿的个体成长、群体塑造、社会发展，还是民族文化传承与更新（守正与创新），遵循和实现幼儿园课程内容选择的文化性原则都是一项非常紧迫的任务。

（八）潜在性原则

选择幼儿园课程内容，不能忽略幼儿园课程内容的潜在性特点。因为幼儿园课程内容更多的是与环境相融合的，包括物理环境和人文环境。物理环境中如幼儿园的设施、墙壁的颜色等；人文环境中如幼儿园文化等都是与幼儿园课程内容紧密相关的，对于儿童的发展具有不可忽视的重要价值。

专栏3-3　幼儿园课程内容选择的原则①

陈文华研究指出，幼儿园课程内容选择的原则可以从如下几个方面入手。

1. 分科课程内容与综合课程内容相结合

课程结构的整合突出体现在将传统的单一的学科知识传授课程向跨学科的多学科融合化的课程整合；将传统的单一的课堂教学向一日活动、家庭、社区多种范围的整合；将传统的以教材为蓝本的课程向从实际出发、因地制宜、综合利用各种教育资源的整合。一般来说，幼儿园课程内容以五大领域为主，这五大领域就是对学科知识的融合，要比分学科更适合幼儿的思维特点。"各领域的内容要有机联系，相互渗透，注重综合性、趣味性、活动性，寓教育于生活、游戏之中。"

2. 趣味性内容和知识性内容相结合

运用有效的手段将幼儿需要的学习知识，通过具有趣味的教学形式表现出来，激发他们的学习愿望，发挥其主体性，让幼儿体验学习的乐趣，也就是寓教于乐。其实这是由孩子的思维特点决定的，孩子对形象的、直观的、

① 陈文华．幼儿园课程论［M］．北京：科学出版社，2011：45-46.

具体的、动感的事物感兴趣，因此，幼儿园课程内容的选择应充分顾及儿童的兴趣、需要和能力，贴近幼儿的现实生活，体现社会和时代的需求，促进幼儿在原有水平上获得更高层次的发展。我们应将着眼点放在幼儿的兴趣爱好上，随时对幼儿的需求和特点进行分析，以开发孩子真正感兴趣的符合自身特点的课程。

3. 预设课程内容与生成课程内容相结合

预设课程内容是指教育者在教育活动之前制订的教学方案及其教学手段，一般情况下以文本教案为主要表现形式；生成课程内容则是指在教育活动过程中师生通过教育行为产生的新的兴趣点、知识点或价值判断。教育者要根据实际将两者有机地结合才能最大限度地发挥教育的功能。

4. 必选课程内容与自选课程内容相结合

必选课程内容是幼儿园在国家《纲要》指导下完成的上级教育部门统一制订的教学计划内容，这里包括国家课程和地方课程。自选课程是指幼儿园教师在完成上述任务后，充分利用当地社会文化教育资源，结合幼儿园及幼儿实际自我开发的课程或称“园本课程”。

三、幼儿园课程内容选择中容易出现的问题

幼儿园课程内容具有很大的自主选择性，幼儿园课程内容的选择是一件说起来容易做起来难的事情，尽管明确了幼儿园课程内容的概念、范围、价值取向、制约因素，尽管有幼儿园课程内容选择的出发点和来源、幼儿园课程内容选择的原则等理论知识作指导，但是在实际操作中还是容易出现问题，主要表现在以下几个方面。

（一）课程目标缺失

1. 突出表现

（1）选择课程内容时，德、智、体、美诸方面不平衡，偏重智育。

我国20世纪80年代的幼儿园课程内容就偏重认知，非常注重学科知识的获得。与80年代相比，目前的幼儿园课程有了很大变化，认知内容已不占绝对优势。但是，目前许多幼儿园为了迎合家长“不让孩子输在起跑线上”

的心理需求，经常选择读、写、算、英语、电脑等学科知识作为课程的主要内容，为了满足家长对外语、计算机、艺术等更高的要求，甚至直接打出“双语”幼儿园、“艺术”幼儿园等招牌，以吸引家长，扩大生源。这种做法造成一部分目标缺失，使课程内容背离了课程目标的要求，从长远来看并不利于幼儿发展。

（2）课程选择具体内容时，又偏重基本知识与技能的比重，较少有情感、态度方面的内容。

知识与技能虽然有很强的工具价值，但情感、态度、习惯等对儿童的终身持续发展具有更大的价值。从幼儿发展的规律来看，幼儿期是学习态度、习惯及良好个性培养的关键时期，正如陶行知在1926年《新教育评论》中所言：“人格教育，端赖六岁以前之培养。凡人生之态度、习惯、倾向，皆可在幼稚时代立一适当基础。”诸如情感、态度类的课程内容，要保证其不至于缺失，一般来说有两种常用的方法：一是渗透法，伴随其他课程内容，注意环境的创设、语言的引导、内容梯度的合理安排，保证幼儿获得相应的“关键性经验”；二是设计专门的情感、态度类的教育活动。如“情感课程”，以对幼儿发展有益的情感内容为课程实施的线索，组织专门的活动培养幼儿的情感、态度。

2. 防止课程目标缺失的方法

（1）遵循目的性原则，从课程目标出发，全面选择课程内容。

（2）将课程内容与课程目标进行比照，看看课程内容是否兼顾了课程目标，查漏补缺。

（二）课程内容超载

1. 突出表现

课程内容超载是我国当前幼儿园课程内容选择中的突出问题，突出表现为量大质不优，具体表现为以下几个方面。

（1）内容易、浅，无效重复。课程内容缺乏提升，仅仅是对幼儿经验的简单重复，所选择的课程内容没有挑战性，导致幼儿的学习是在重复已有经验，没有适宜地提升和发展，容易使幼儿对学习产生“无聊感”“枯燥乏味”。

（2）难度适中，容量过大。在有限时间内不能保证有质量地完成，最终导致两种结果："走过程"，无法让幼儿真正地学习；使得幼儿沉重地"奔跑"，剥夺了他们应有的自由游戏和自主活动的时间。

（3）难度过高，超出幼儿可接受水平。导致幼儿学起来非常吃力，结果就是机械记忆，严重挫伤幼儿学习的积极性，造成幼儿对学习产生厌倦。

2. 防止课程内容超载的方法

课程内容超载，从客观上看，由于知识总量不断增加，新的学习领域不断涌现；从主观上看，课程设计者在选择课程内容时，对内容适宜性的思考不足则是主要原因。因此，课程设计者应该意识到，在课程发展的过程中，新内容的"吸收"是必要的，但要明确哪些内容的确是需要吸收，哪些可能安排在之后的教育阶段中更好。为防止课程内容超载，必须注意以下三点。

（1）课程内容的选择必须遵循适宜性原则。为解决课程内容易、浅，缺乏提升的问题，教师需要融会贯通课程内容，在幼儿已有水平的基础上，对幼儿进行点拨，以利于幼儿完善经验、迁移经验。幼儿经验化的学习结果是被承认和尊重的一种状态，这种状态是需要成人适时提升的。如在小班"认识正方形"的活动中，老师让孩子通过操作、比较、观察等方法，采用游戏化的手段，使孩子获得对正方形的基本认识。老师提供了各种各样的材料，有长短不一的彩色小棍儿、大小不等的彩色正方形，有折叠起来的，有拆开放置的。通过操作、辨析，幼儿都认为自己操作的形状才是正方形，甚至争吵起来。如果考虑进一步提升的话，教师可以把每一个孩子操作的正方形聚集在一起，只需说一句话："这些都是正方形。"老师无痕迹的智慧点拨看似无意，却是有心的内容安排，让幼儿获得了"正方形"经验，并有效地为后面图形守恒的学习打下了基础。

（2）掌握课程内容的整合技巧。为解决课程内容量大的问题，教师需要整合课程内容，将各学科或各领域的内容融会贯通，在有限的时间内提高幼儿的学习效率。随着知识的不断更新，社会对人的要求不断提高，幼儿所要学习的内容也会随之增多，但幼儿的学习时间却是有限的，更何况幼儿期的基本活动是游戏。当然，特别值得注意的是，幼儿的学习活动包含在一日生活的各个环节，教师要有一双善于发现的眼睛，不断去捕捉可供整合的课程内容，让幼儿在日常生活、自然环境中，高效地获得有益的学习经验。

（3）课程内容的增加要有听证制度。邀请课程专家、主管部门、幼儿园教师、家长等组成联席会议，对要增加的课程内容听证、表决，集中多方面的意见，为幼儿选择和设计更有益于他们健康成长的内容。

（三）脱离幼儿生活

1. 突出表现

（1）幼儿园课程内容偏向本本，即课程的选择局限于各种版本的教材内容，与幼儿实际所处的生活环境存在差距。现在面世的教材，多数是幼儿教育专家集体智慧的结晶，不仅有先进的教育理念作基础，而且有很好的操作性，较适宜幼儿教师使用。再好的教材也需要经过幼教实践的二次加工，关键是如何利用这些教材，如何筛选、组织成适宜的“新教材”。

（2）当前幼儿园教育现实中，很少有幼儿教师直接采用灌输法进行教学，幼儿教师的教法是多样的、灵活的、有趣的。但幼儿园课程内容一旦脱离幼儿生活，缺乏原点的支持，就会形成一种隐性的灌输。

2. 防止幼儿园课程内容脱离幼儿生活的方法

（1）正确认识幼儿学习的特点，明确幼儿的生活就是他们的学习来源。

（2）关注幼儿的生活，从幼儿感兴趣的事物中引出有价值的学习内容。

（3）课程是动态发展的，课程内容应该随幼儿生活经验的变化而变化。

（4）在科学筛选教材的基础上，恰当组织教材内容。一方面，科学筛选教材：首先，应全面理解各教材的编写理念及基本内容，运用课程理念分析教材；其次，要标出适应当地幼儿需要的内容，适应处越多，则教材被选中的可能性就越大；再次，考察教材的可操作性；最后，要看教材是否有概念错误，要制作严肃，价格合理。另一方面，恰当组织教材内容：筛选出的内容并非幼儿园课程内容的全部，还需要在实际中补充、调整、完善，增加缺失的必需内容，调整与幼儿经验不相符的内容，选择身边可以替代的材料，以方便幼儿的学习和课程的实施。

第三节　幼儿园课程内容的组织

美国著名课程论专家约翰·D. 麦克尼尔（John D. McNeil）引用诗人米莱（Edna St. Vincent Millay）的诗句言道，“在这个智慧的年代，亦有无知的时刻，大量闪烁发光的事实自天倾盆而降，未经质疑，互不联系，睿智每日萌生，足以消除人间祸患，但至今没有编织机将它梳理成章……”在课程内容选择完成之后，接下来的任务是对内容进行组织，以产生适应幼儿学习特点与规律的课程内容的呈现方式，保证高效地实现课程向幼儿的学习经验转化。在这个智慧的年代，课程内容组织发挥着“编织机”的作用。

关于课程内容组织的问题，泰勒早在20世纪四五十年代就提出过3个基本准则，即连续性、顺序性和整合性。①《纲要》第三部分“组织与实施”明确指出：“教育活动内容的组织应充分考虑幼儿的学习特点和认识规律，各领域的内容要有机联系，相互渗透，注重综合性、趣味性、活动性，寓教育于生活、游戏之中。”“教育活动的组织形式应根据需要合理安排，因时、因地、因内容、因材料灵活地运用。”这里点明了幼儿园课程内容组织的基本要求。在涉及幼儿园课程内容的组织时，必然会涉及泰勒提出的三个基本准则和《纲要》规定的基本要求。

一、幼儿园课程内容组织的含义

幼儿园课程内容组织是指创设良好的课程环境，使幼儿园课程活动兴趣化、有序化、结构化，以产生适宜的学习经验和优化的教育效果，从而实现课程目标的过程。②

为全面理解幼儿园课程内容组织的本质内涵，需要把握以下几点③。

课程组织是指将构成课程的各种要素科学地加以安排、联系和排列的方

---

① 连续性指课程内容如何直线式地陈述；顺序性指课程的后继内容如何既以前面内容为基础，又为以后的内容打下基础；整合性指各种课程内容之间的横向联系。

② 冯晓霞. 幼儿园课程［M］. 北京：北京师范大学出版社，2000：72.

③ 王春燕. 幼儿园课程概论［M］. 北京：高等教育出版社，2007：89-90.

式。课程的基本要素为课程目标、课程内容、课程实施和课程评价，课程内容的组织属于课程组织的范畴；课程组织需要分析课程的 4 个基本要素，课程内容组织则需要分析课程内容的基本要素。

按照上节内容对幼儿园课程内容概念的界定，我们可将幼儿园课程内容的基本要素划分为基本知识、基本态度和基本行为。

组织可以使分散的事物系统化、整体化。课程内容的组织自然也就是对上述诸要素有序化、结构化的过程，从而使课程内容具有连续性、顺序性和整合性。

幼儿园课程内容应该适合幼儿，是幼儿学习的载体，因此，在组织课程内容时必须依照《纲要》关于幼儿园课程内容组织的基本要求，保证课程的综合性、趣味性、活动性。

课程内容组织的优劣，最终要看幼儿是否产生了适宜的学习经验和优化的教育效果。无论形式多么新颖、气氛多么热烈，缺乏震撼心灵的课程，耗时耗力，隐性浪费幼儿时间的课程，也不是好的课程。

幼儿园课程内容的组织不完全是预成的，静态的方案为课程实施提供最基本的保证，但实际情况下，却往往会有这样那样的变化，需要教师细心观察、恰当筛选，寻找教育契机，调整课程内容。所以，课程内容的组织事实上应该包括静态的组织和动态的组织两个方面。

二、幼儿园课程内容组织的方法

从不同的角度和需要出发，会形成不同的幼儿园课程内容组织方法。

（一）论理组织法和心理组织法

1. 论理组织法

论理组织法是指根据知识本身的系统及内在联系来组织课程内容的一种方法。该方法强调知识本身的逻辑顺序，注重知识本身的系统性和逻辑性，往往是以学科专家对学科本身的理解而确定课程内容。“分科课程”是一种以逻辑论理组织法组织幼儿园课程内容的幼儿园课程类型。“分科教育”课程内容分成各种学科，如语言、计算、科学、音乐、美术、体育等，并按每门学科内在的逻辑顺序组织课程内容，以保持学科知识的连续性和顺序性。

在教材的组织编写体例上，比较注重知识的呈现以及内容编排的逻辑性和循序渐进性，各科均有小、中、大班必须掌握的知识要点。1981 年 10 月颁布《幼儿园教育纲要（试行草案)》，教育部组织课程专家、相关领域专家、高校教师、幼儿园园长、幼儿园骨干教师共同编写了 7 种 9 册教材，包括音乐、体育、美工、语言、计算、常识和游戏，这是中华人民共和国成立以来第一次全国统编的也是唯一一套统编的幼儿园教材。

以逻辑顺序组织课程内容，优点在于：有利于学习者获得系统知识和严密的思维训练；计划性相对较强，一般有统一的教材和教学要求，教师较容易把握；有利于完成预定的教学任务，达成预定的教学目标，是传递知识和技能最为经济有效的方式。缺点在于：过分强调知识本身的系统性和逻辑性，忽视幼儿的兴趣、需要和认知逻辑；与生活实际联系不密切，容易造成被动学习、重知识轻能力、重认知轻情感的情况；容易形成一种教师中心、教材中心、课堂中心的课程模式，难以照顾幼儿的已有经验、学习能力方面的个体差异。

2. 心理组织法

心理组织法是根据学习者的心理发展特点，以适应学习者需要的一种组织课程内容的方法。该方法主张以心理顺序组织课程内容，强调根据幼儿的心理发展特点、经验、兴趣、需要等组织课程，往往是课程编制者根据对幼儿心理特征的理解而确定课程内容，并在课程实施过程中根据幼儿对课程内容的反应而加以调整。心理组织法关注的焦点是儿童，容易形成一种以儿童为本位的课程模式，如幼儿园教育实践中较常见的“活动课程”，就是一种打破学科界限、以心理顺序组织幼儿园课程内容的课程实践。

以心理顺序组织课程内容，优点在于：以幼儿的生活经验为基点，较适合儿童的身心发展规律和个别差异，有利于幼儿的身心发展和个性培养；关注幼儿的学习兴趣，有利于调动学习者的积极性、主动性；课程内容具有较大的灵活性、变通性，容易及时增补有价值的内容，有利于教师和幼儿一起计划、安排课程活动。缺点在于：较少考虑学科特点，难以形成系统的经验，加之幼儿真正的兴趣难以预先确定，因此，教师把握起来有较大的难度。

3. 论理组织法与心理组织法的和谐应用

在幼儿园课程实践中，我们应该采用哪一种组织方法？即使是学科专家也很难达成一致的意见，无论是按照哪种方法组织课程内容，都存在一定的困难和问题。事实上，所谓“分科课程”“广域课程”“综合课程”“活动课程”等只是不同的课程类型，按照论理组织法还是心理组织法组织课程内容才是实质区别。例如，打破学科界限只是“综合课程”的外显形式，若在组织课程内容时，仍过多考虑学科知识的逻辑顺序，那么，即使打破了学科知识界限，课程内容组织的实质却依然与“分科教育”没有差异，而且还可能因为对学科逻辑顺序考虑的削弱，而使这种“大拼盘”式“综合课程”显得低效或无效。

按逻辑顺序或心理顺序组织幼儿园课程内容各有利弊，单一地以论理组织法或心理组织法组织课程内容的做法是不恰当的，真正科学的幼儿园课程内容组织需要将学科逻辑和幼儿的认知逻辑有机融合。在实际应用中，使两者取长补短、达到和谐的统一是幼儿园课程内容组织的一种发展趋向。目前，国内外较多幼儿园采取主题模式组织幼儿园课程内容，以主题脉络组织而成的幼儿园课程内容可以兼顾两者。通过围绕某一主题进行一系列活动，将体系化的学科知识转化为系列活动经验，是一种相对简便、易于操作的课程组织方式。

（二）纵向组织法与横向组织法

1. 纵向组织法

纵向组织法指的是按照课程组织的某些准则，以先后顺序排列课程内容的方法。该方法强调知识和技能的层次性，主张根据幼儿的学习特点，由浅入深、由易到难、由已知到未知、由具体到抽象，逐渐递进，依次推进幼儿园课程内容构建。

需要注意的是，纵向组织法的组织排列不是直线式的，而是螺旋递进的，即课程内容会重复出现，但是这些重复出现的内容在深度和广度上都有所增加，这样有益于幼儿获得更加多样的经验、更加深刻的认识，也有助于他们的持续性发展。

2. 横向组织法

横向组织法指的是按“广义概念”组织课程内容，即打破传统的知识体系，使课程内容与幼儿已有经验连为一体的方法。该方法强调各种知识的融合，强调知识的运用，强调知识与幼儿成长的联系，引导幼儿统整和贯通知识与经验。

需要注意的是，虽然横向组织法与幼儿的发展特征和学习方式较为接近，有利于幼儿的学习，但是，切忌置逻辑性于不顾的极端做法，避免出现“大拼盘”式的课程内容。

3. 纵向组织法与横向组织法的和谐应用

随着教育理念的发展，幼教界越来越关注知识经验的纵向与横向的和谐应用，例如南京师范大学组织编写了《幼儿园渗透式领域课程》丛书（2009年出版）；该套图书一方面体现了课程内容的系统性和层次性，便于我们结合知识的逻辑和幼儿心理发展的逻辑呈现课程内容；另一方面，强化领域的有机渗透，在一定程度上增强了知识的横向联系，避免在教育实践中出现的不同学科内容之间的过度割裂。

（三）直线式组织法与螺旋式组织法

1. 直线式组织法

直线式组织法指的是将课程内容组织成一条在逻辑上前后联系的直线，使前后内容互不重复的方法。该方法有益于幼儿有逻辑地思考问题，而且对于一些接受性知识和技能的传递具有较高的效能。

2. 螺旋式组织法

螺旋式组织法指的是在不同的阶段重复呈现课程内容，在深度和广度上加强重复出现的课程内容的方法。幼儿思维方式以直觉思维为主，因此，幼儿园课程内容的组织较多采用螺旋式组织方式，这种组织方式在“综合课程”“单元教学课程”“方案教学课程”等课程中均能看到。该方法有益于幼儿在与环境交互作用的过程中逐步获得经验，原有经验将在新经验的获得中起着联结作用，有利于学习活动的迁移，有利于学习活动的深入，也有益于幼儿创造性思维的发展。

三、幼儿园课程内容的组织形式

以课程哲学观为基础对课程的组织形式进行分类，可以将所有的课程分为儿童中心、学科中心和社会中心组织形式，在幼儿园中，常见的是前两种课程内容的组织形式。

（一）儿童中心组织形式

儿童中心组织形式指以儿童的经验为中心的课程，这种组织形式强调个体的兴趣和需要，注重让儿童在生活情境中学习。活动课程是这类组织形式的代表。该组织形式关注的不是学科，而是儿童，课程内容的组织以儿童为中心，而且内容可以根据儿童兴趣和需要的变化而变化。教师的首要任务是为儿童提供学习材料和学习机会，创设一个富有教育性的环境，让他们在与环境的相互作用中自发地发现和掌握知识。在幼儿园课程中，儿童中心组织形式并不少见，例如“活动课程”“单元主题课程”“方案教学课程”等课程都带有明显的以儿童为中心的倾向。此类课程围绕儿童的兴趣或需要来组织学习经验，注重“做中学”，幼儿可以根据自己的兴趣、需要和能力自由选择任务，自主地进行学习，教师的角色是支持者、合作者和引导者。

（二）学科中心组织形式

学科中心组织形式考虑问题的出发点是知识本身的逻辑性和系统性，强调按知识内在性质及其内在结构组织课程内容。学科课程是这类组织形式的代表。根据分类的严格程度，学科中心组织形式可细分为分科形式、广域形式和综合形式。虽然在知识分类的标准（强调分类的严格程度）上也有很大差别，但着重知识本身仍是它们的共同点。

1. 分科形式

分科形式是一种比较严格地按照知识的类别/科目组织课程内容的形式。它认定学科是传递知识和技能的最为有效的方式，能以最为系统的、最为经济的和最为合理的方式为儿童提供社会文化遗产，把课程内容组织成不同的独立科目，每一科目系统地阐述自己的知识体系。例如中学的代数、物理、化学、英语等。

2. 广域形式

为了克服严格的分科形式所造成的知识割裂问题，广域课程相对弱化了知识的分类标准，把性质基本相同的学习内容分为若干领域，如健康、语言、科学、社会、艺术等，以使该领域内的相关知识达到统一整合。这种形式加强了领域内部相关知识的联系，但本质上仍属于学科课程，各领域之间还有可能是相互割裂的。

3. 综合形式

综合形式力图打破学科之间的界限，将各领域的知识以一定的形式整合起来，构成一个有机整体，使各领域的知识之间相互影响、相互渗透。综合的组织形式加强了学科知识之间的横向联系，但各学科自身的纵向逻辑性、系统性不强。

专栏 3-4 以社会问题为中心的组织形式①

这一课程形式围绕有关的“社会问题”来组织内容，目的在于加强课程与生活的联系，让学生在探索和解答这些问题的过程中学习、了解自己的生活环境，并努力适应或改善它。对幼儿来说，所谓社会问题也就是他们生活中的各种问题，包括认识、情感交往等方面的问题。核心课程是这类组织形式的代表，较多地以“问题”为中心来组织学习内容。它真正打破了学科界限，打破了传统的“三中心”的课程与教学模式，让学生在运用已有知识解决问题的过程中主动学习，扩展新经验，并达到身心各方面的协调发展。然而，由于课程设计者无法准确地预测学生的已有经验，因而也无法准确地推断每个“问题”能够扩展哪些新经验，因而教育效果在很大程度上取决于教师的基本素质和教育素养。效果难以完全预测，内容难以全部预定，教育过程难以完全把握，系统知识的学习难以保证，教师难以组织，是核心课程难以成为中小学课程的主要形式的根本原因。

在理论上，儿童中心和学科中心组织形式可以加以严格的区分，但是在实践中，各种课程内容的组织形式并不是非此即彼，有时甚至是可以兼容的。

① 冯晓霞. 幼儿园课程[M]. 北京：北京师范大学出版社，2000：76.

这就是说，在教育实践中，各种课程内容在组织形式上的差异往往体现在取向的程度上，而不是表现在极端的选择上。

专栏3-5　不同组织方法/形式下的幼儿园课程类型①

在幼儿园较常见的有三种类型课程。

1. 学科课程

这是通过论理组织法而获得的一种课程类型，它强调按知识的内在联系及其结构组织课程内容。在这类课程中，教师的主要作用是促进学习活动，按照一系列设计好的方案促使幼儿逐渐达到目标，从而获得较为系统的知识。

2. 活动课程

这是通过心理组织法而获得的一种课程类型，它强调根据幼儿的兴趣、需要和发展水平组织课程内容。在这类课程中，幼儿是教师组织内容时的焦点，通常以幼儿自身的活动为学习的方法，使幼儿从自己的直接经验出发，去解决实际生活中的问题，教师充当顾问及辅助者。因为给幼儿提供了较多自主活动的机会，使幼儿能够获得与环境相互作用的机会，所以，在发展幼儿的动手能力、思维能力以及个性品质方面，活动课程的作用尤为突出。

3. 核心课程

这类课程围绕社会问题来组织内容，目的在于通过课程使幼儿获得完整的生活经验，增强幼儿对生活的适应性。这里所谓的社会问题是指幼儿生活中的各种问题，包括认知的、情感的、态度的等所有方面的问题。这些问题一般由教师预先选定、计划好，事先设定好目标，但所选问题应该是幼儿感兴趣的，并且能够促进幼儿主动参与。核心课程打破了学科界限，使学生在运用已有知识解决问题的过程中主动学习、扩展新经验，并获得身心的和谐发展。从这个意义上来讲，这类课程也是运用心理组织法而获得的一种课程类型。因此，如何在系统完整知识的获得与幼儿实际生活经验之间达到平衡，也是此类课程必须加以特别重视的。

一般来说，学科课程偏重知识体系，活动课程侧重心理发展的需要，核

① 王春燕．幼儿园课程概论［M］．北京：高等教育出版社，2007：91-92.

心课程以问题为中心教育。我国幼儿园课程类型基本呈现混合型状态，视不同的学习要求，以某一课程类型为主，辅之以其他类型，保证幼儿获得基本知识、基本态度、基本行为等多方面平衡的课程内容，从而促进他们的身心发展。

第四节　幼儿园课程内容的发展趋势

一、整合化

随着社会发展以及教育理念的不断更新，人们越来越意识到，在传统的分科课程下，幼儿不能以某学科内容与环境对话，而是以整个身心与环境发生作用，由此分领域课程内容逐渐成为幼儿教育的内容主体。与学科相比，领域是一种组织知识较为广泛的形式，一个知识领域可能包含两个或两个以上的学科，因此，领域课程的综合化水平高于分科课程。当前，随着知识观的演变，新知识观所强调知识的开放性，认为知识永远是一个开放的系统，不能局限在某个领域或时间，促使领域课程又演变为综合课程、主题课程或项目课程等多种形式，可以说，幼儿园课程内容的整合化是幼儿园课程内容发展的一个必然趋势。

二、生活化

幼儿最有效的学习就是学习他们感兴趣的，最有效的学习内容就是他们可以感知的、具体形象的内容，这种学习内容主要源自幼儿周围的现实生活。儿童周围的生活是丰富的、广泛的，生活中有大量的人、事、物和活动。生活中有大量的有利于幼儿发展的时机，幼儿在这些生活情境中，通过交往、参与、探究，获得知识，锻炼动作和技能，发展情感，形成个性。因此，幼儿园课程的内容与现实的距离越近，越能引发幼儿的学习兴趣，幼儿的学习也就越有效。当然，现实生活是多层次的、复杂的，生活中有有益的经验，也有无益的或有害的经验。因此，必须对生活进行过滤，才能使之成为课程内容。这些内容不应是以知识的逻辑组织起来的严格的学科，而应是以生活的逻辑组织起来的多样化、感性化、趣味化的活动。幼儿园课程的生活化还意味着幼儿园课程的内容并不是严格的学科知识的再现，课程内容是随着生活情境的变化而发生变化的，幼儿的兴趣是确定课程内容的重要依据。

三、主题化

幼儿园课程内容的主题化是学前教育课程发展的另一重要趋势。传统上，人们一直把知识视为对世界的表征认识，即对世界的描述和解释。对于学习者来说，知识是被掌握的，与自身的经验和认知方式无关。而新知识观则认为，知识是一种关系体系，是幼儿通过与其周围环境相互作用而获得的信息及其组织，与旧知识观相比，新知识观更注重“做”的能力，它更强调实践性、主观性和领域性，把知识看作具有动态性和过程性的一个有机联系的体系，因此在幼儿课程内容方面以“主题”为单元，在主题活动中分项目设置任务、学做一体化，这样更有利于幼儿的身心全面发展。

四、多元化

（一）课程理论基础多元化

20 世纪 80 年代以来，除一些基本思潮（如新科学观、新知识观、终身教育理念、以人为本理念等）对我国幼儿园课程产生深远影响，一些著名的社会学家、心理学家、教育学家的思想对我国幼儿园课程乃至幼儿园教育的影响不可不提。其中具有代表性的有杜威的实用主义、皮亚杰的认知发展理论、布卢姆的心理结构论、维果茨基的社会建构理论和最近发展区理论、布朗芬布伦纳（Vrie Bronfenbrenner）的生态系统理论、霍华德·加德纳（Howard Gardner）的多元智能理论以及 E. L. 埃斯萨（Eva L. Essa）的自我概念理论等。

（二）课程模式多元化

目前，在我国引起广泛关注的外国课程模式或理论包括蒙台梭利教育教学法、瑞吉欧方案教学模式、高瞻课程，以加德纳的多元智能理论为基础的光谱方案等。我国幼儿教育工作者在借鉴的同时并对课程本土化进行了挖掘。

目前，我国幼儿园课程模式主要形态有主题活动课程、五大领域课程、区域活动课程、游戏化课程等。

（三）课程价值取向多元化

当前，我国幼儿园课程价值取向呈现多元整合的趋势，概括而言有三种：知识本位的价值取向，重视系统知识的学习，强调为未来生活做准备；社会本位的价值取向，重视课程与外部因素的互动；人本位的价值取向，认为应从幼儿的兴趣、需要出发安排课程，并把课程作为发展人的个性的基本手段。

（四）课程教材选择的多元化

多数幼儿园的课程教材来源主要包括：公开发行的较权威的教材，地方或区本教材，“园本课程”，网络资源及其他资源等。这使得教师在设计和组织教育教学活动时可以充分根据幼儿的特点和发展水平，灵活选择适当的教材，充分发挥教师的积极性和能动性，更好地促进幼儿和谐并富有个性地发展。

小　结

本章主要围绕幼儿园课程内容讨论了三个问题：幼儿园课程内容概述；幼儿园课程内容的选择；幼儿园课程内容的组织。

幼儿园课程内容观包括静态的课程内容观、动态的课程内容观和动静融合的课程内容观。幼儿园课程内容涵盖面非常广，在综合分析诸多观点的基础上，本书将幼儿园课程内容界定为：“幼儿园课程内容是根据幼儿园课程目标选定的，通过各种活动形式表现和组织的基本知识、基本态度和基本行为。”幼儿园课程内容的范围包括有助于幼儿发展的基本知识、基本态度和基本行为。知识的、社会的和人的价值取向对幼儿园课程内容产生了不同的影响。幼儿园课程内容主要受社会因素、幼儿的身心发展规律与需要和科学文化知识的制约。

幼儿园课程内容选择的出发点包括幼儿社会生活经验与兴趣、幼儿现实发展需要和幼儿未来发展，幼儿园课程内容选择的来源主要有学科领域、幼儿自身的内在环境与外在环境和人为专门概括出来的一些现象。幼儿园课程内容选择需要遵循目的性、发展适宜性、生活化、基础性、兴趣性、活动性和直接经验性、文化性、潜在性原则。与此同时，还要注意解决幼儿园课程内容选择中容易出现的课程目标缺失、课程内容超载和脱离幼儿生活的问题。

幼儿园课程内容组织是指创设良好的课程环境，使幼儿园课程活动兴趣化、有序化、结构化，以产生适宜的学习经验和优化的教育效果，从而实现课程目标的过程。幼儿园课程内容组织的方法包括：论理组织法和心理组织法、纵向组织法与横向组织法、直线式组织法与螺旋式组织法。以课程哲学观为基础对课程的组织形式进行分类，可以将所有的课程分为学科中心、儿童中心和社会中心组织形式，在幼儿园中，常见的是前两种课程内容的组织形式。随着时代的发展和教育理念的进步，幼儿园课程内容的发展逐渐呈现出整合化、生活化、主题化、多元化的趋势。

课外阅读资料

1. 左瑞勇，杨晓萍．在文化哲学视域下重新审视幼儿园课程内容的选择［J］．学前教育研究，2010（9）：31-35.

2. 李旭，段丽红．“位育”视角下乡村幼儿园本土课程的内涵诠释、价值诉求及内容构建［J］．民族教育研究，2019（5）：106-112.

3. 费孝通．乡土中国［M］．南京：江苏文艺出版社，2011.

4. 熊亮．二十四节气［M］．天津：天津人民出版社，2017.

5. 顾剑英．爱上民间艺术：民间艺术教育融入幼儿园课程建设的实践研究［M］．上海：上海社会科学院出版社，2012.

6. 赵海燕．学前教育民俗文化课程理论与实践［M］．北京：民族出版社，2016.

练习题

一、选择题

1.《纲要》指出，幼儿园课程内容的选择应体现“既适合幼儿的现有水平，又有一定的挑战性”，因此幼儿园课程内容的选择应（　　）。

A. 紧紧围绕幼儿教育的目标

B. 紧紧立足于幼儿发展

C. 基于幼儿的真实生活

D. 贴近社会生活，以有益于儿童接触社会、了解社会

2. 运用有效的手段将幼儿需要的学习知识，通过趣味的教学形式表现出来，激发他们的学习愿望，发挥其主体性，体现了选择幼儿园课程内容（　　）的原则。

A. 分科课程内容与综合课程内容相结合

B. 趣味性内容和知识性内容相结合

C. 预设课程内容与生成课程内容相结合

D. 必选课程内容与自选课程内容相结合

3.（　　）不属于幼儿园课程内容的发展趋势。

A. 整合化　　B. 生活化　　C. 主题化　　D. 一元化

4. 有什么样的文化就有什么样的精神，我们应该选择具有重要的教育功能的中华传统文化作为幼儿园课程内容，达到“以文化人”的目的，这体现了幼儿园课程内容的（　　）。

A. 直接经验性　　B. 潜在性　　C. 游戏性　　D. 文化性

5. 幼儿园的课程内容是根据幼儿园的课程目标和相应的学习经验选定的通过一定形式表现和组织的（　　）。（多选题）

A. 基本知识　　B. 基本能力　　C. 基本态度　　D. 基本行为

二、简答题

幼儿园课程内容选择的出发点和来源是什么？

参考答案

一、选择题

1. B　2. B　3. D　4. D　5. ABCD

二、简答题

幼儿园课程内容选择的出发点：幼儿社会生活经验与兴趣；幼儿现实发展需要；幼儿未来发展。幼儿园课程内容选择的来源：学科领域；幼儿自身的内在环境与外在环境（幼儿内在环境包括生理方面和心理方面，幼儿外在环境主要包括社会环境和自然环境）；人为专门概括出来的一些现象。

第四章　幼儿园课程实施

内容导航：

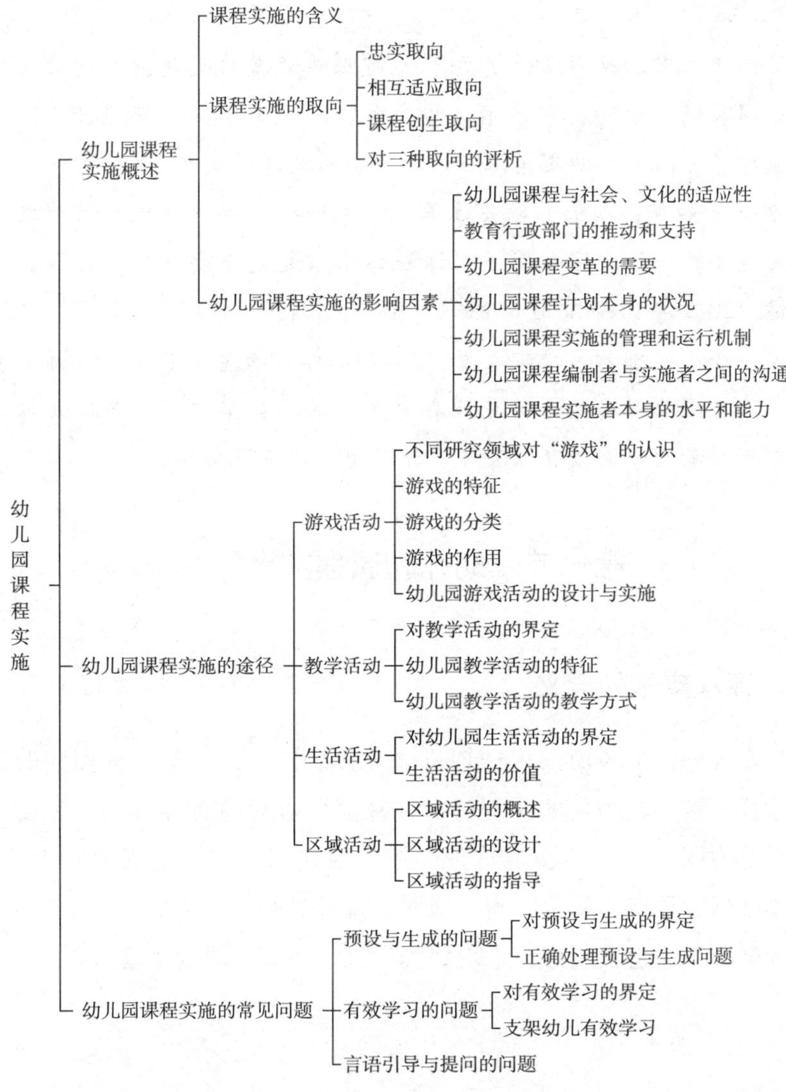

学习目标：

1. 掌握课程实施的含义与取向；
2. 了解影响幼儿园课程实施的主要因素；
3. 明确幼儿园课程实施的主要途径；
4. 能够正确处理幼儿园课程实施中出现的问题；
5. 在幼儿园课程实施中，主动践行“为人师表”“立德树人”的师德要求。

问题情境：

在集体活动中，教师设计了兔子如何躲避老虎的问题，但是幼儿关注的是老虎是国家保护动物，它该不该吃兔子？不吃兔子，老虎吃什么？请结合问题情境思考并回答，幼儿园课程设计与实施之间的关系是什么？

20 世纪中后期，人们开始关注课程实施问题，逐渐重视如何将文本的课程转化为现实的课程。课程实施在课程体系中起着重要作用，是课程改革成败的关键。2019 年国务院颁布的《中国教育现代化 2035》指出：“到 2035 年，全国要普及有质量的学前教育。”我国的学前教育事业进入高质量发展的快车道，幼儿园课程实施是幼儿园教育质量的具体呈现，它与幼儿身心发展水平，与有质量的学前教育以及学前教育现代化都直接相关。

第一节　幼儿园课程实施概述

一、课程实施的含义

课程实施是指把一项课程计划付诸实践的过程，它是达到预期课程目标的基本途径。被实施的新的课程计划往往蕴含着对原有课程的一种变革，课程实施就是力图在实践中实现这种变革，因此课程实施者需要对个人习惯、行为方式、课程重点、学习空间、课程安排等进行一系列的重新组织和调整。一项课程变革不仅包括制订、采用课程计划，还在于课程实施过程。

专栏4-1 关于课程的5个层次划分理论[1]

美国著名课程论专家古德莱德（John I. Goodlad）关于课程的5个层次划分理论有助于我们对课程实施作进一步理解。

观念层次的课程（理想课程）。这是尚处于观念之中的课程，课程的目标、内容和组织以其纯粹的形态被倡导。观念的课程往往由研究机构、学术团体和课程专家所倡导。

社会层次的课程（正式课程）。这是由教育行政部门规定的课程计划、课程标准和教材，也就是列入学校课程表中的课程，即正式的课程。该层次的课程远离学习者，课程目标、教学科目的确定是一个社会政治的过程，国家和地方经常通过各种政策法规和课程指南来确立教学科目、教学内容、教学时间、教科书和其他材料。

学校层次的课程（领悟课程）。该层次的课程被限定在日、周、学期、学年等确定的时间里，通常以学科的形式组织起来。学校有关人员根据学校的特色和需要对社会层次的课程进行选择和修改，由此形成学校层次的课程。

教学层次的课程（运作课程）。这是教师规划并在课堂上实际实施的课程。教学层次的课程体现了教师对课程的理解，也体现了教师在课堂上对课程的实际操作，是“理解的课程”与“操作的课程”的统一。研究认为，“理解的课程”与“操作的课程”之间又有一定的距离，因为教师必须根据具体教育情境的变化对“理解的课程”作出调整。

体验的课程（经验课程）。这是学生实际体验到的课程。尽管经历了同样的课程学习，但不同学生会获得不同的学习经验。古德莱德认为，这是所有课程中最重要的课程，是被内化和个性化了的课程，该层次的课程是对课程组织的最终检验——每一个学习者究竟受到怎样的影响。

从古德莱德的5个课程层次来看，观念层次和社会层次的课程属于课程计划阶段，而学校层次、教学层次和体验层次的课程则进入课程实施阶段。

---

① 张华．课程与教学论［M］．上海：上海教育出版社，2000：333.

课程实施存在于不同层面，大到国家、地区，小到幼儿园、班级，每个层面都存在着表现形式不同的课程计划。国家层面的课程计划常以“课程纲要”“课程标准”等形式存在；幼儿园层面则以学年计划、学期计划、月计划、周计划以及一次具体的教育活动计划/教案形式呈现。幼儿园课程实施就是幼儿教师将课程计划付诸教学实践活动的过程，它是达到幼儿园预期课程目标的基本途径。本章主要探讨幼儿园层面的课程实施。

二、课程实施的取向

课程实施的取向是指对课程实施过程本质的不同认识，以及支配这些认识的相应的课程价值观。课程实施的取向集中表现在对课程计划与课程实施过程之关系的不同认识上。一般来说，课程实施有 3 个基本取向：忠实取向、相互适应取向与课程创生取向。

（一）忠实取向

课程实施的忠实取向指的是把课程实施过程看成是忠实地执行课程计划的过程。忠实取向的基本假设是：课程实施要忠实地反映课程设计者的意图，从而达成预定的课程目标。忠实取向者认为，课程变革是教师实施课程专家制订的课程变革计划的过程，课程变革是否成功主要取决于教师是否不折不扣地实施课程专家设计的课程变革计划。

教育者的隐喻——建筑施工

忠实取向者将课程计划看作是一张建筑设计图纸，而课程实施则是建筑施工。设计图纸非常具体地规定和详细地说明了施工步骤和要求，教师要像建筑工人一样忠实于图纸，严格按照图纸施工。根据实际施工与图纸之间的吻合程度，即是否达到设计图纸的要求来衡量施工的质量。

显然，在课程实施的忠实取向者看来，教师这一角色的实质是课程专家所制订的课程变革计划的忠实执行者。教师就是课程的“消费者”，他们应当按照专家对课程的“使用说明”，循规蹈矩地实施教学。作为课程的传递者，教师对课程的成功起着关键的作用。为了能使教师忠实地传递课程，持忠实取向的课程学者认为：在课程实施前，应对教师进行适当的培训；在课程实施过程中，应对教师的行为进行有效的支持与监督。忠实取向把课程变革视为忠实地、一丝不苟地实现“计划的课程”的过程，因此，“计划的课程”成为课程实施的唯一标准和尺度，制订课程计划的课程专家和行政人员是课程变革的核心和主体。

（二）相互适应取向

相互适应取向将课程实施的过程看作是课程计划者与实施者之间通过协商而相互作用的过程。相互适应取向的基本假设是：课程实施不可能预先规定精确的实施程序，应由实施者根据课程计划并结合实际情况把握和决定课程实施的过程。相互适应取向者认为，课程实施不是要求教师按照课程专家的课程计划不折不扣地去做，而是既要考虑课程实施者的兴趣和需要，还要考虑教育现场中的各种条件和状况，并对专家的课程计划作出调整。

教育者的隐喻——球赛

相互适应取向者将课程计划看作是一场球赛的方案，赛前由教练员和球员一起制订球赛方案，课程实施则表示球赛进行的过程。尽管球员要贯彻事先制订好了的打球方案和意图，而达到这个意图的具体细节则主要由球员来处理。球员要根据场上的具体情况随时调整打球过程。该隐喻下的课程设计是由教师自己或专家预先拟定的，教师在实施时基本体现原设计的意图，当然可以加进自己的理解或想法，也可以根据实施时的具体情况而加以灵活地调整。

在相互适应取向中，教师是课程专家所制订课程计划的主动、积极的“消费者”。为了使课程计划适合具体实践情境的需要，教师理应对预定的课程计划进行积极的改造，这是课程实施成功的基本保证。相互适应取向把课程变革视为变革的计划者与执行者之间相互改变、相互适应的过程。具体实践情境之外的课程专家及行政人员与具体实践情境中的教师共同推动着课程变革的进行。

（三）课程创生取向

课程创生取向将课程看成是教师与学生联合创造的教育经验，这些教育经验是教师和幼儿在实践中体验到的，是情境化的和人格化的。课程创生取向的基本假设是：课程实施本质上是在具体教育情境中创生新的教育经验的过程，而课程计划只是供这个经验创生过程选择的工具而已。课程创生取向者认为，尽管教师可以运用由课程专家设计的课程计划，但是真正创生课程并赋予课程意义的是教师和幼儿，因此教师和幼儿不是课程知识的接受者，而是课程知识的创造者。

教育者的隐喻——作品的创奏

课程创生取向者将课程计划看作是一个乐谱，课程实施则是“作品的创奏”“现场创作”。同样的乐谱，每一个演奏家都会有不同的体会，从而有不同的演绎方式和效果。有的指挥家和乐队特别受人追捧，主要不是由于他们演奏的乐曲，而是他们对乐谱的理解和演奏的方式。

在课程创生取向视野中，课程是师生联合创造的并且实际体验到的经验，这种课程的性质就是典型的经验课程。课程实施不再是就原初的课程计划“按图索骥”或稍加修改的过程，而是一个真正的创造过程，彻底消除了课程实施技术化、程序化的特性。在课程创生取向视野中，教师是课程的开发者，课程创生过程是师生共同成长的过程，教师是创生课程共同体中具有活力的成员。课程创生取向把课程变革视为变革的参与者——学生与教师的个性变化、发展与成长的过程，具体教育情境中的教师和学生是课程变革的核心和主体。

（四）对三种取向的评析

课程实施的三种取向构成一个连续体（见图4-1）：一端是“计划的课程”，对应于课程实施的忠实取向；另一端是“创生的课程”，对应于课程实施的创生取向；中间是“修改的课程”，对应于课程实施的相互适应取向。

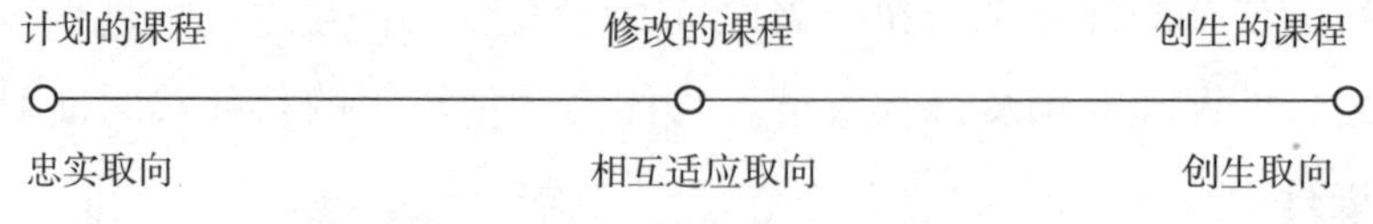

图4-1　课程实施三种取向的连续体

课程实施的三种取向从不同方面揭示了课程实施的本质，各有其存在的价值。忠实取向强化了课程政策制定者和课程专家在课程变革中的作用；相互适应取向综合考虑了具体实践情境之外的专家所开发的课程与对这种课程产生影响的学校情境、课堂情境等因素；创生取向把处于具体教育情境中的教师和学生在课程开发、课程创造中的主体性解放出来。极其复杂的教育和社会情境决定了课程变革的需求也是多种多样的，在不同的国家、不同区域、不同时期等不同的情境中，三种取向的价值都有可能得以体现。幼儿园课程实施不仅是将事先的课程计划传递给幼儿，还是师幼之间在对话和交往的过程中建构生命意义的过程。

课程实施的三种取向也各有局限性。忠实取向将课程变革视为线性地实施预定课程计划的过程，机械化、技术化的课程变革抹杀了直接参与者（教师与学生）的主体价值；相互适应取向带有折中主义色彩，它兼具另外两种取向优点的同时，也不可避免地具有它们的局限性；课程创生取向具有浓厚的理想主义色彩，它要求教师不仅要正确判断、选择和解释专家开发的课程，而且要根据具体情境的特殊需要创造课程，并要求学生也成为课程主体，它对课程实践者的要求过高。

三、幼儿园课程实施的影响因素①

课程实施是一个受很多因素影响的复杂进程。随着对课程实施研究的不断深入，越来越多的影响因素逐渐显露出来。美国课程学者辛德（J. Snyder）等将影响课程实施的因素归纳为课程改革本身的性质、校区的整体情况、学校水平上的影响因素和学校外部环境四大类。由于幼儿园课程实施影响因素的多样性和复杂性，全面分析和认识幼儿园课程实施影响因素问题变得十分重要。

（一）幼儿园课程与社会、文化的适应性

幼儿园课程的变革和实施，无法脱离社会、文化而进行，社会、文化的价值观会通过各种渠道和方式影响幼儿园课程实施。例如，我国传统课程文化较为关注“结果”，因此“过程”取向的幼儿园课程在实施过程中一直被

① 胡娟．幼儿园课程概论［M］.（第二版）. 上海：复旦大学出版社，2021：88-89.

冷遇。再如我国长期以来采用结果导向的选拔人才标准（如“高考”指挥棒），很多家长对幼儿园课程的选择和要求或多或少会与各种社会上的升学考试制度联系在一起，幼儿园课程实施过程中出现“小学化”倾向。[①]

（二）教育行政部门的推动和支持

各级教育行政部门运用其行政的合法性和教育资源，通过对课程的审定、推行、监督和评估等措施和途径推动和支持幼儿园课程实施。教育行政部门作为政府的“代理人”，它代表了一种行政权力对幼儿园课程实行直接领导，因此，各级教育行政部门，特别是高级教育行政部门的决策，以及行政人员认定的课程和课程实施取向是否准确合理，关系着幼儿园课程实施的质量。

（三）幼儿园课程变革的需要

幼儿园课程变革的需要主要指课程实施者对课程变革的需要，实施者需要越大，课程实施的程度就越大。幼儿教育机构对课程变革的接受度是课程实施的必要不充分条件，而实施课程计划的园长和教师对课程变革的需要才最为关键。课程变革是一种使课程不断向好的方向转化的过程，而不是某时刻发生的事件。幼儿园园长和教师只有充分了解课程变革的特性、价值和实用性以后，才会真正接受变革。课程政策制定者、教育行政人员和课程编制者总是期望甚至认为课程变革是有价值的，但是课程实施者却往往难以达到其实用性的目的，或者没有时间去付诸实践。在教育实践中，课程政策制定者、教育行政人员和课程编制者所认识到的教师需要常常与园长和教师的实际感觉不一致。“教师改变与课程实施并肩而行”，教师作为课程改革中处于最底层的实施主体，是实际掌握课程改革命脉的关键人物。鉴于此，如果实施课程变革，就要通过各种途径，让园长和教师充分认识、理解和接受课程变革的要义，将之化为自己的内在需要，构建信任共同体、价值共同体、研究共同体等，并逐渐形成幼儿园课程文化。

---

① 2021 年 4 月，教育部印发《关于大力推进幼儿园与小学科学衔接的指导意见》，为幼儿园与小学做好衔接工作指明了方向。“双减”政策背景之下，入学准备教育是幼小科学衔接的基础，做好入学准备教育的核心在课程，需要幼儿园课程工作者不断加强学习、转变观念、积极行动。

（四）幼儿园课程计划本身的状况

编制新的幼儿园课程，为的是变革或替代原有的课程，改变原课程中的不足。课程实施若要将变革引入教育实践，那么这个引入过程的成败与新课程计划本身的状况是有密切关联的。具体地说，如果新编的幼儿园课程本身具有较高的质量，具有可传播性、可操作性，与现实需求和公众认识相吻合，那么课程实施的有效性就会增加。

自2011年12月，教育部明文规定“严禁教育行政部门推荐和组织征订各种幼儿教材和教辅材料，严禁任何单位和个人以各种名义向幼儿园推销幼儿教材和教辅材料；幼儿园不得要求家长统一购买各种幼儿教材、读物和教辅材料”以来，各地不再统一推荐或征订幼儿园教材，但由于长期以来对教材形成的依赖，各幼儿园仍会自主选用或自编教材。一线的幼儿园教师不可能像课程编制者那样去全面深入地研究理论，教材是一线幼儿教师获取新的课程理念的重要载体和主要途径，因此，教材编制者需要把新的课程理念融入教材，并合理呈现出来。教材编制者的任务是把已经内化的教育理念通过教材外化出来；对课程实施者即一线幼儿教师来说，通过教材内化理念再把教育理念外化为教学行为（见图4-2）。

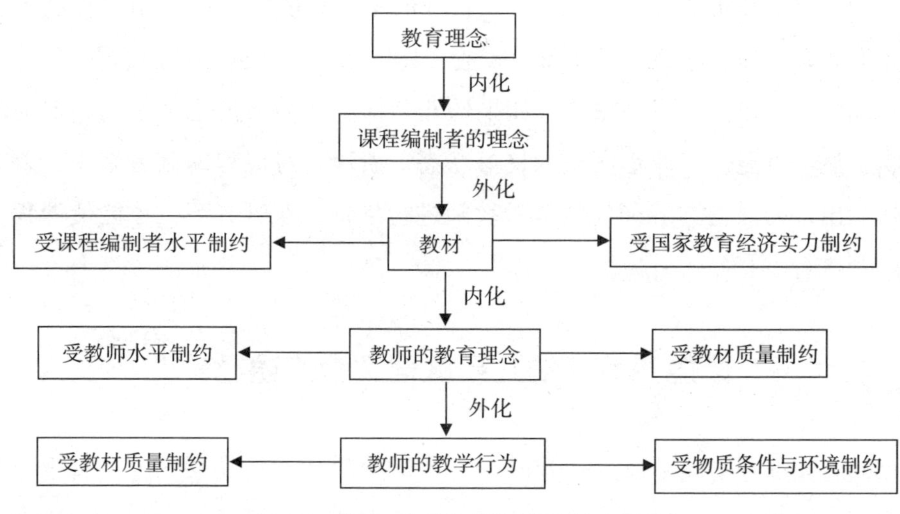

图4-2　教育理念转化为教学行为的流程图

（五）幼儿园课程实施的管理和运行机制

各级教育行政部门和幼儿园管理人员对幼儿园课程计划的实施，负有领导、组织、支持和监督等责任。他们可以通过建立各种规章制度和其他各种管理运行机制，促进幼儿园课程实施，其中最为重要的是一线幼儿教师的管理。园长通过人性化的管理创造与教师的良好的工作关系和氛围，让广大一线幼儿教师在受尊重的情况下自愿地进行课程变革，并在课程实施过程中克服因“习惯化”而造成的惰性以及对新课程计划的排斥性，从而使课程实施得以顺利进行。

（六）幼儿园课程编制者与实施者之间的沟通

沟通是人与人之间就事实、观点、价值观、感受和态度等所作的双向传递，包括交流、协商、合作和分享等。幼儿园课程编制者与实施者之间能否良好地沟通，是课程实施成功与否的关键。让课程实施者真正理解幼儿园课程变革或教育活动实施的要义，并通过协商和合作，相互适应和妥协，课程实施才会顺利推进。

（七）幼儿园课程实施者本身的水平和能力

幼儿园课程实施者——一线幼儿教师的水平和能力，也在相当程度上决定了幼儿园课程实施的可行性和有效性。具体地说，课程改革的意图再先进，课程编制者的课程计划再完美，如果幼儿园课程实施者的水平不高、能力不强，仍然不可能达到课程实施的良好状态。所以，对课程编制者来说，首先是编制出好的课程方案，其次是对教师进行培训。双管齐下，才能使课程实施顺利进行。

第二节　幼儿园课程实施的途径

幼儿园课程实施是通过幼儿园一日生活中的教育活动来实施的，当今幼儿园主要的教育活动形态包括游戏活动、教学活动、生活活动和区域活动等（见图4-3）。

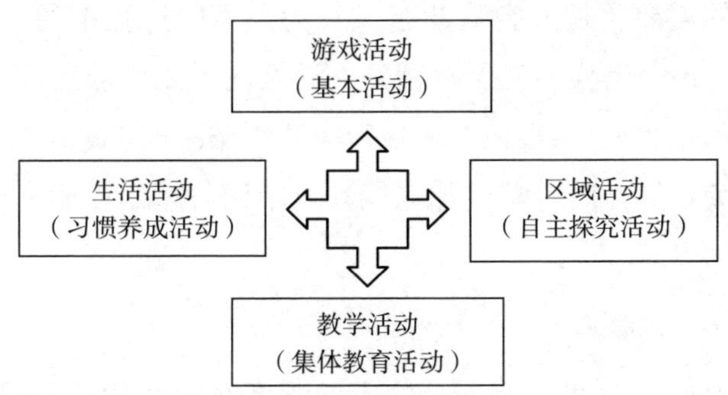

图 4-3 幼儿园主要的教育活动形态

一、游戏活动

（一）不同研究领域对“游戏”的认识

文化学、社会学、语言学、生物学、人类学和心理学等领域都对游戏进行了深入研究，主要研究观点为：在文化学视野中，游戏是一种特殊的文化现象，低于严肃性水平的文化；在社会学视野中，游戏是儿童学习社会生活的关键步骤，社会学家主要从“游戏”与“工作”的根本差别来认识游戏的本质；[①] 在语言学视野中，每种语言在形成它关于游戏的观念和表达其意思时，往往只有一个词、一个意思，而游戏的含义是很多的，一个普遍的游戏范畴并非用一个词就能表达；[②] 在生物学视野中，在达尔文生物进化论思想的直接影响下，人们开始对儿童游戏的意义及其出现的原因加以关注，这些研究差异明显，[③] 甚至相互矛盾，但它开拓并奠定了游戏理论的基础；在人类学视野中，人类学家着重研究人类生活的本质，认为游戏是人类从生存需要发

---

① 社会学家认为：游戏的成果是无效用的，而工作的本质是成果具有的有效用性；游戏的目的在于过程，而工作的目的在其结果；游戏与工作是可以相互转换的。

② 荷兰语言学家约翰·赫伊津哈（Johen Huizinga）在《游戏的人》（1938 年）一书中，对包括希腊语、梵语、闪族语、拉丁语、日语、汉语、日耳曼语、英语等十几种语言在内的游戏概念的语言表达作了较为详细的分析；再如，在英文中，游戏有“play”和“game”两词，主要切近 play，game 主要指有规则的游戏，与汉语中的“博弈”等词相仿，“fun”蕴含“乐趣”的意思；汉语中对游戏一词，有“玩”“游”“嬉”“遨”等好几种表达方式。

③ 对游戏的起源和原因被某些研究描述为转换过剩的生命能量，另一研究则认为是释放某种“模拟本能”，或再简化为放松的一种“需要”。有的理论认为游戏是对年轻活力的一种训练，是为今后生活所需的严肃工作而设的，而另一理论则说是一种对个人的必要克制的练习。

展到追求享受的需要，是人类从儿童成长为大人的过程中的一种自然现象，任何一个国家、一个民族的儿童，都是在游戏的欢乐中获得发展而长大成人的;[①] 在心理学视野中，主要围绕游戏行为的解释、儿童游戏的发展阶段、游戏与儿童发展关系等方面对游戏加以论述，不同心理学派研究的结果促进了儿童游戏理论的发展。

（二）游戏的特征

我国学者根据对游戏性质划分的不同维度对游戏特征进行分析：第一，根据游戏与学习活动和劳动的区别来分析游戏的特征，认为游戏具有主动性、虚构性/想象性、过程性/非生产性、愉悦性；从游戏与非游戏的辩证关系看，游戏愉快中有严肃，重过程又重结果，自由中有规则，假想中有现实，练习中有探索。第二，从游戏可以观察的外显行为来分析游戏的特征。表情方面，幼儿游戏的表情是由多种表情构成的正向的情绪连续体；动作方面，游戏动作具有非常规性、重复性和个人随意性；角色扮演方面，幼儿以自身或他物为媒介对他人或他物的动作、行为、态度的模仿，是一种象征性的动作；言语方面，包括在游戏中的言语、独白言语；材料方面，幼儿在进行游戏时往往依赖于具体的游戏材料或玩具，幼儿对游戏材料的非常规意义的使用是游戏的又一特征。第三，从幼儿进行游戏的动机和体验来分析游戏的特征。游戏构成的内部要素是游戏行为发生的内在依据，它包括游戏者的动机和体验：幼儿游戏的动机为内部动机（“我要玩”）、直接动机（“为了玩”）、内部控制（自己决定玩什么、怎么玩、和谁玩、材料怎么用等）；游戏性体验，即在游戏中产生的主观感受和内心体验，正是因为有了这种正向的游戏性体验，幼儿的身心需要在游戏中得以满足，游戏也就体现出它的内在价值。

（三）游戏的分类

为了使游戏真正成为幼儿园的基本活动，我们需要不断扩展“游戏”概

① 人类学研究同时提出游戏具有 3 种功能：儿童从游戏中学习到生活的原则和规则，游戏具备让个体摆脱社会规则和文化的限制、去寻求个人自由发挥的特性，游戏者可以虚构任何现实生活中所不允许的行为及情节。

念，认识幼儿游戏的丰富性和多样性，为幼儿提供多种学习途径。按照不同的维度可以将游戏划分为不同类型：以儿童认知发展为依据，皮亚杰将游戏划分为练习性游戏（又称机能性游戏、感知运动游戏、实践性游戏）、象征性水平的游戏（包括象征性游戏和结构性游戏）、规则性游戏；以儿童社会性发展为依据，美国心理学家柏顿（M. B. Parten）将游戏划分为无所用心的行为或偶然的行为、旁观的行为、独自游戏、平行游戏、联合游戏、合作游戏，实质上真正属于游戏行为的只有后四种，所以后来的许多研究者采用这种分类方法时，将游戏只划分为非社会性游戏（包括独自游戏、平行游戏）、社会性游戏（包括联合游戏、合作游戏）；以儿童参与游戏的时间长短为依据，日本的小口忠彦将游戏划分为未分化游戏、累积性游戏、连续性游戏、分节性游戏和统一性游戏；以游戏的活动形式为依据，游戏可划分为运动性游戏、智力性游戏、装扮性游戏、操作性游戏、接受性游戏；以游戏的活动内容为依据，游戏可划分为动作技能性游戏、认知性游戏、社会戏剧性游戏、结构性游戏。按照游戏的教育价值将游戏划分为：一是创造性游戏，它是指较多地体现了儿童主动创造的主体特征，突出游戏是儿童自主自愿的、创造的游戏活动，包括角色游戏、结构游戏、表演游戏等；二是规则游戏，它是指以教师创编为主，具有明确规则的游戏，包括智力游戏、体育游戏、音乐游戏等。将游戏划分为创造性游戏和规则游戏不是个界限确定的分类，因为创造和规则并不是相互排斥的。创造性是游戏的普遍特征，没有创造的游戏是没有生机的游戏，也就不能称之为真正意义上的游戏。但创造并不等于随意的、不假思索的行为，任何创造总是依据一定的内在和外在的规则。同样，规则也是游戏的一个普遍特征，只是在创造性游戏中，规则是内在而隐蔽的，规则游戏中的规则是明确而公开的。

（四）游戏的作用

1. 游戏促进幼儿发展

游戏促进“整个儿童”的发展，即促进幼儿身体发展、智力发展、社会性发展和情绪情感发展，具体作用为：幼儿身体发展，促进幼儿身体结构和功能发展的所有方面，如粗动作、精细动作和运动能力的发展；幼儿智力发展方面，促进幼儿学习、思维、语言和理解等；社会性发展方面，促进幼儿学习适当社会行为、建立社会关系、提升社会交往能力等；情绪情感方面，引导幼儿正确表达和控制情绪，激发学习动机、兴趣、热情、应付挑战和失败的能力等。

2. 游戏在幼儿园课程中的价值

游戏在幼儿园课程中的价值主要表现在两个方面：一是工具价值，游戏作为工具的课程价值体现在将游戏作为一种活动的形式或手段来组织和开展教育教学，以确保课程教学目标以及知识传授任务的高效和顺利完成。在宏观层面，彰显学前课程不同于其他阶段课程教学在形式上的特色及其运行规律，如课程教学的整合性、活动性、童趣性、直观性、情境性等；在微观层面，密切关注活动中的师幼关系、个别差异、幼儿兴趣、教授效率等。二是本体价值，游戏本身是作为幼儿天性的表达、幼儿文化的样式、幼儿生活的过程，其价值则需跨出工具价值领域，而获得更为深刻和广泛的实质性意义。从本体价值看，游戏为幼儿园课程提供了一种顺应儿童天性的法则，一个观照童年文化的视角，一条向童年生活回归的道路。如果说游戏的工具价值更多地体现了游戏作为一种活动形式而被课程的实践采用，其本体的价值则突出了游戏存在的精神实质之于早期教育的根基性意义和能动作用。

（五）幼儿园游戏活动的设计与实施

从操作层面分析，幼儿园游戏活动的开展需要做好以下几个方面。

1. 规划与创设游戏环境。选择、设计并投放专门化、非专门化的游戏材料，课程规划室内外场地及区域，营造良好的精神氛围。

2. 游戏的组织及计划。设计完成以游戏为基本活动的课程方案，并组织实施，它一般包括教学游戏和自由游戏：教学游戏采用游戏活动的方式，开展正规显性的课程教学活动，教师干预的程度较明显；自由游戏包括幼儿园自由活动和日常生活过程中自然而然产生的游戏活动，幼儿的自主程度较高。

3. 游戏的现场指导。在游戏活动的课程实施中，教师是教育者与游戏者的双重角色，可以通过以自身、幼儿、材料或规则为媒介进行个别或全体幼儿的指导。

4. 游戏评价。即采用多元化的评价方式，进行全面、系统、灵活的游戏评价。

二、教学活动

（一）对教学活动的界定

教学是一种有目的、有计划的由教师对幼儿施加影响的活动。教学是师生双边的共同活动，其基本构成成分是教师的传授、幼儿的学习和教学材料。它更多地强调教师的作用、教学的结果，承担着向幼儿传递人类和民族文化遗产的任务。

专栏4-2　幼儿园教学活动容易出现以下三方面偏差①

第一，把教学活动完全演变为以语言为媒介的讲授活动，即把教师的讲解、提问、解释等言语活动变成幼儿获得知识、理解知识的唯一途径。

第二，把集体教学活动方式作为进行教学活动的唯一组织形式。

第三，让幼儿长时期静坐听讲，并把这种不太符合幼儿身心发展特点的行为称为“守纪律”。

（二）幼儿园教学活动的特征

教学活动要游戏化或幼儿心理化，要体现以下特征。

1. 教学情境生活化

其本质是改变传统的灌输式教学方式，设置生活化的教学情境，让幼儿在生活或生活化的情境中学习。因为这种情境设置从生活情境、动作操作、已有经验开始，所以比较容易激发幼儿的本能与兴趣，吸引幼儿自发地进入新学内容中去。教学从幼儿的已有经验入手、让幼儿在情境中学习是教学情境生活化的理论原点。

① 王海燕. 幼儿园课程概论［M］. 北京：高等教育出版社，2007：109.

2. 教学内容综合化

幼儿经验是整体的，对幼儿来说最好的活动是在教师引导下的主动探索活动而不是具有分领域性质的教学活动。强调综合化的理论基础是为了让幼儿有一个关于学习内容的尽可能完整的经验，一个相对完整的经验一定是让幼儿从这个经验中获得一种对其自身有意义的结果，这种有意义的结果就是幼儿不断发展的推动力。教学内容的综合化不是一种时尚，更不是教学内容的简单拼盘或牵强拼凑。

3. 教学过程操作化

传统的以教师、教室、教材为中心的教学过程，强调幼儿的安静学习，教师的权威式灌输。其弊端显著，已逐渐被幼儿园教师摒弃，但是不可否认，目前又走向另一个极端，即教学活动看上去热热闹闹，实质教学质量低下。如果教学活动只是让幼儿重复低水平经验，不能让幼儿获得新经验，长此以往会使幼儿以为学习就是这样蜻蜓点水、表面浮躁、走马观花，从而失去了学习该有的思维品质。

教学过程操作化旨在避免无视幼儿原有经验的教师一言堂现象，也避免以为操作就是身体操作，无视思维操作的“操作主义”现象。幼儿刚从动作思维进入形象化思维阶段，其形象化思维只有在动作的帮衬下才能更好地发挥出来，所以幼儿园教学过程操作化是一种必需的规定。操作是身体操作与思维操作的统一，身体操作是幼儿学习的心理要求，思维操作则是幼儿园教学活动的教育意义所在。一个或几个教学活动是幼儿对一个主题由旧经验向新经验发展的手段，而区别旧经验与新经验的机制就在于幼儿是否对旧经验有过思维操作，也就是是否对旧经验进行了改造，发展的意义也就在这种经验改造的过程中显现。

4. 教学组织形式多样化

教学组织形式多样化旨在改变把集体教学方式作为教学活动唯一组织形式的传统，把分组教学、个别教学也纳入教学活动的视野。集体教学活动指幼儿园中以集体为单位进行的，为促进幼儿身心和谐健康的发展，由教师有目的、有计划地实施的教与学的正式活动；小组教学活动指幼儿园中以小组为单位进行的，为促进幼儿身心和谐健康的发展，由教师有目的、有计划地实施的教与学的正式活动；个别教学活动指幼儿园中教师针对个别幼儿进行的，有目的、有计划地组织实施的个别指导活动。

在集体教学活动中，教师作用突出，活动效率高，但是容易忽视幼儿的个体差异，不利于幼儿独立性、创造性的培养；采用小组教学活动的形式进行教学可以达到因材施教的效果，教师可以针对某一类学生开展有计划、有目的的教学活动，帮助其成长；个别教学活动可以照顾每个幼儿的不同需要。这三种教学活动组织形式各有优势和劣势，幼儿园的教学活动应该根据不同的需求选择相应的教学活动组织形式。

(三) 幼儿园教学活动的教学方式

教学是由教师的“教”和幼儿的“学”同时交互进行而构成的双边活动。学是根本，教是条件，教师的教是为幼儿的学服务的，是服从于幼儿的学的，因此幼儿园教学活动从“以教定学”逐渐转变为“以学定教”。

1. 幼儿的学

根据学习的目的性、意识性可以相对分为有意学习和无意学习；根据学习内容的性质可以相对分为认知学习、社会学习、动作技能学习；根据获得经验的方式可以相对分为接受学习和发现学习；根据学习的理解程度可以相对分为意义学习和机械学习，等等。幼儿学习表现出区别于中小学生的明显特点有：目的性较差，以无意学习为主；不容易理解语言讲解的内容，通过实际探索，亲身体验而“发现”的认识印象深刻，容易理解等。幼儿学习是学前教育心理学专门研究的问题，这里不再赘述，但课程设计者必须了解，并以此为根据考虑教的方式问题。

2. 教师的教

（1）直接教学

表现为教师直接、明确地传递教育意图，这是一种明确、简洁、有序、迅速的教学方式。幼儿在其中的学习基本是一种接受学习。对幼儿进行优秀文化传统的教育；社会观念、行为规范、约定俗成的规则等的教授；必需的社会知识或概念，与健康生活有关的安全、卫生等常识，周围环境的有关信息的传递等；某些技能传授时，常常采用直接教学的方式。但是，直接教学有较大的局限性，不宜过多使用，它主要借助于语言讲解，不符合幼儿的学习特点，对幼儿情感发展、认知经验的获得、动作技能的形成效果不佳，较难发挥幼儿的主体性。因此，在运用直接教学方式时要特别注意教学直观性原则，并与间接教学方式相互配合。

（2）间接教学

间接教学是指教师通过适当的中介，迂回地传递教育意图的方式。教育意图不直接通过教师，尤其是不直接通过教师的语言而借助于教学环境的中介作用传递给幼儿，是间接教学的最大特点。间接教学中幼儿的学习方式以无意学习、发现学习为主。在间接教学中，幼儿可能意识不到教师的意图，感觉不到“学习任务”，但只要他们进入了教师精心创设的教学环境，就会在不知不觉中获得教师希望他们获得的学习经验，向着教育目标规定的方向发展。

间接教学一般借助物质环境和人际环境作为中介环境：首先，以物质环境为中介，主要表现为把教育意图客体化为幼儿可以直接接触、摆弄、操作的材料环境中的物质材料，并提供适宜的活动空间，诱发幼儿与物质环境的互动，通过各种活动使之获得关键性的学习经验，以达到预期的教育效果；其次，以人际环境为中介是把每个幼儿、成人都既视为学习的主体，又视为教育的资源。幼儿逐渐通过模仿、同化、强化等学习方式，获得一些基本的社会态度、知识、技能，形成对人、对事、对己的情感态度和行为方式。应当注意的是，这两种手段不是截然分开的，实践中它们常常交织在一起，并相得益彰。

间接教学虽然比较符合幼儿的学习方式和特点，有利于幼儿的主动学习，但它也有明显的不足：幼儿通过这一方式进行的学习往往难以深入，所获经验一般也比较零碎、表面，甚至会产生错误的认识，学习的有效性难以保障，因此，教师的引导是非常重要的。但这种引导对教师的要求很高，比直接教学困难得多。一旦教师不能把握好引导的“度”，间接教学就可能会走向两端：要么放任自流，要么高度控制，难以取得理想的效果。

3. 支架式教学

为了弥补直接教学和间接教学的缺陷，一方面两者需要适当结合，另一方面需要提高教师的引导策略。“支架式教学”形象地说明了教师与幼儿之间在最近发展区内有效的教学互动：幼儿的“学”是一个不断建构的过程；教师的“教”是一个必要的“脚手架”，支持幼儿不断建构。首先肯定了幼儿学习是一个主动的过程，幼儿原有经验和发展水平是学习的基础。同时，为了确保学习的有效性，教育者必须不断提出挑战性任务和提供必要的支持，并帮助儿童不断从借助支持到摆脱支持，逐渐达到独立完成任务的水平。教师可提供的支架有支架语、支架态、支架物、同伴支架、隐形支架等，详见案例4-1“何家公鸡何家猜”。

案例4-1　何家公鸡何家猜

教学环节	设计理念	教学环节目标	教师支架	幼儿预设行为
情景导入	1. 幼儿是通过直接经验学习，因此选用合适的“支架物”(贴近生活的，农场与鸡的PPT)，激发孩子的感官好奇心； 2. 为激发幼儿的认知性兴趣，保持幼儿好奇心的持续性，因此设计了教师演唱副歌部分、介绍闽南语关键词，将感官性好奇发展为认知性好奇； 3. 根据信息缺口理论，当幼儿意识到自己熟悉的动物(鸡)，在闽南语中的读法不一样时，幼儿会产生相对剥夺感，为缓解这种剥夺感，幼儿会对与自己已有知识背景相关的新知识产生好奇，进而探索新知识	1. 幼儿感知故事情景，熟悉主要的故事线索； 2. 观看PPT，能够根据教师提示完成公鸡、母鸡、小鸡的动作创编； 3. 聆听副歌，辨识出闽南语“Gong gai、Mou gai、Xiu gai”的发音，创编并表现出与同伴不一样的动作	教师引发幼儿兴趣 支架物：与故事情景相关的PPT 支架语1：请用“声音和动作”告诉老师农场里住着什么鸡？ 支架语2：请仔细听，并用与别人不一样的动作告诉老师听到了“Gong gai、Mou gai还是Xiu gai”？ 支架语3：教师演唱副歌部分“何家公鸡何家猜，何家小鸡何家猜，何家公鸡何家猜，何家母鸡咯咯咯”； 支架态：教师扮演农场主，并运用童趣化的语言、农场主的姿态引导幼儿进入故事情景	幼儿产生兴趣 1. 能够自由创编并做出公鸡、母鸡、小鸡的动作，并同时依次说出公鸡、母鸡、小鸡； 2. 能用闽南话准确说出PPT图片中的公鸡、母鸡、小鸡； 3. 根据教师演唱的副歌，感受到歌曲中字词的发音变化，并自由表现创编的Gong gai、Mou gai、Xiu gai的动作

续表

教学环节	设计理念	教学环节目标	教师支架	幼儿预设行为
初步体验	1. 幼儿先创编不同动作，在公布游戏规则时统一基本动作，统一动作时不是幼儿模仿教师动作，而是教师模仿幼儿中的“好”动作。鼓励不一定是语言和物质奖励，教师模仿幼儿是对幼儿的一种鼓励与肯定； 2. 按照班杜拉（Albert Bandura）的社会观察学习理论，教师进行示范后，又邀请两名幼儿进行同伴示范，幼儿示范可能会出现错误，而这个错误可能是所有幼儿都会犯的，因此在全体体验前，教师的纠正十分关键； 3. 根据认知理论，教师设计本环节时关注故事情境、身体对幼儿的认知过程的作用，引导幼儿调动全身器官，初步体验音乐游戏的乐趣	1. 明确并熟悉音乐游戏规则； 2. 通过观察学习，明确游戏过程； 3. 能够跟唱歌曲的副歌部分； 4. 全体参与石头剪刀布的音乐游戏，初步体验同伴游戏的快乐	教师支持幼儿体验 支架语 1：农场鸡都爱玩“石头剪刀布”的游戏，游戏前要先公布游戏规则。①两只鸡一组；②唱到“何”，出拳；唱到“家”，收拳；唱到“何家母鸡咯咯咯”，出结果动作；③结果动作，赢了做“公鸡状”，输了做“母鸡状”，平了做“小鸡状”（结果动作可以与幼儿商议决定）； 支架语 2：让我们一起投票选出，统一的公鸡、母鸡、小鸡动作； 支架语 3：请各位农场鸡们演唱副歌部分； 支架态：在教师引导下依次进行，教师与助教示范—教师与幼儿 1 示范—教师邀请两名幼儿边唱副歌边做游戏； 支架语 4：请听音乐，并在原地自由身体律动，在副歌部分两人做游戏； 支架物：音乐 CD	幼儿初步体验 1. 明确游戏规则； 2. 做出公鸡、母鸡、小鸡的统一动作； 3. 配合教师示范、同伴示范演唱副歌部分，观察教师及同伴的游戏过程，熟悉并掌握游戏规则； 4. 全体幼儿按照音乐节奏进行身体律动，在副歌部分两人一组完成“石头剪刀布”的游戏
合作探究	1. 根据项目教学法理论，本环节以幼儿为中心，小组担负起学习的责任，幼儿通过小组内容的社会交往发展能力和协作技巧。在这个过程中，幼儿会面对创编上的挑战和冲突，在这个过程中，没有唯一正确答案，幼儿所有的探索和决定都是有意义的； 2. 教师扮演幼儿的学习教练，提供教学支架，支持和引导幼儿依靠自己的力量解决问题	幼儿分组根据老师提供的音乐创制出一套可行的“石头剪刀布”的游戏结果动作。这个课堂学习的成果必须是可以公开分享的表演	教师观察幼儿探究 支架语 1：除用手玩“石头剪刀布”的游戏，我们还可以用脚玩游戏； 支架态 1：教师引导幼儿回顾“石头剪刀布”的脚上动作； 支架语 2：农场鸡特别喜欢模仿，除了用公鸡、母鸡、小鸡的动作表现游戏结果，还可以用什么动作表现游戏结果呢？ 支架语 3：接下来请各位自由分组，要求：①5～6 位一组；②创编出独特的结果动作；③听音乐，玩给其他小组看；④猜一猜，其他小组的结果动作分别表现的是什么内容； 支架物：音乐 CD	幼儿深度探究 1. 掌握用脚玩“石头剪刀布”的玩法； 2. 掌握小组游戏的规则； 3. 分小组创编动作，探索游戏的新玩法

续表

教学环节	设计理念	教学环节目标	教师支架	幼儿预设行为
交流展示	根据符号互动论，通过符号互动，人们形成和改变自我概念，建立和发展相互关系，处理和应对外在变化；意义产生于个人间的社会互动，人们运用从互动中获得的意义来指导自己的行为；人们应用这些互动来解释过程，因此合作分享环节的设计十分必要	幼儿分组展示小组的新玩法	教师鼓励幼儿分享 支架语：小组内大家的交流热火朝天，每一个小组都有自己的奇思妙想，接下来“舞台”交给大家，请小组自告奋勇给我们展现成果	幼儿交流分享 各小组主动上台，听音乐表现游戏动作
回顾反思	1. 每个人对客观世界的反应都是基于自身的经验，因此每个人的反思都是不同的； 2. 反思回顾不是知识的简单再现，而是对知识的处理和转换，是创新的起点； 3. 反思回顾是为了适应新情境或新问题的需求	1. 激活幼儿发散性思维，并说出其他小组的动作含义； 2. 引导各组幼儿，说一说自己小组游戏动作的含义	教师引导反思 支架语1：请猜一猜其他小组的动作含义； 支架语2：请说一说自己小组的游戏动作含义	幼儿回顾反思 1. 想一想，并猜一猜，其他小组的动作含义； 2. 说一说自己小组的游戏动作含义

总之，教学方式与幼儿的学习方式和特点有关，也与教学的目标和内容相连，都有其适宜的应用场合与条件，一种教学方式在不同的情况下效果可能会有很大的不同。衡量一种教学方式应用得是否合适，关键是看能否促进幼儿主动而且有效的学习。在幼儿园教学活动中，多种教学方式的结合与互补更加适宜。

三、生活活动

（一）对幼儿园生活活动的界定

《纲要》明确指出：“与家长配合，根据幼儿的需要建立科学的生活常规，培养幼儿良好的饮食、睡眠、盥洗、排泄等生活习惯和生活自理能力。”生活活动是不可或缺的幼儿园一日活动之一。幼儿园一日活动是指幼儿从入园到离园的一天时间里，在幼儿园室内外各个空间里所发生的全部经历。幼儿园生活活动是指游戏活动、教学活动、区域活动等活动之外的活动，一般包括入园、盥洗、进餐、如厕、饮水、午睡、离园、过渡八部分。生活活动贯穿于幼儿的一日活动中，旨在帮助幼儿发展生活自理、与人交往、自我保护等能力，逐步养成健康的生活规则和习惯。

表 4-1　某园一日活动安排表

上午		下午	
7：20—7：40	入园	12：00—14：00	午睡
7：40—8：00	早操	14：00—14：15	起床
8：00—8：20	早餐	14：15—14：30	午点
8：20—8：30	过渡环节	14：30—15：00	区域游戏
8：30—9：00	集体教学	15：00—15：50	户外活动
9：00—10：00	户外活动	15：50—16：00	过渡环节
10：00—10：50	区域游戏	16：00—16：20	阅读交流
10：50—11：20	阅读交流	16：20—16：30	餐前准备
11：20—11：30	餐前准备	16：30—16：50	晚餐
11：30—11：50	午餐	16：50—17：15	离园准备
11：50—12：00	散步	17：15—17：30	离园

幼儿园生活活动具体包括：第一，入园，包括入园接待，教师以热情、亲切的态度主动与幼儿问好，稳定幼儿情绪，与家长交流意见及物品交接工作；晨检；晨间活动，如值日生工作、自由活动、晨间谈话等。入园环节要确保程序严格，快乐入园。第二，进餐，它是幼儿在园生活的重要环节之一，想让幼儿拥有一个健康的体魄，就必须从小培养良好的饮食、进餐习惯，纠正幼儿挑食厌食、不良进餐习惯。进餐环节要确保幼儿轻松愉快，营养均衡。第三，饮水，它是保证幼儿身体健康的重要因素，幼儿每天需要的饮水量为1000～1500ml。饮水环节要确保供水适宜，按需饮水。第四，盥洗，包括洗手、洗脸、刷牙、漱口等，关系到幼儿清洁卫生习惯的养成和自我服务能力的提高。手接触外界物体最多，受到污染的概率也最高。特别是幼儿，生性活泼好动，更容易染上不洁物品的细菌，同时孩子免疫力弱，很容易导致肠胃问题和各类疾病。盥洗环节要确保方法正确，自觉洗手。第五，如厕，具有良好的如厕习惯是孩子健康成长的必要条件，同时也是幼儿园保育工作的一个重点。如厕环节要做到井然有序，锻炼能力。第六，午睡，它对于幼儿身体发育具有重要的意义，幼儿正是身体发育旺盛的时期，每天需要睡 9～10 小时才能满足身体健康的需要，利用午睡时间对睡眠进行补充非常必要，根据季节，午睡时间一般为 2～2.5 小时。午睡环节要做到环境温馨，适时适

度。第七，离园，这是幼儿一日生活中的重要组成部分，既是幼儿精神状态最放松的时候，也是幼儿园一日活动最轻松、最愉快的环节。离园环节要做到安全有序，温馨告别。第八，过渡，该环节包括长时过渡和短时过渡。长时过渡一般做法为：来园时过渡环节以自由游戏为宜；午餐时、午餐后过渡环节以安静游戏为宜；离园时过渡环节以易组织的游戏为宜。短时过渡，教师可以以幼儿喜闻乐见的形式开展游戏，如手指游戏、猜谜语、唱歌、词语接龙、我们都是木头人等，减少幼儿的等待时间，老师也能很快地集中幼儿的注意力，做好一个活动向另一个活动的和谐过渡。还需要注意的是，生活活动的各个环节需要遵循渗透性、整体与个别相结合、教师的示范性、练习性、家园合作等原则。

（二）生活活动的价值

幼儿身心特点、幼儿园的任务与职责要求、家庭和社会的需求等决定了幼儿园要开展生活活动。生活活动也是一种学习，有其独特的价值，具体包括：

1. 生活活动促进幼儿健康发展

有利于促进幼儿健康发展，培养幼儿文明卫生习惯、良好的生活习惯和生活自理能力。这些能力是幼儿今后高质量生活的保障，是幼儿走向社会的保障，是幼儿学习的保障，是班级其他活动开展的保障，而且更多地要在生活活动中实现。

2. 生活活动在幼儿园课程中的价值

日常生活活动是幼儿园课程的重要组成部分，它在幼儿园课程中的价值主要表现在：首先，生活活动是健康教育活动的重要途径。健康领域的课程内容，如个人卫生习惯、环境卫生习惯、生活方式教育、安全教育等，主要是在日常生活活动中实施的。其次，生活活动包含潜在的、丰富的教育内容，具有对多领域课程内容的渗透和综合作用，因而是幼儿园课程设计和实施的重要背景和来源。目前，幼儿园课程发展的趋势之一就是倡导“生活教育”的主张，生活活动蕴含了各领域的教育契机，应该善于捕捉生活的教育契机，一方面既能调动幼儿的兴趣和积极性；另一方面也能渗透和融合其他课程领域的内容。例如，在盥洗活动中，教师可以引导幼儿观察和体验水的特征、水与人们的关系，引导幼儿养成节约用水的习惯。这就与科学和社会领域的课程内容结合起来了。

四、区域活动

区域活动为幼儿提供了一个更加宽松、自由的活动空间。在这里，每个幼儿可以选择自己感兴趣或需要的活动，按照自己的学习方式和发展水平，自主选择内容和活动伙伴，主动进行探索、学习，可以找到适合自己学习的最佳方式，体验到快乐、成功和自信。区域活动是幼儿自主探索的一种活动，这种探索可以是幼儿之间的探索，有时也是教师和幼儿之间互动的双边活动，它可以是多种类型的学习活动。

（一）区域活动的概述

1. 区域活动的概念界定

区域活动，又称活动区活动、区域游戏，指以幼儿的需要、兴趣为主要依据，考虑幼儿园教育目标、正在进行的其他教育活动等因素，划分区域并在其中投放适合的活动材料，制定活动规则，让幼儿自由选择区域，通过与活动材料、环境、同伴等的积极互动，获得个性化的学习与发展的活动。

2. 区域活动的特点

区域活动具有自由性、指导的间接性、自主性和个性化的特点：幼儿根据自己的需要、兴趣和能力，自由选择区域、材料以及和材料互动的方式与水平，幼儿在轻松、愉快、自愿的状态下活动与游戏；教师主要通过创设区域环境、投放活动材料等方式，间接影响幼儿的区域活动；自主性主要指一个人的独立性和主动性，区域活动中幼儿在没有压力的环境中选择自己感兴趣的材料玩玩做做，自主愉快地活动，更多关注的是从学习活动中获得的乐趣和成功的体验；区域活动更关注、尊重幼儿的个别差异，幼儿可以自由选择区城、活动材料方式、同伴等，使幼儿在自己感兴趣的活动、随意自在的气氛中个性得到显现和张扬，充分调动和激发幼儿的潜能。不同的区域设计，为幼儿不同的兴趣需要提供发展平台；同一个区域中，不同的材料也能满足不同幼儿的不同兴趣与需要。

课堂思考：

1. 区域活动是集体活动的补充；

2. 区域活动是集体活动后的放松活动。

答案：1. ×　2. ×

课堂思考：区域活动与非区域活动的关系是什么？

答案分析：区域活动和集体活动等幼儿园内部非区域活动之间积极互动与动态变化；区域活动和社区、家庭等幼儿园外部非区域活动之间在平等的基础上相互作用；区域活动内部各要素之间存在内在的有机联系，区域活动是一个开放的系统，是幼儿园教育系统的一个有机组成部分，它和集体活动等幼儿园教育系统的其他有机因素之间，以及自身内部各要素之间，是平等、互补、互生和互利的关系。

（二）区域活动的设计

1. 拟定区域

首先，要根据幼儿的兴趣与发展需要、课程目标拟定活动区的种类。其次，根据幼儿人数与活动室面积拟定活动区的数量和规模（一般活动区最佳容纳 5 人左右）。需要注意的是，活动区创设不是多多益善，而是应创设鼓励幼儿自由选择、便于操作、大胆探索的环境。

2. 布置活动区

陈鹤琴认为："怎样的环境，就得到怎样的刺激，得到怎样的印象，教育上的环境，在教育的过程中，起着一定的作用。"因此，教师在区域活动布置时要采用科学的策略，使活动室被充分利用，使幼儿得到全面发展。布置活动区的具体策略为：一是动静分开，避免相互干扰。二是区域间适当的"封闭性"，避免因"界限"不明确而产生消极影响。可以利用各种玩具柜、书架、钢琴、地毯等现有设备作为各区的分界线或屏障。同时又要考虑各区活动的方便程度。巧用隔离物，保证活动区的"封闭性"，因为幼儿易受环境的暗示作用。但是需要注意区域的"封闭性"与"开放性"结合，如小班封闭性强，大班幼儿抗干扰能力增加，有与同伴合作的需要，因此封闭性减弱。三是"交通路线"畅通无阻，以避免幼儿在活动时产生拥挤、碰撞等情况。

为此，活动室中央和各个门口最好不要设置活动区。四是留有供集体活动用的场所。五是避免“死角”，即教师视线不能随时看到的地方。六是空间扩展使用，如走廊、大厅、非消防通道的楼梯、户外场地等，提升空间利用率，利于幼儿的沟通交流。七是相关相邻，即彼此相关程度较高，容易产生互动的区域，应邻近。

布置活动区还应注意处理好以下问题：一是注意活动区安全，应减少和消除区域中不安全因素；二是布置符合幼儿年龄特点；三是营造活动所需的心理氛围，如图书区，应以安静为主；四是引导幼儿遵守活动规则，在把活动区完全开放之前，应首先让幼儿了解并熟练掌握相关的规则。

3. 区域材料的选择、设计与投放

区域材料是区域活动的关键影响因素，教师、幼儿和材料是区域活动的三要素，活动区的种类确定下来之后，教师就应去选择、收集、制作适当的活动材料。皮亚杰提出“儿童的智慧源于材料”，“区域材料”是师幼互动的中介，是区域活动的根本。在幼儿眼中，区域活动就是“玩”玩具；在教师眼中，区域活动就是“做”材料，因此，区域材料是搭建起幼儿“玩”玩具和教师“做”材料的桥梁。在区域活动中，教师将预期目标转化为具体可操作的区域活动，关键在于区域材料的选择与设计。

区域材料的“七有”原则：有目的，将幼儿引向有意义的活动中去；有层次，满足幼儿个性化学习需求；有秩序，如科学区内包括实验类材料（如沉浮材料）、观察类材料（如种子）、测量类材料（如天平）、制作类材料（如风车）；有变化，持续给予幼儿新的刺激；有挑战，引发幼儿积极的思维活动；有情感，增强与幼儿的互动性，如数学区提供幼儿与家人的照片，引导幼儿比较高矮；有生活，更加贴近幼儿生活，家园配合，让材料更加生活化，教师选择或制作生活化材料，如有趣的节日食盒。

注意：

· 一般来说，各活动区都有一些基本的、相对稳定的材料，如角色扮演区的服装、道具、家具等；科学区的放大镜、天平、望远镜、沙漏等；语言区的图书、卡片等；美工区的纸、笔、画架、橡皮泥、胶水、剪子、各种空纸盒等。

· 避免材料准备方面的误区：

常见误区1：材料丰富就是越多越好。丰富的材料≠越多越好，因为“多则滥，滥则泛”，幼儿容易分心、玩花眼；收拾材料的压力，幼儿“懒得玩”。

常见误区2：材料的质量与美观既要新又要精美。有价值的材料≠越美越好，因为越精美的材料，丧失新鲜感后，幼儿就会失去兴趣；老师会因为花费高，一再提醒幼儿保护材料，限制幼儿的动手积极性；精美具象的材料往往限制幼儿想象力的发挥。

（三）区域活动的指导

教师首先要明确“投放材料”不等于“解放教师”，区域活动是幼儿自由自主的活动场所，但并不是教师可以不管不问，教师适时、适度地指导，可以促进区域活动的顺利开展和不断丰富与深化，不断调整区域的环境，又可以促进幼儿区域活动不断发展，从而引导幼儿思考、探索，不断培养幼儿自主、独立自信、创造良好个性心理品质。教师指导的方式包括：

1. 教师直接介入

教师以指导者身份直接参与区域活动，提出具体的活动要求，这种方法适用那些没有耐心、能力比较弱的、需要个别教育和指导的幼儿。在观察中发现幼儿违反规则、争执或出现攻击性行为时需教师直接介入区域活动，对幼儿直接干预。

2. 以材料为媒介

教师通过材料投放与变更的方法来支持和帮助幼儿在游戏过程中的学习。教师在空间距离上接近幼儿，与幼儿使用相同材料，引起幼儿模仿，起暗示指导作用。

3. 以角色身份介入

教师以角色身份介入，通过共同游戏，为幼儿插上隐形翅膀。教师根据需要通过扮演角色形式指导区域活动，当幼儿在活动中遇到困难或出现争议的时候教师以角色身份介入不仅不会影响幼儿正在进行的活动，幼儿反而容易接受，并帮助幼儿解决问题或扩展情节。

除了上述三种指导方式，教师还可以通过活动评价进行指导，根据区域活动不同的指导需要，灵活采用不同的指导方式。

第三节　幼儿园课程实施的常见问题

一、预设与生成的问题

案例分析：如果你是老师，如何处理案例中的预设与生成问题？

集体活动开始了，教师让幼儿观察“蜗牛身上有什么?”“蜗牛有几条触角?”“蜗牛是怎么爬行的?”未等教师说完，幼儿高高举起双手，“老师，蜗牛的嘴巴在哪里?”“蜗牛爬过的地方为什么是湿湿的?”“老师，蜗牛长大了壳会换吗?”教师茫然，随即喊道：“你们别吵了，先上课。”

（一）对预设与生成的界定

幼儿园课程实施的预设性主要表现在目标导向性、内容封闭性、过程控制性、方法程序性等方面；课程是师生共同活动、合作创生的过程，生成是幼儿园课程的内在取向。冯晓霞教授指出，幼儿园课程应是师生共同建构的具有弹性的课程，生成课程与预设课程有机结合。李季湄教授则提出目标取向和过程取向课程并存的主张。王春燕指出幼儿园课程预设与生成的统一是对现代课程观的一种超越。

（二）正确处理预设与生成问题

幼儿园课程实施中会出现当前指向预设的活动不是幼儿当前感兴趣的活动；由于时间的限制，幼儿不得不离开正感兴趣的活动；由于一些意外导致预设方案发生变化，等等。因此在课程实施中，需要正确并及时处理预设与生成问题：

1. 教师做充分的预设

教师要积累丰富的学科背景知识，在幼儿园课程实施前要做充分的预设，以幼儿的年龄特点、经验水平为基本进行充分的准备，以应对幼儿在活动中提出的各种问题。

2. 师生共同生成

《纲要》指出：“教师要善于发现幼儿感兴趣的事物，游戏和偶发事件中所隐含的教育价值，把握时机，积极引导。”这就使得在课程内容选择上具有了较大的随机性和灵活性，为生成课程提供了重要的理论依据。幼儿园课程实施常常表现出“计划不及变化快”，这与教师中心课程是有根本差别的。在生成课程中，一方面要尊重幼儿的兴趣需要；另一方面要重视教师的支持、帮助、引导，这也是生成课程与儿童中心课程之本质差别。因此，生成课程的内容从根本上来讲是师生共同建构的课程。

专栏4-3　生成课程的内容来源

幼儿园课程目标与任务。教师引导幼儿发展的依据是《纲要》《指南》，生成课程从根本上讲是在“幼儿教育的目标与任务”的指导下进行的。但是不能把《纲要》《指南》中的内容“拿来”就用，而需要将教育目标转化为幼儿的兴趣、需要，从而生成有价值的课程。

幼儿当前的兴趣与需要。“兴趣是最好的老师”，从幼儿的兴趣出发生成课程时，往往会出现这样的情况：有的幼儿对这个问题感兴趣，有的幼儿对那个问题感兴趣，因此教师首先需要对幼儿兴趣进行价值判断，判断的标准就是幼儿教育的目标；对幼儿的兴趣点进行判断并赋予价值；随幼儿有价值的兴趣点展开活动，生成新的目标与计划，将其在不同时间予以兑现。

幼儿园共同生活中的矛盾与冲突。幼儿每天生活、游戏在一起，由于个性不同，发生一些矛盾和冲突是避免不了的。很多老师为此而苦恼，但是只要老师有教育智慧，利用好教育时机，就会成为生成课程的内容来源。

幼儿身边的人和事。幼儿每天都会接触一些人和事。这些人有不同的年龄、性别、职业、性格、爱好等，在交往中可传递给幼儿的信息涉及方方面面；幼儿身边的事在一定的环境和条件下，也会成为生成课程的内容来源，比如，偶尔收到的一封信、飞进教室的一只蝴蝶、同伴带来的螃蟹壳等。

社会热点问题。一些社会热点问题往往会引起幼儿关注，比如重大体育比赛、抗击新冠疫情、地质灾害、社会名人等，他们会探究这些社会话题的原因，并参与评论。

动植物与自然规律。变幻莫测的自然现象，千姿百态的动植物，无时无刻不在激发幼儿的好奇心和求知欲。

意外或突发事件。幼儿园课程实施的过程中，如果有意外或突发事件产生，例如在户外游戏中，某幼儿突然被自己的鞋带绊倒，老师应抓住教育契机，及时判断突发事件的教育价值。如果该事件存在着有意义的教育因素，那么课程就生成了。

生成课程的来源不仅限于以上7个方面，它的来源丰富广泛，教师只要是个有心人，就会发现幼儿园课程实施中隐含着丰富的教育契机。

二、有效学习的问题

案例分析：案例中的幼儿有没有实现有效学习？如何实现有效学习？

在大班美工活动“装饰面具”中，老师首先展示自己制作的面具，随后介绍了制作的材料，简单交代操作要求便以“做得不一样”请幼儿用桌面材料制作面具。然而活动中，幼儿很快乐，多数幼儿都是随意拿起什么贴什么，或看看教师的，或看看同伴的，极少边思考边操作。

（一）对有效学习的界定

有效教学的核心是促进幼儿的进步与发展，幼儿园课程的设计与实施以幼儿为出发点，引导幼儿自主有效学习。丽莲·凯兹曾指出幼儿教育的基本目标是：“协助学习者运用心智以改善及增进其对自我经验的了解。快乐只是教育的附带目标，而不是主要目标。”幼儿的发展问题是幼儿教育的最根本问题。

（二）支架幼儿有效学习

由于幼儿园教育情境不同，幼儿的兴趣、需要和水平不同，教师的教学能力、专长不同，幼儿园课程特色不同，因此支架幼儿有效学习的注意事项和方法也就不同。但是由于幼儿学习有其特定的学习特点和方式，为防止无效或低效学习，在幼儿园课程实施中，教师需要注意：掌握幼儿最近发展区，设定有效的发展目标；创设情境，引导幼儿真实感受；提供材料，引导幼儿自主操作探究；与幼儿有效沟通和互动，等等。

三、言语引导与提问的问题

案例分析：分析案例中教师存在的问题，并提出建议。

在大班“变魔术”的教学活动中，老师“变魔术”，即用一张长方形的纸变出各种几何图形。幼儿操作前，老师说：“下面请小朋友当魔术师，用这张纸变图形，看哪个小朋友变得又多又好。请小朋友拿起剪刀，开始变。”不一会儿，每个幼儿都剪出了好多图形。老师：“请小朋友说一说，你剪出了什么图形?”幼儿剪出的以碎片为主，很少有三角形，没有长方形、正方形。

答案分析：

存在问题：在“变”的过程中由于老师的教学思路不清楚，语意指向不明确，幼儿在操作过程中不明白“怎么剪，是剪一刀、剪两刀，还是随意剪?”“怎么变，是变一个图形，还是变多个图形?”

建议：老师可以这样说：“下面请小朋友当魔术师，用这张纸变图形，但有一个要求，只能在纸上剪一刀，想一想，怎么剪，能变出与刚才不同的图形？怎么剪，可以变出两个相同的图形来?”然后再层层推进“剪两刀，变出多个图形……”

教师在处理言语引导和提问时应该注意以下两点：问题的指向性、问题与幼儿经验的匹配性。

除了上述问题，在幼儿园课程实施中，还需要处理好幼儿真实兴趣与虚假兴趣的问题、艺术活动中创造性与美感的协调问题、家园合作问题、合理安排集体活动与自由活动的问题、显性课程与隐性课程并重的问题等。

本章主要围绕幼儿园课程实施讨论了 3 个问题：幼儿园课程实施的概述；幼儿园课程实施的途径；幼儿园课程实施的常见问题。

幼儿园课程实施就是幼儿教师将课程计划付诸教学实践活动的过程，它是达到幼儿园预期课程目标的基本途径。课程实施主要包括忠实取向、相互适应取向和课程创生取向，三种取向从不同方面揭示了课程实施的本质，各有其存在的价值。幼儿园课程实施受诸多因素的影响，主要有：幼儿园课程与社会、文化的适应性，教育行政部门的推动和支持，幼儿园课程变革的需要，幼儿园课程计划本身的状况，幼儿园课程实施的管理和运行机制，幼儿园课程编制者与实施者之间的沟通，幼儿园课程实施者本身的水平和能力。幼儿园课程实施主要通过游戏活动、教学活动、生活活动和区域活动等常见的活动形态进行。在幼儿园课程实施的过程中，教师要正确处理预设与生成的问题、有效学习的问题、言语引导与提问的问题等。

课外阅读资料

1. 章丽，图标．幼儿园课程实践新视角［M］．南京：南京师范大学出版社，2010.

2. 苏贵民．幼儿园科学领域课程实施研究［M］．北京：人民出版社，2014.

3. 李文玲，舒华．优质幼儿园课程建设理念与教学实践［M］．北京：北京师范大学出版社，2011.

4. 史勇萍，霍力岩．幼儿园三位一体课程的实践和探索：六要素法的运用［M］．北京：北京师范大学出版社，2016.

5. ［美］伊莱亚森，詹金斯．美国幼儿教育课程实践指南第9版［M］．李敏谊，等，译．北京：机械工业出版社，2015.

练习题

一、单选题

1.（　　）往往由研究机构、学术团体和课程专家所倡导。

A. 观念层次的课程　　B. 社会层次的课程

C. 学校层次的课程　　D. 教学层次的课程

2.（　　）把课程看成是教师与学生联合创造的教育经验，课程实施本质上是在具体教育情境中创生新的教育经验的过程，而课程计划只是供这个经验创生过程选择的工具而已。

A. 忠实取向　　B. 相互适应取向

C. 课程创生取向　　D. 计划取向

3. 下列说法错误的是（　　）。

A. 课程实施是指把一项课程计划付诸实践的过程

B. 课程实施是达到预期的课程目标的基本途径

C. 课程实施的忠实取向、相互适应取向与课程创生取向构成一个连续体

D. 忠实取向使课程变革成为一个机械的、技术化的程序，应彻底摒弃

4. 对课程实施者即一线教师来说，主要任务为（　　）。

A. 把已经内化的教育理念通过课程的核心——教材外化出来

B. 通过教材实施既内化理念又要把理念外化为行为

C. 编制教材

D. 制定教育方针与政策

5. 在教学活动中，教师设计了兔子如何躲避老虎的问题，但是幼儿关注的是老虎该不该吃兔子的问题，因此课程实施过程中，应处理好（　　）。

A. 预设与生成的问题　　B. 有效学习的问题

C. 言语引导与提问的问题　　D. 真实兴趣与虚假兴趣的问题

二、简答题

幼儿园课程实施的取向有哪些？并作简要评析。

参考答案

一、单选题

1. A　2. C　3. D　4. B　5. A

二、简答题

忠实取向：把课程实施过程看成是忠实地执行课程计划的过程；相互适应取向：把课程实施过程看成是课程计划与班组或学校实践情境在课程目标、

内容、方法、组织模式各方面相互调整、改变与适应的过程；创生取向：把课程看成是教师与学生联合创造的教育经验，课程实施本质上是在具体教育情境中创生新的教育经验的过程，而课程计划只是供这个经验创生过程选择的工具而已。

对三种取向的评析：课程实施的忠实取向、相互适应取向与课程创生取向构成一个连续体：一端是“计划的课程”，对应于课程实施的忠实取向；中间是“修改的课程”，对应于课程实施的相互适应取向；另一端是“创生的课程”，对应的是课程创生取向。

课程实施的三种取向从不同方面揭示了课程实施的本质，各有其存在的价值。忠实取向强化了课程政策制定者和课程专家在课程变革中的作用；相互适应取向综合考虑了具体实践情境之外的专家所开发的课程与对这种课程产生影响的学校课堂情境等因素；课程创生取向把处于具体教育情境中的教师和学生在课程开发、课程创造中的主体性解放出来。极其复杂的教育和社会情境决定了课程变革的需求也是多种多样的，在不同国家、不同区域、不同时期，三种取向的价值都有可能得以体现。幼儿园课程实施不仅是将事先的课程计划传递给幼儿，还是师幼之间在对话和交往的过程中建构生命意义的过程。

课程实施的三种取向也各有局限性。忠实取向将课程变革视为线性地实施预定课程计划的过程，机械化、技术化的课程变革抹杀了直接参与者（教师与学生）的主体价值；相互适应取向带有折中主义色彩，它兼具另外两种取向优点的同时，也不可避免地具有它们的局限性；课程创生取向具有浓厚的理想主义色彩，它要求教师不仅要正确判断、选择和解释专家开发的课程，而且要根据具体情境的特殊需要创造课程，并要求学生也成为课程主体，它对课程实践者的要求过高。

第五章　幼儿园课程评价

内容导航：

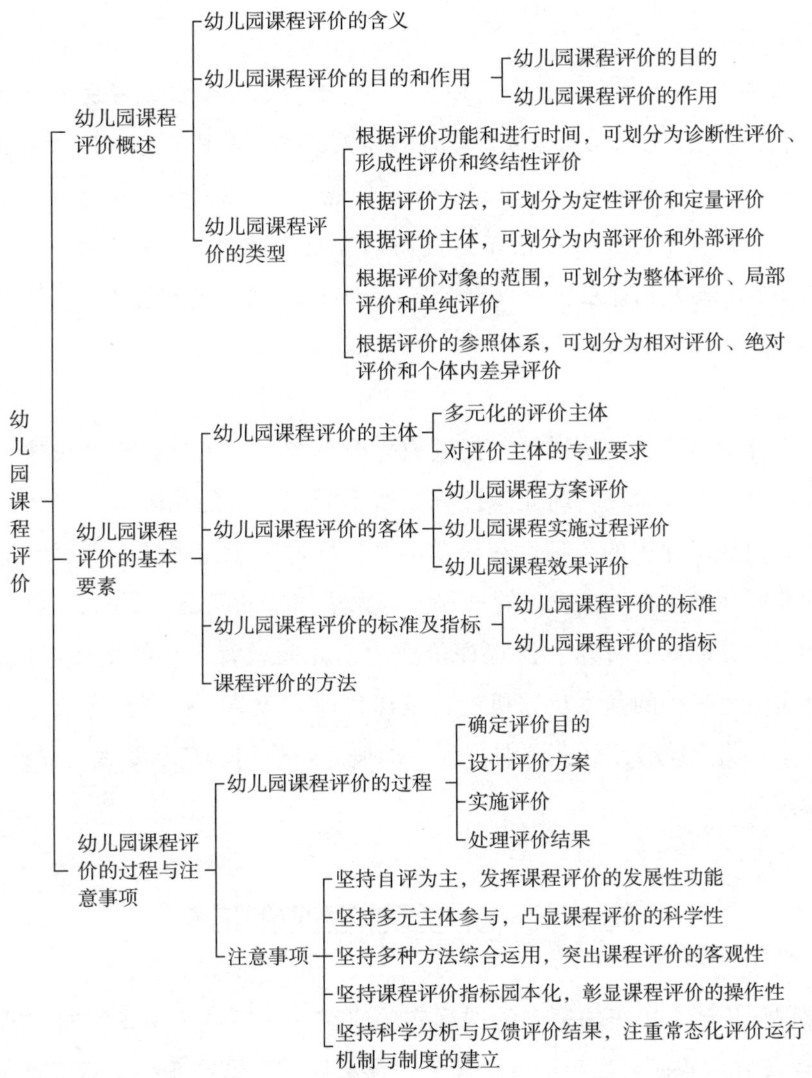

学习目标：

1. 掌握幼儿园课程评价的内涵、目的、作用与类型；
2. 理解幼儿园课程评价的要素；
3. 认识幼儿园课程评价的过程及注意事项；
4. 初步具备幼儿园课程评价的设计与实施能力；
5. 充分认识幼儿园课程评价对幼儿园课程质量提升的重要性；
6. 树立探索幼儿园课程的本土化评价模式的专业目标。

问题情境：

2021 年 12 月教育部等九部门印发的《“十四五”学前教育发展提升行动计划》指出：“健全幼儿园保教质量评估体系，充分发挥质量评估对保教实践的科学导向作用，提高教师专业素质和实践能力。”课程评价作为教育活动的基本反馈机制，是深化课程改革、提高教育质量的必要手段。思考并回答，为什么要进行幼儿园课程评价（评价目的）？谁评价（评价主体）？评价什么（评价对象）？如何评价（评价标准、程序等）？

教育评价是监测教育质量，促进教育改革的有力工具。随着我国学前教育进入高质量发展阶段，幼儿园课程改革不断深入，幼儿园该如何选择课程模式？如何认定课程的合理性、科学性？怎样进一步完善现有课程？这是每一所幼儿园在求生存和求发展的过程中都无法回避的问题。要回答这些问题，就离不开幼儿园课程评价。课程评价作为幼儿园教育工作的重要组成部分，是幼儿园教育活动的基本反馈机制，是深化课程改革、提高教育质量的必要手段。本章将系统介绍幼儿园课程评价的概念、作用、基本要素、评价过程、主要模式等。

第一节　幼儿园课程评价概述

课程评价诞生于美国著名的课程实验研究——1934—1942 年的“八年研究”。泰勒在课程研究过程中首次提出“课程评价”这一概念，标志着课程评价从教育评价中独立出来，成为专门的一个研究领域。

一、幼儿园课程评价的含义

幼儿园课程评价是评价者根据幼儿园课程的特点和构成要素，收集、分析相关信息，对幼儿园课程的价值、适宜性、效益作出判断的过程。

二、幼儿园课程评价的目的和作用

（一）幼儿园课程评价的目的

评价目的就是人们在开始评价之前预设的课程评价活动所要达到的效果或结果，回答“为什么要评价”的问题，指导和支配着整个评价过程。

1. 根本目的

以往的幼儿园课程评价目的是“区分评价对象的优劣程度，重视评价的分等鉴定或选拔功能”。当前主流的发展性评价观强调发挥评价的诊断和教育功能。幼儿园课程评价的根本目的在于通过对课程的诊断，了解课程的适宜性、有效性，为修正、调整和完善课程乃至推广课程提供科学依据，从而提高幼儿教育的质量，促进幼儿的全面发展。

2. 具体目的

评价伴随整个幼儿园课程系统的全过程，在不同的课程系统运行阶段，有不同的评价目的，具体如下：

（1）课程方案形成前的评价目的

在课程方案形成之前，评价目的主要包括两个方面：一是需求评价，即通过评价了解幼儿的发展现状和需求以及社会需求。需求评估为课程方案制订提供重要依据，增强课程方案的针对性和适应性。二是比较与选择课程，即通过评价比较课程方案在目标设置、内容选择、教学实施以及实际效果等方面的优势，从整体上进行价值判断，再结合需要评估，对课程作出选择。幼儿园可以自己开发课程方案，也可以在已经出版的一些课程方案中去选择，总之，需要评价备选的课程方案，并作出比较与选择。

（2）课程方案实施中的评价目的

在课程方案实施阶段，评价的目的是诊断与修订课程，这是课程评价的基本目的。通过课程评价，可以诊断原有课程的不足和问题，找出问题存在的原因和影响因素，为课程的进一步调整和改进提供充分的依据。

（3）课程方案实施后的评价目的

在课程方案实施结束后，评价目的主要包括两个方面：一是了解课程目标的达成程度，即课程方案实施结束后，课程评价可以判定其结果，并通过与预定的目标作比较和对照，判断课程目标的达成程度。二是判断课程的成效，即通过评价可以全面衡量课程方案在实施后的成效，这种判断不同于对课程目标达成程度的了解，而是对实施效果的全面把握，包括判断预定目标之外的效果。

在此需要注意的是，以上主要是基于幼儿园内部的课程运行系统对课程评价目的进行的微观分析。从宏观上看，在国家和地区层面，也需要运用课程评价参与课程的管理，帮助各级学前教育主管部门有效地管理课程。当前，我国幼儿园课程日益多样化，课程管理成为学前教育主管部门的重要职责。幼儿园课程的有效管理仅靠行政命令或对课程进行主观判断是不行的，必须借助幼儿园课程评价手段，科学分析、总体把握幼儿园教育质量，为引导幼儿园课程的发展方向提供决策性的信息。

（二）幼儿园课程评价的作用

从幼儿园内部与外部看，其作用主要表现在：一方面，幼儿园课程评价可以满足教师、课程专业人员、幼儿园行政管理人员以及其他负责课程编制人员的需要，通过课程评价，检验或完善原有的幼儿园课程，或者开发和发展新的幼儿园课程；另一方面，可以满足幼儿教育政策制定者、幼儿园行政管理人员以及社会其他成员获得教育方面信息的需要，以便管理课程，作出影响课程的各种决策。

从课程改革、幼儿发展和教师发展方面看，其作用具体表现在：第一，对幼儿园课程改革的促进作用。通过评价，能使评价者或者教师不断地发现问题，并尝试作出解释，他们在发现问题、寻找答案和解决问题的过程中，会不断加深对课程问题的认识，形成新的思想、新的经验，这就为课程改革注进了源头活水，对课程改革起到了促进作用。第二，对幼儿发展的促进作用。幼儿的发展是通过教师向幼儿实施适宜的课程来实现的，课程评价中教师正确的评价观念影响着幼儿的发展。通过评价了解幼儿的发展现状和需求，为课程方案制订、调整和完善提供重要的依据，进而促进幼儿发展。第三，对教师发展的促进作用。因为教师是课程的执行者和教学活动的设计与执行者，在课程实施过程中，教师会被当作主要的被评价对象。但是教师不是被动地接受“检查”，而是评价的参与者，将评价作为不断改进教学，提高教育能力，有效地促进幼儿发展的一种需要和手段。教师将评价过程作为对课程和幼儿的研究过程，评价过程就会成为促进教师专业发展的有效途径。

专栏5-1　幼儿园课程评价的作用①

选择作用：帮助教师选择更好的课程。

监控作用：帮助教师和管理人员监督控制教育、教学过程。

总结作用：通过课程评价所提供的信息，全面总结预定目标的达成情况及课程实施的效果。

反馈作用：课程评价的结果可用于改进、完善原有课程。反馈作用是教育者有意识、有目的地运用课程评价所提供的信息来反思自身教育行为的结果。

导向作用：课程评价就像“指挥棒”，评什么和怎么评，会对幼儿教育的实践产生直接的导向作用。

三、幼儿园课程评价的类型

根据不同的分类标准可以将课程评价划分为不同类型。

（一）根据评价功能和进行时间，可划分为诊断性评价、形成性评价和终结性评价

1. 诊断性评价

诊断性评价是在课程系统运作之前进行的预测性评价，目的在于了解评

① 王春燕．幼儿园课程概论［M］．北京：高等教育出版社，2007：133.

价对象的基本情况，并有效发现问题，为制订科学的幼儿园课程方案或解决某些实际问题做准备。

2. 形成性评价

形成性评价又被称为过程性评价，它是在课程系统运作、发展过程中收集课程各个要素的相关资料，加以科学分析和判断，以此调整和改进课程方案，使正在运行中的课程更为完善的一种评价方式。它体现了人们对课程运作过程的动态把握，具有行动研究的性质。

3. 终结性评价

终结性评价又被称为总结性评价、结果性评价，它是一种对课程实施以后所获得的实际效果进行验证的评价方式。终结性评价是事后的评价，一般只涉及课程实施的结果，不涉及课程实施的过程，它旨在验证课程的成功程度和推广价值，为各级各类决策者提供信息。

诊断性评价、形成性评价和终结性评价的划分是相对的，三者在评价过程中是相互渗透的关系。

（二）根据评价方法，可划分为定量评价和定性评价

1. 定量评价

定量评价又被称为量化评价，它是评价者收集被评价对象的数量性的实证信息，用数量化指标来显示评价结果的评价方式。定量评价强调实证的求知方法，以评价结果为焦点，力求精确地测量资料，强调评价的可靠性和推断性，具有科学主义的价值判断倾向。定量评价方法的优势在于：评价设计是预先确定的，比较概括和具体，易于控制和操作；评价结果便于处理，有助于提高评价的精确性；往往是客观化的指标，有助于提高评价的客观性，有助于对评价对象作出明确的等级区分。定量评价的不足主要有：预设的评价指标脱离了真实的教育现实，课程方案与教育情境是动态的，用静态的指标评价动态的教育过程，不符合教育实际，很难保证评价的客观性；窄化了评价的范围，只关注可测量的因素，忽略了不可测量的重要方面；依据统计结果作出判断，忽略了个体之间的差异。

2. 定性评价

定性评价又被称为质性评价，它是评价者用语言文字作为收集和分析评价资料，呈现评价结果的评价方式。它以自然情境为直接的资料来源，评价者就是一个评价工具，评价者需要在评价情境中进行观察、了解和交流。定性评价强调对现象的描述、解释和归纳，具有人文主义的价值判断倾向；它是描述性的，评价资料的收集多以文字或图片加以说明，即使采用统计数据，也是为了描述现象，而不是对数据本身进行相关分析；它是归纳的，评价者在收集和分析评价资料时走的是自下而上的路线，在原始资料的基础上建立分析类别。分析资料与建立资料同时进行，由于没有固定的预设，评价者可以识别一些事先预料不到的现象和影响因素。质性评价方法坚持整体观，要求评价者注重现象的整体性和相关性，对评价对象进行整体的关联性的考察，任何现象都不能脱离其情境而被理解。目前，幼儿园课程评价中质性评价方法已逐渐被采用，如观察记录、叙述故事、档案袋评价等。意大利瑞吉欧课程模式、美国银行街课程模式（Bankstreet Approach，又称发展互动课程模式）强调质性评价，通过收集儿童的各种作品、老师的观察记录等资料，建立档案式的课程评价资料，评价资料是用来说明儿童的成长、学习的情形，以及了解儿童的需要、兴趣与长处，为调整和改善课程提供有价值的信息。

幼儿园课程是一个非常复杂的系统，单独依赖定性或定量的方法都无法完成对课程的正确评价。定量评价主要是事实判断，定性评价主要是价值判断，二者有机结合，才能增强评价的有效性与准确性。从某种意义上看，定量评价是定性评价的基础，定性评价是定量评价的出发点和结果。

（三）根据评价主体，可划分为内部评价和外部评价

1. 内部评价

内部评价又被称为自我评价，它是由幼儿园内部或教师本人对照课程评价标准，对园内或教师自己的课程实施状况与效果作出分析和判断的一种评价方式。内部评价可以使评价过程成为幼儿园持续改进的途径。

2. 外部评价

外部评价又被称为他人评价，它是由有关人士或专门人员组成评价小组，

对幼儿园课程的整体实施状况作出判断的一种评价方式。外部评价可以为教育主管部门提供有效管理课程的决策信息。2020 年教育部印发《县域学前教育普及普惠督导评估办法》，国家教育督导检查组对各地区学前教育的督导评估是一种典型的外部评价。

（四）根据评价对象的范围，可划分为整体评价、局部评价和单纯评价

1. 整体评价

整体评价是对全国、某一地区或某个幼儿园的课程运作状况进行整体评估，如对某园“园本课程”的评价，这种评价范围广、影响因素多，难度较大。

2. 局部评价

局部评价是对全国、地区幼儿园课程的某一方面或某幼儿园内部课程的某个方面进行评估，如对幼儿园课程资源状况的评价。

3. 单纯评价

单纯评价是对更为具体、微观的课程要素的某个方面进行的评价，如对幼儿教师课程设计能力的评估。

（五）根据评价的参照体系，可划分为相对评价、绝对评价和个体内差异评价

1. 相对评价

相对评价指在某一类评价对象中选取一个或若干个作为基准，将该类对象逐一与基准相比较，判断其是否达到基准所具备的特征及其程度。如将某个示范园的幼儿教师的教育观念水平作为基准，把本地区同类层次幼儿园的教师状况逐一与基准进行比较，评价其达到程度以及在群体中的相对位置。

2. 绝对评价

绝对评价指以某种既定的目标为参照，目的在于判断个体是否达到这些目标。如某市教育主管部门使用本市幼儿园分级验收标准，对某幼儿园进行验收。

3. 个体内差异评价

个体内差异评价指将评价对象的过去与现在进行比较，或将评价对象的各个方面进行比较。如将幼儿入园初期的数概念发展水平与学期末数概念发

展水平相比较，判断其进步程度和教学效果。

第二节　幼儿园课程评价的基本要素

教育评价改革是一项世界性、历史性、实践性的难题，涉及历史文化传统、经济社会发展水平、思想观念等多重因素，涉及不同主体，牵一发而动全身，必须以攻坚克难的勇气、久久为功的韧劲，进行系统设计、辨证施治、重点突破。2020 年 10 月中共中央 国务院印发的《深化新时代教育评价改革总体方案》指出："完善幼儿园评价。重点评价幼儿园科学保教、规范办园、安全卫生、队伍建设、克服小学化倾向等情况。"2021 年 12 月教育部等九部门印发的《"十四五"学前教育发展提升行动计划》明确指出："教育部出台《幼儿园保教质量评估指南》，各省（区、市）完善幼儿园质量评估实施办法，将各类幼儿园全部纳入质量评估范围，树立科学导向，强化过程评估，引领教师专业成长，全面提高幼儿园保教质量。"2022 年 2 月教育部印发的《幼儿园保育教育质量评估指南》进一步完善了以促进幼儿身心健康发展为导向的学前教育质量评估体系。作为全面深化教育领域综合改革的重要环节，深化新时代教育评价改革，既是国家所需，也是时代所需。在深化新时代教育评价改革的大背景下，构建幼儿园课程评价体系对引领和促进学前教育质量，起着至关重要的作用。在明确"什么是幼儿园课程评价？""为什么进行幼儿园课程评价？"的基础上，我们需要进一步明确"如何进行幼儿园课程评价？"本节内容重点介绍"谁来评（评价主体）？""评什么（评价客体）？""靠什么评（评价标准、指标）？"等问题。

一、幼儿园课程评价的主体

（一）多元化的评价主体

课程评价的主体即课程评价的实施者，幼儿园课程评价主体表现出多元化的特点，一般包括教育行政管理部门人员、幼儿园园长、教师、幼儿、家长等，具体为：第一，各级教育行政管理部门人员对幼儿园课程的评价具有重要的导向作用，他们反映了国家和地区幼儿园课程政策的基本精神，其目的是了解幼儿园课程的整体发展状况，评估幼儿园执行国家和地方幼儿园课程政策的情况，衡量幼儿园的办学效益或为课程推广提供决策信息。第二，幼儿园园长在幼儿园课程评价中起着领导、组织的作用，是幼儿园课程评价主体的重要决策者和实施者，其目的是了解本园的课程实施状况，整体把握本园的教育质量。第三，幼儿教师的评价目的是了解幼儿发展的水平，发现课程的优点与不足，改进课程，促进幼儿发展。以教师为主体的评价是幼儿园课程评价的核心，因为教师是课程的实施者，他们的观念和行为是影响幼儿园课程实施效果的主要因素。第四，幼儿也可以作为评价的主体参与评价过程，他们主要是“通过自己的行为反应和发展变化来发表对课程的看法”。因此，教师要随时观察幼儿的行为反应和发展变化，及时调整自己的教学。第五，家长是幼儿教师的重要合作伙伴，他们对课程的评价反映着幼儿园对家长需求的满足状况。家长是幼儿园选择课程的重要影响因素，家长的评价意见关系到幼儿园的生存与发展，但是由于家长的教育观念不一定总是与幼儿园一致，有时甚至是错误的，因此，如何正确地发挥家长对幼儿园课程的影响力，是当前我们必须面对的挑战。

（二）对评价主体的专业要求

幼儿园课程评价涉及社会文化背景、价值体系标准、教育理念和观点，以及处在不同角度的设计者、评价者、管理者、教师和家长等，加上课程本身内涵丰富、变量多、范围广、多种因素交叉重叠，这就决定了课程评价的艰难性和复杂性。因此，对评价人员的专业要求是重要的。[①]

桑德斯（J. R. Sanders）提出评价人员的评价能力包括：一是描述对象——了解什么内容正在被评价，其范围、重要特征是什么以及能把对象本质是什么告诉别人；二是描述评价，背景——了解围绕评价，有什么因素对对象和评价具有显著效果；三是使评价的适当目的概念化——能清晰地阐明各种目的，确定评价方向的一种方法；四是确定评价对象的价值或优点——能区分并证明标准的正确性，这些标准将用于准备对评价对象作判断性或价

① 朱家雄，黄瑾，李召存，张婕．幼儿园课程的理论与实践［M］．上海：华东师范大学出版社，2012：161.

值性论述，然后系统地应用那些标准；五是坚持道德标准——表明具有正确的职业行为知识。①

二、幼儿园课程评价的客体

幼儿园课程评价的客体即评价对象，具体表现为幼儿园课程评价的内容和范围。幼儿园课程评价主要可以分为：幼儿园课程方案评价、幼儿园课程实施过程评价、幼儿园课程效果评价。

（一）幼儿园课程方案评价

幼儿园课程方案评价指学前教育主管部门或幼儿园在比较选择课程时，对备选课程方案的课程理念、课程结构、课程资源等要素的科学性、合理性、可操作性等特点进行分析和判断，以便决定是否采用或推广。幼儿园课程方案的要素包括：一是课程理念，即编制幼儿园课程的基本指导思想，它往往反映出课程编制者的儿童观、教育观以及所持的课程价值取向。对幼儿园课程理念的评价主要包括课程理念的正确性（是否符合《规程》《纲要》《指南》以及当代儿童发展理论的要求）、清晰度（表述清晰、观点鲜明，简明通俗易懂）、一致性（理念本身一致）、综合贯通（体现在方案的方方面面）。二是课程结构是否合理，是否促进幼儿全面发展。三是课程资源是否丰富，是否方便本园使用。四是幼儿园课程目标，即幼教工作者对幼儿在一定学习期限内的学习效果的预期。对幼儿园课程目标的评价主要包括方案目标的适合性、结构性、连续性、与课程理念的相关性等。五是幼儿园课程内容是否符合地方特色。六是幼儿园课程方案的活动计划是否合理，等等。

（二）幼儿园课程实施过程评价

对幼儿园课程实施过程的评价是一种过程性评价，是课程评价的中心内容，主要包括：了解幼儿在课程活动中的反应，如主动性、参与程度、情绪等；教师的态度和行为，如对幼儿的控制程度、管理方式、教育机制和技巧

① 江山野．课程（简明国际教育百科全书）［M］．北京：教育科学出版社，1991：169-170.

等；师生互动的质量；学习环境，如条件和利用方式等。通过对课程实施过程的评价，教师可以通过不断反思发现课程目标、课程内容和教育教学方式与幼儿的发展水平的适应程度，动态地了解幼儿对课程的适应状况，发现课程的问题，及时调整课程。幼儿园课程实施是由“教师的教”和“幼儿的学”交互构成的双边活动，因此对幼儿园课程实施过程的评价主要包括：对“教师教”和对“幼儿学”的评价。

1. 对“教师教”的评价

教师是课程的实施者，是保证课程达到预期效果的关键因素，因此对幼儿园课程实施过程的评价，首要是对“教师教”的评价。幼儿园课程实施常见的教育活动形态包括游戏活动、教学活动、生活活动和区域活动等（详见本书第四章第二节幼儿园课程实施的途径）。对幼儿园课程实施过程的评价，要根据不同实施途径的特点和要求进行，但无论是哪种途径，都要看教师“教”的方式、方法等是否符合幼儿的身心发展规律，是否使幼儿的主体性得到充分发挥，是否能促进幼儿主动而有效地学习等。例如在游戏活动中，教师看似“不教”，实则将“教”隐含在游戏环境和材料中，通过在游戏环境与材料中设计教育引导点，让幼儿在无意间实现教师所期望的发展。

2. 对“幼儿学”的评价

幼儿的学习特点不同于中小学生，幼儿的“学”受自己兴趣和需求直接驱动，幼儿以直接经验为基础的主动学习、发现学习、无意学习为主。对“幼儿学”的评价，主要是了解幼儿在课程活动中的反应，如主动性、参与程度、情绪等，通过幼儿的反应判断幼儿对课程的适应情况。幼儿的学习内容、学习方式、学习环境等都是对“幼儿学”的评价的重要方面。

（三）幼儿园课程效果评价

幼儿园课程效果评价是一种结果性评价，是对课程实施后在幼儿和教师身上所引起的发展变化作分析和判断，是衡量课程方案和教师教育教学行为适宜性的最终环节。课程效果，有的是显性的，有的是隐性的；有的是长效的，有的是短效的；有的是预期的，有的是非预期的。对幼儿园课程效果评价主要通过对幼儿发展、教师的行为与发展、家长的反馈三个方面进行。

1. 幼儿的发展

我国幼儿园教育的目标是促进幼儿全面发展，该目标又可以分解为身体与运动发展、认知发展、品德与个性发展三个子目标。评价幼儿的发展，不只是评价幼儿掌握与课程有关的具体知识情况，更重要的是评价幼儿在学习活动过程中的态度、方法、行为方式等。我们需要注意的是，在幼儿发展评价指标体系中，任何一项具体的指标都不能反映全部的发展目标，而只能反映发展目标的某一方面或局部。只有把一群相互联系的指标系统化，也就是把许多指标组成具有合理性、逻辑性的层次结构，才能反映目标的整体。

2. 教师的行为与发展

一方面，评价教师的行为主要评价教师是否为幼儿提供了适宜的学习经验，所提供的经验是否来源于幼儿的生活，与其已有经验是否有联系；教师是否能兼顾幼儿全体和个体差异；教师是否为幼儿营造了有利于学习和生活的健康的心理环境；教师是否为幼儿准备了富有教育意义的丰富材料；是否重视培养幼儿的学习能力；教学目标的达成情况等。另一方面，评价教师的行为发展，即幼儿园课程实施之后，是否更新了教师的课程观念；是否提高了教师的课程实施能力；是否提高了教师的职业能力等。

3. 家长的反馈

家长作为课程的参与者、评价者、审议者，其反馈和评价影响着幼儿园课程的发展。家长作为幼儿发展的支持者、幼儿活动的督促者和课程资源的提供者，对幼儿的发展与幼儿园课程的发展起着积极的作用。因此家长在课程实施后的反馈也能体现课程效果。课程实施后是否提升了家长参与课程的意识和水平；是否加深了家长对幼儿园课程的了解和理解；是否真正地了解了自己孩子的实际需要并找到适合孩子发展的相处方式等，都可以作为衡量课程实施有效性的标准。

三、幼儿园课程评价的标准及指标

（一）幼儿园课程评价的标准

幼儿园课程评价标准是衡量幼儿园课程价值的现实的操作性尺度。科学、合理的评价标准，可以坚定课程改革者的信心，坚持正确的课程观念和做法；

可以提高幼教工作者的主动性、自觉性，更好地调控、完善课程；可以规范评价活动，使各种不同的评价角度、评价方式在价值取向上保持一致，保证评价的科学性与合理性；可以公正地判断课程的价值和意义，发现其优点与不足，作出恰当的评判。任何课程评价都应是在一定的评价标准下进行的，但是在不同的价值观念指导之下，会有不同的评价标准，如全美幼教协会（NAEYC）编制的《幼儿园课程整体评价标准（价值标准）》是由比较概括的20个问题组成；中国台湾蔡秋桃所著的《幼稚园课程通论》中的“幼儿园课程整体评价标准”（见附件1）是将幼儿园课程划分为课程目标、物质环境、交互作用的环境、活动、作息时间表、幼儿进步6个方面的评价维度，每个维度中提出若干个问题作为评价的标准。虽然这些评价标准都比较概括，但所提的问题针对性强、效度高，依然可以为教育工作者制定自己的评价标准和指标提供很好的参考。

（二）幼儿园课程评价的指标

评价指标是一种具体的、可测量的、行为化的评价准则，是根据可测量或可观察的要求而确定的评价内容。标准是评价的依据，是评价维度应该达到的水平；指标是评价的维度或内容（项目）。形成适宜的指标体系是评价工作中极为关键的部分，它包括一系列具体指标所组成的指标集合以及相应的权重系数的集合。在一个指标体系中，任何一项指标只能反映目标的某一方面，只有把指标系统化，组成机构化的指标体系，才能反映目标的整体。如王坚红主编的《学前教育评价》中提到的“幼儿发展评估指标系统”是南京师范大学教育科学研究所与南京实验幼儿园合作研究的成果，其评价指标体系详见附件2；再如上海市教育委员会教学研究室主编的《幼儿园课程图景：课程实施方案编制指南》中的“课程实施有效性的信息分析指标（部分呈现）”，详见附件3。

需要特别注意的是，制订评价方案是一项整体性工作，构建指标体系和标准体系并不是割裂的，而是有机联系在一起的。指标体系一般分解到三级，然后确定具体的评价标准并分别赋值，如霍力岩等著的《学前教育评价》中的“5岁幼儿发展评价方案中标准体系的形成（部分呈现）”，详见附件4。

四、课程评价的方法

幼儿园课程评价的方法主要分为量化评价与质性评价两大类（详见第一节幼儿园课程评价概述中幼儿园课程评价的类型），具体而言幼儿园常用的评价方法包括：测验法、问卷法、访谈法、观察法、文献法、逸事记录法、人物推定法、投射法等。

专栏 5-2　学习故事[①]

学习故事既是一种评价儿童的方法，也是一种研究方法。它是在真实情境中完成的结构性观察和记录，能提供一种反映儿童发展的持续性画面，能用来记录和交流儿童学习的复杂性。它不仅是一种学习评价手段，更是一种理念，一种以儿童为中心的、教师与儿童一起工作的思维和行为方式。学习故事强调情景、地点以及相关人员在儿童学习中的作用；关注的是儿童能做什么，而不是他们不能做什么；展现了每个儿童学习过程中的“WOW”（魔法）时刻。

注意（noticing）：教学始于观察儿童的学习。教师观察儿童学习，并通过故事和照片记录下幼儿“WOW”的时刻或“魔法”的时刻，即令人惊喜的时刻。

识别（recognising）：尽力去分析和理解它。教师对学习的分析、评价和反思，如：“我认为我在这个情境中看到了什么样的学习？”“关于汤姆，我今天又有了哪些新的认识？”

回应（responding）：好好利用识别的信息来有效计划和支持儿童进一步学习。教师为支持儿童进一步学习制订的计划，如：“我们还能做些什么，以支持、促进和拓展儿童的学习？”

在学习故事中用文字和图片记录下来的 3 步评价过程可被视为“正式的评价”；在一日生活中，很多没有被记录下来的注意、识别、回应过程，即“非正式评价”。

---

① 玛格丽特·卡尔．另一种评价：学习故事［M］．周欣，等，译．北京：教育科学出版社，2016：5-6.

第三节　幼儿园课程评价的过程与注意事项

一、幼儿园课程评价的过程

从宏观层面看，课程评价过程大致可以分为确定评价目的、设计评价方案、实施评价和处理评价结果等阶段。

（一）确定评价目的

评价过程中的一切活动和所付出的努力，都必须紧紧地围绕评价目的，否则将导致精力、财力浪费，或使评价达不到预期成效，反而产生某些负面影响。此阶段主要涉及三个问题，即“为何评价?”“由谁评价?”“评价什么?”，具体为：一是确定评价的直接目的，如，是为了鉴定某园的课程质量，判断是否已经达到某些标准？是为了甄别教学活动中特别优秀的教师以资鼓励，还是为了更合理地向家长汇报幼儿的发展情况？二是明确评价的主要组织者和评审者，如评价目的是鉴定质量，主要由上级行政管理部门执行评价，评价者可能是幼儿园以外的专门人员，或有时与机构的自身评价相结合。三是确定评价内容与对象，如，在幼儿园课程评价中，全面系统地评估课程的合理性、独特性、有效性等方面，还是仅仅评价课程的某种结果——幼儿发展状况？

（二）设计评价方案

评价方案是指整个评价工作的总体结构与工作计划，是评价工作的关键性指南，也是整个评价过程技术性较强的一环，一般包括明确评价所依据的目标（一般根据《纲要》《规程》《指南》的目标精神要求，建立评价目标框架)；设计评价指标及标准体系；确定收集资料的方法和步骤；其他，如准备评价记录表格与文件、确定评价人员的分工及合作、预算费用、完成时间表、对参与评价的人员进行培训等。

（三）实施评价

评价的实施过程必须在评价方案的指导下进行，主要包括宣传解释组织准备、收集评价资料、判断与评分、汇总与整理评价资料等。首先，应做相应的组织准备，如确定资料采集人员，聘请有关专家作指导，或成立专门的评价委员会机构。评价者应向有关人员进行宣传动员，解释评价的意义和目的，并指导人们正确地看待评价工作和结果。其次，按照制订好的评价方案，进行认真科学的资料收集，获取有价值的评价资料。收集评价资料的工作应注意对足以影响准确地形成判断的各因素加以尽可能有效的控制，如规定评审人员的各项纪律，避免主观偏向，杜绝弄虚作假、提供不确切信息等不正之风。最后，对各项指标进行科学而简便的评分，一般应严格按照方案中规定的评分方式和要求，对照标准谨慎地执行评定或评分。最后，在获得评价资料后，应迅速而准确地汇总与整理资料，以便及时分析和处理评价结果。

实施评价中的各项工作相辅相成，密切联系，其中任何一个环节的疏忽失误，都可能直接影响评价效果。评价者从各种来源用各种手段获取原始资料，以及汇总、整理、检查和验证资料，是进行评价结果分析的必要前提，因此，评价组织者应全面规划，统筹安排，以保证工作质量。

（四）处理评价结果

处理评价结果主要包括：诊断问题、形成评价结论、检查与评估评价质量。首先，根据评价结论分析与诊断幼儿园课程中的问题与不足，把有关的重要信息纳入评价报告，反馈性地指导幼儿园课程改革决策，或有的放矢地调整课程计划。其次，在对评价资料分析的基础上形成评价结论，结合有关的教育与儿童发展理论和研究成果，以及评价中客观存在的局限性，作出综合性的价值判断。最后，评价结果不但包括对评价问题的解答，而且含有对评价本身质量的考察。评价结果处理和结论的形成应以评价目的为根据并应慎重而合理地检查与限定本次评价的效度与信度，以便修正结论或改善未来相似的评价方案。

作出评价结论之后，评价人必须根据客观的评价实施过程与结果撰写评价报告。

专栏 5-3　评价报告撰写提纲[①]

封面：被评价机构名称，实施评价地点，评价者，实施评价日期，报告日期。

1. 概要：评价内容，评价目的，主要结论与建议。

2. 背景：机构的由来与目的，或课程要素概述，如课程目标，课程内容的组织形式与结构，教育教学方式与方法，一日生活时间安排，教师与幼儿人数比例，课程参与人员的种类职责，等等；或以附件对课程作更详细的介绍。这些是该课程的背景资料，将这部分内容纳入评价报告中，旨在让评价听取人（如行政领导部门、其他幼儿园领导）大致全面地对该课程的概况有一定的了解。如若评价的结论为该课程有效，则便于让读者了解其具体运行特征，便于有效地推广。

3. 评价过程的描述：程序与步骤，测量内容与方式（包括测量工具的可靠性、有效性考察，抽样方法与步骤，收集数据资料的程序等）。

4. 结果：测量的结果（包含各种定量资料与定性记录的概述和总结）。

5. 结果的分析与评论：根据某种标准对测量所获信息作出价值判断。

6. 费用与效益：预算方法，有关费用支出与所获效益。

7. 结论与建议：评价结论或鉴定，对机构改进工作的建议，或开展下一步评价的建议。

二、幼儿园课程评价的注意事项

为保证评价效果，提高评价质量，幼儿园课程评价需要遵循科学性、发展性、全面性、多样性等原则。在此基础上，幼儿园课程评价需要注意做到以下几点。

（一）坚持自评为主，发挥课程评价的发展性功能

主动确立幼儿园的主体地位，以自评为起点，积极尝试建立符合需要的、完整的课程评价方案。在坚持幼儿园主体地位、把握全局的基础上，鼓励教师自我结合日常课程设计与实施工作进行过程性评价、诊断，发现幼儿园课

① 王坚红．学前教育评价［M］．北京：人民教育出版社，2010：81.

程设置与实施中的不足，并及时反馈、协调与调整。同时，在幼儿园课程实施评价方案的制订中，坚持评价标准与方案中对教师课程设计和实施的要求保持一致，使评价具有引领教师正确行为的导向作用。如此，幼儿园课程评价才能体现出促进改善与发展的作用与功能。

（二）坚持多元主体参与，凸显课程评价的科学性

鼓励多元主体参与幼儿园课程评价，除班级教师外，还可包括教育行政部门人员、其他班级教师、教研组长、园长、家长和社区人员等，以多途径收集评价信息。与此同时，幼儿园也要思考和判断评价主体参与的实际能力与可行性，不能单纯为了增加评价主体数量和类型而盲目开展评价，毕竟评价是专业性很强的工作，开展前需要对相关主体进行必要的评价培训与指导，否则，收集的评价信息将缺乏实际意义。例如让某班级全体家长来评价教师的教学水平，或者单纯用幼儿提名的方式来确定“孩子喜爱的好老师”不仅让教师面临不公平的境遇，也不能得到专业的结论，反而成了形式主义的表现。为此幼儿园要针对评价指标体系，梳理和初步规定哪些课程指标内容适宜哪些评价主体参与，以力求评价的科学性。

（三）坚持多种方法综合运用，突出课程评价的客观性

幼儿园课程评价的范围广泛、内容众多，评价时要注意多种方法相结合。如在幼儿园课程评价时，要同时注重书面资料与实际观察两方面的信息，尤其是要注重两者之间的关联度。书面资料可以体现幼儿园课程发展过程与轨迹，实地观察还需要确定是否代表了幼儿园课程实施的日常状态。

（四）坚持课程评价指标园本化，彰显课程评价的操作性

现有的幼儿园课程评价指标版本多，幼儿园在确立评价指标体系中，可以参考引用，但需要根据幼儿园的实际情况进行园本化的调整。因为每所幼儿园的办园特色、课程理念和目标不一，其课程设计与实施的要求也会有所差异，与之对应的课程评价内容与标准也不尽相同。因此幼儿园要紧密结合本园的实际情况建构课程评价指标体系，明确适合本园特色与目标的评价内容与操作提示，使课程评价在本园更具有操作性。

（五）坚持科学分析与反馈评价结果，注重常态化评价运行机制与制度的建立

幼儿园课程评价过程中要注重幼儿园课程评价信息的收集与建立联系，并尝试对评价结果作出科学解释与因素分析，以保证评价的监控、调整作用能得到切实发挥。此外，幼儿园要注重课程评价的有序运行，通过课程管理，建立一些常态化的评价、运行机制与制度，实现主动的课程运行状态监控。如学期初、学期末对幼儿发展各进行一次评价；每月教师对课程实施情况进行一次自评等。如此，借助常态化的评价运行机制，推动幼儿园课程评价工作定期开展，从而可激活幼儿园课程，促进幼儿园课程的设计与实施不断得到优化、更新与完善。

课外自主学习：了解影响较大的幼儿园课程评价模式，如目标评价模式、CIPP（背景、输入、过程、成果）评价模式、外观评价模式、目的游离评价模式、差距评价模式等。

主要参考资料：王坚红．学前教育评价［M］．北京：人民教育出版社，2010.

小　结

本章围绕“幼儿园课程评价”，主要讨论了 3 个问题：幼儿园课程评价概述；幼儿园课程评价的基本要素；幼儿园课程评价的过程与注意事项。

幼儿园课程评价是评价者根据幼儿园课程的特点和构成要素，收集、分析相关信息，对幼儿园课程的价值、适宜性、效益作出判断的过程。其根本目的是通过对课程的诊断，了解课程的适宜性、有效性，为修正、调整和完善课程乃至推广课程提供科学依据，从而提高幼儿教育的质量，促进幼儿的全面发展。伴随整个幼儿园课程系统的全过程，在不同的课程系统运行阶段，有不同的评价目的，对幼儿园课程改革、幼儿发展、教师发展均起到促进作用。根据不同标准可以将幼儿园课程评价划分为不同类型，如根据评价功能和进行时间，可划分为诊断性评价、形成性评价和终结性评价；根据评价方法，可划分为定性评价和定量评价；根据评价主体，可划分为内部评价和外

部评价；根据评价对象的范围，可划分为整体评价、局部评价和单纯评价；根据评价的参照体系，可划分为相对评价、绝对评价和个体内差异评价。幼儿园课程评价的基本要素包括主体、客体、评价的标准及指标、评价方法。其评价过程主要有：确定评价目的、设计评价方案、实施评价、处理评价结果。在幼儿园课程评价中需要注意坚持自评为主，发挥课程评价的发展性功能；坚持多元主体参与，凸显课程评价的科学性；坚持多种方法综合运用，突出课程评价的客观性；坚持课程评价指标园本化，彰显课程评价的操作性；坚持科学分析与反馈评价结果，注重常态化评价运行机制与制度的建立。

课外阅读资料

1. 霍力岩，等．学前教育评价［M］．北京：北京师范大学出版社，2015.
2. 王坚红．学前教育评价［M］．北京：人民教育出版社，2010.
3. 虞永平，等．幼儿园课程评价［M］．南京：江苏教育出版社，2009.
4. 玛格丽特·卡尔．另一种评价：学习故事［M］．周欣，等，译．北京：教育科学出版社，2016.
5. 玛格丽特·卡尔．学习的心智倾向与早期教育环境创设：形成中的学习［M］．周欣，等，译．北京：教育科学出版社，2016.
6. 玛格丽特·卡尔．学习故事与早期教育：建构学习者的形象［M］．周欣，等，译．北京：教育科学出版社，2016.

练习题

一、选择题

1. 幼儿园课程评价有（　　）作用。(多选题)

A. 选择　　B. 监控　　C. 总结　　D. 反馈

2. “学习故事”既是一种评价儿童的方法，也是一种研究方法，包括（　　）环节。(多选题)

A. 注意　　B. 识别　　C. 回应　　D. 观察

3.（　　）是在课程系统运作、发展过程中收集课程各个要素的相关资料，加以科学分析和判断，以此调整和改进课程方案，使正在运行中的课程更为完善的一种评价方式。

A. 形成性评价　　B. 终结性评价　　C. 定性评价　　D. 定量评价

4. 幼儿园课程（　　）“是衡量幼儿教育之价值的现实的操作性尺度”。

A. 评价方案　　B. 评价效果　　C. 评价内容　　D. 评价标准

5. 根据评价的参照体系划分，课程评价不包括（　　）。

A. 相对评价　　B. 绝对评价　　C. 定性评价　　D. 个体内差异评价

二、简答题

什么是幼儿园课程评价？幼儿园课程评价的目的是什么？

参考答案

一、选择题

1. ABCD　2. ABC　3. A　4. D　5. C

二、简答题

幼儿园课程评价就是一种以幼儿园课程为评价对象的特殊的认识活动，它是针对幼儿园课程的特点和组成要素，收集相关信息，对幼儿园课程的价值、适宜性、效益作出判断的过程。

根本目的：通过对课程的诊断，了解课程的适宜性、有效性，为修正、调整和完善课程乃至推广课程提供科学依据，从而提高幼儿教育的质量，促进幼儿的全面发展。

具体目的：1. 课程方案形成之前评价的目的。一是需求评价：通过评价了解幼儿的发展现状和需求以及社会需求。二是比较与选择课程：通过评价可以比较其在目标设置、内容选择、教学实施以及实际效果等方面的优势，从整体上判断其价值，再结合需要评估，对课程作出选择。2. 课程方案实施过程中评价的目的。在课程方案实施阶段，评价的目的是诊断与修订课程。

通过课程评价，可以诊断原有课程的不足和问题，找出问题存在的原因和影响因素，为课程的进一步调整和改进提供充分的依据。3. 课程实施结束后评价的目的。一是了解课程目标的达成程度；二是判断课程的成效。

附件 1

幼儿园课程整体评价标准

（一）课程目标方面

1. 课程目标是否符合幼稚园的教育目标？

2. 单元的设定及目标是否合宜？

3. 单元目标是否具体可行并能进行评量？是否有明确具体的评价标准？评价方式是否合宜？

（二）物质环境方面

1. 活动区的规划是否合理，是否产生相互干扰的现象？活动空间是否合适？

2. 开放架上是否有各种材料可供幼儿随时使用？

3. 是否有幼儿个人可用的材料，而不必强迫他与其他幼儿共用？

4. 材料的放置是否井然有序，而能鼓励幼儿自动拿取？

5. 活动区的布置是否能将噪声减至最低程度？如：在积木区铺上一块地毯，以降低噪声；

6. 材料的布置与收拾整理是否容易进行？是否让幼儿参与收拾整理？

7. 是否小心地计划室外活动区的学习机会？

（三）交互作用的环境方面

1. 师生之间、幼儿与幼儿之间，是否有相互尊重的气氛？

2. 物质环境是否被充分控制，以便教师将大部分的时间用以观察幼儿或参与幼儿的活动？

3. 幼儿从事活动时，是否能免除干扰或分心？

4. 教师是否注意观察幼儿的活动，并仅于必要时才插手干预？

5. 教师是否根据每位幼儿的需要而拟订个别的成长目标？是否有个别化的课程以达成这些目标？

6. 幼儿相处在一起时，是否有安全感？

7. 是否有活动的常规（例如，活动人数的限制、轮流的时间表等）可避免幼儿不当的竞争？

8. 教师是否有教导幼儿自助的技巧？是否鼓励幼儿互相学习？

9. 是否有提供个别、小组和全班活动的机会？

10. 如有任何限制，教师是否有说明理由并能坚持原则？是否予以强迫限制？

11. 教师是否能示范建设性的行为和健康的态度？

12. 整个教室是否洋溢着温馨和谐的气氛？

（四）活动方面

1. 活动能否达到单元教学目标？

2. 活动展开的方式是否合宜？

3. 活动是否配合幼儿身心状况、季节时令、偶发事件、幼稚园的设备及社区的需要？

4. 教具设计是否合宜？

5. 活动的时间是否适当？

6. 各种课程领域的活动之间有无统整的组织？

7. 活动的方式是否多有变化？

8. 是否能提供许多戏剧表演的机会？

9. 是否利用基本的视听器材？

10. 是否平均重视各种课程领域的活动？

11. 是否有充分的活动材料和活动空间？

12. 是否有提供反复练习的机会？活动是否能够熟练？

13. 幼儿是否有参与计划和评价活动的机会？

（五）作息时间表方面

1. 每日作息时间表是否明确并可预测？

2. 作息时间表安排是否适合幼儿的需要？

3. 作息时间表的安排是否注意动态与静态的穿插？

（六）幼儿进步的评价及报告方面

1. 认知能力：从幼儿的认知发展概况及教师设计的活动内容来评价；

2. 身体及动作：从身体的发展及基本动作之能力来评价，如走、跑、跳、单脚跳、双脚跳、平衡感、眼手协调等。

3. 人格发展：

（1）自我观念的评价：

①幼儿以什么方式来认定自己的情感？

②幼儿对行为的控制方式合宜吗？

③幼儿如何表现独立和依赖？

④幼儿参与活动的程度如何？

⑤幼儿对新的经验有何反应方式？

⑥幼儿对成功与失败有何反应方式？

（2）人际关系的评价：包括社交技巧、对他人情感的敏感性、尊重他人、参与团体活动的程度、服从命令、与成人的关系等。

4. 习惯及态度的评量：

（1）个人生活习惯与态度的评量；

（2）团体生活适应能力的评量（包括家庭、幼稚园及社会）。

附件 2

幼儿发展评估指标系统

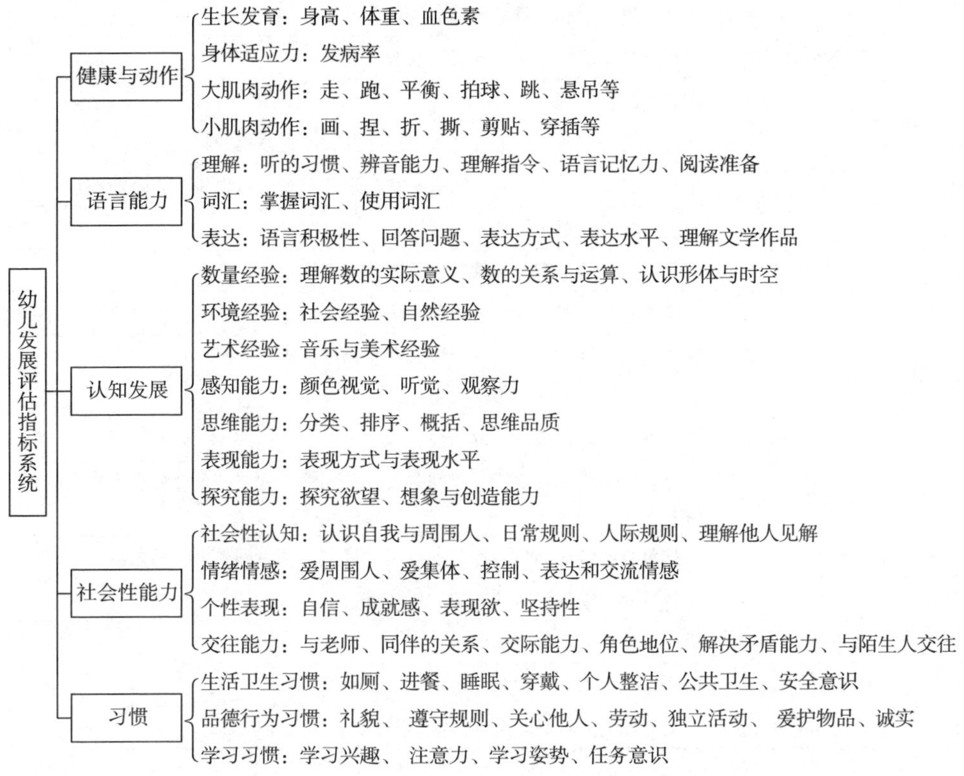

附件 3

课程实施有效性的信息分析指标（部分呈现）

<table>
<tr><td rowspan="5">课程结构</td><td rowspan="3">课程比例</td><td>活动类别、活动数量、活动时长体现共同性课程与特色课程的比例</td></tr>
<tr><td>课程结构图清晰且与课程设置吻合</td></tr>
<tr><td>作息时间的合理</td></tr>
<tr><td rowspan="2">共同性课程</td><td>在总体课程比例基础上，体现不同年龄段幼儿发展的特点</td></tr>
<tr><td>生活、运动、游戏、学习四大板块的设置与比例符合每个年级的特点</td></tr>
<tr><td rowspan="8">课程计划</td><td rowspan="2">特色课程</td><td>符合课程实施的阶段现状和师资安排</td></tr>
<tr><td>特色课程对幼儿有可持续发展的影响与促进</td></tr>
<tr><td rowspan="3">课程内容安排</td><td>与学期园务计划和课程设置相匹配</td></tr>
<tr><td>各年龄段班级计划与培养目标、课程目标匹配</td></tr>
<tr><td>具体课程实施中能把控课程整体的平衡性</td></tr>
<tr><td rowspan="3">教案计划</td><td>周日计划安排合理且能够达成</td></tr>
<tr><td>符合各年龄段课程安排、时间分配、共同性课程与特色课程在本年级的设置要求</td></tr>
<tr><td>包括每日教学活动的目标、设计活动环节、预设即时生成的内容</td></tr>
<tr><td rowspan="4">活动组织形式</td><td>活动环节</td><td>交替反映出变化和新的趣味、技巧难度</td></tr>
<tr><td>即时生成内容</td><td>适应于幼儿的个别化需要</td></tr>
<tr><td rowspan="2">活动的延伸和扩展</td><td>鼓励幼儿探索、实践和发现</td></tr>
<tr><td>帮助幼儿提升行动与合作的能力与技巧</td></tr>
</table>

附件 4

5 岁幼儿发展评价方案中标准体系的形成（部分呈现）

<table>
<tr><th rowspan="2">一级指标</th><th rowspan="2">二级指标</th><th rowspan="2">三级指标</th><th colspan="4">评价标准</th></tr>
<tr><th>Ⅰ级（5 分）</th><th>Ⅱ级（4 分）</th><th>Ⅲ级（3 分）</th><th>Ⅳ级（2 分）</th></tr>
<tr><td rowspan="7">A1
身体与动作发展</td><td>B1
参加体育活动的兴趣</td><td>C1
参加体育活动的兴趣</td><td>积极主动地参与各种体育活动</td><td>能够参加各种体育活动，积极性、主动性一般</td><td>对体育活动兴趣不大，只是被动地接受</td><td>对体育活动没有兴趣，不能参加</td></tr>
<tr><td>B2
健康水平</td><td>C2
健康水平</td><td>身体健康，身高、体重、血色素、视力四项达标，无龋齿，身体素质好，适应能力强</td><td>身体健康，四项指标在正常范围内，龋齿在均值以下，身体有一定的适应能力</td><td>身体状况较差，四项指标不能全部达到正常，龋齿多，体质较弱</td><td>身体状况差，四项指标全部不能达标，龋齿多，体质很差</td></tr>
<tr><td rowspan="3">B3
粗大动作技能</td><td>C3
基本动作（走、跑、跳、投掷、钻爬、攀登）</td><td>坐、立等基本动作姿势正确，协调、灵活，能够把握大体方向，无多余动作</td><td>姿势基本正确，比较协调、灵活，基本把握方向</td><td>姿势不很正确，协调性、灵活性较差，有多余动作</td><td>姿势不正确，协调性、灵活性差，没有方向感</td></tr>
<tr><td>C4
综合动作技能</td><td>会运动器具的多种玩法，会拍球、跳绳等复杂的动作技能，平衡性好</td><td>会运动器具的多种玩法，会拍球、跳绳等复杂的动作技能，平衡性一般</td><td>会运动器具的简单玩法，拍球、跳绳等复杂的动作技能掌握不好，平衡性差</td><td>不会使用运动器具，基本上不能拍球、跳绳</td></tr>
<tr><td>C5
操节队形</td><td>会根据信号转体（左、右、前、后）及行走，按节拍动作准确地做操（徒手操、轻器械操）</td><td>会根据信号转体、行走，按节拍动作基本准确地做操</td><td>会根据信号做动作，动作的准确性差</td><td>不能根据信号做动作</td></tr>
<tr><td rowspan="2">B4
精细动作技能</td><td>C6
使用工具</td><td>能正确地、比较熟练地使用剪子、筷子等简单的常用工具</td><td>能正确地使用剪子、筷子等简单的常用工具</td><td>使用简单的常用工具的动作欠准确</td><td>使用简单的常用工具的动作不准确</td></tr>
<tr><td>C7
使用文具</td><td>会正确、熟练地使用铅笔、画笔、橡皮等文具进行写、画</td><td>能正确地、比较熟练地使用铅笔、画笔、橡皮等文具进行写、画</td><td>使用铅笔、画笔、橡皮等文具的姿势欠正确，不熟练</td><td>使用铅笔、画笔、橡皮等文具的姿势不正确</td></tr>
</table>

续表

一级指标	二级指标	三级指标	评价标准			
			Ⅰ级（5分）	Ⅱ级（4分）	Ⅲ级（3分）	Ⅳ级（2分）
A1 身体与动作发展	B4 精细动作技能	C8 美工技能	会使用多种工具材料，方法正确，自己能独立设计制作简单的作品（折纸、粘贴、泥塑等）	能使用多种工具、材料，方法基本正确，能独立制作简单的作品（折纸、粘贴、泥塑等）	对美工活动的基本技能掌握较差，只能做简单作品	不能掌握美工活动的基本技能
		C9 结构造型	会使用多种工具和材料建构复杂的造型	会用多种工具和材料建构比较复杂的造型	运用工具和材料的能力比较差，造型比较简单	不能用工具和材料进行造型活动
	B5 生活能力	C10 自我服务能力	基本的自我服务技能较好（能自己盥洗，会刷牙、洗手绢、洗袜子，整齐、迅速、有序地穿衣、系鞋带，自己整理书包和床铺）	有基本的自我服务技能（自己洗手绢、洗袜子，收拾书包和床铺，但整洁性差）	自我服务能力比较差，对别人的依赖性较强（自己不收拾书包和床铺）	不能做到自我服务，事事依靠别人
		C11 简单的劳动技能	能整齐、迅速地收拾玩具，会当值日生，能干好擦桌椅等简单的事情	能自己整齐地收拾玩具，会当值日生，能擦桌椅等	不能自己收拾玩具，值日生工作比较差	不能自己收拾玩具，不能完成值日生的工作
		C12 自我保健、保护能力	个人卫生习惯好（能正确使用手绢，饭前便后洗手等），懂得眼睛、牙齿的简单保健知识，对生人保持一定的警惕性，会处理简单危险，会根据天气的冷暖随时增减衣服	个人卫生习惯好，知道爱护眼睛、牙齿，对生人保持一定的警惕性，懂得简单的危险知识	卫生习惯不太好，对生人没有警惕性	卫生习惯不好，对生人没有警惕性

能力篇

第六章　幼儿园课程开发

内容导航：

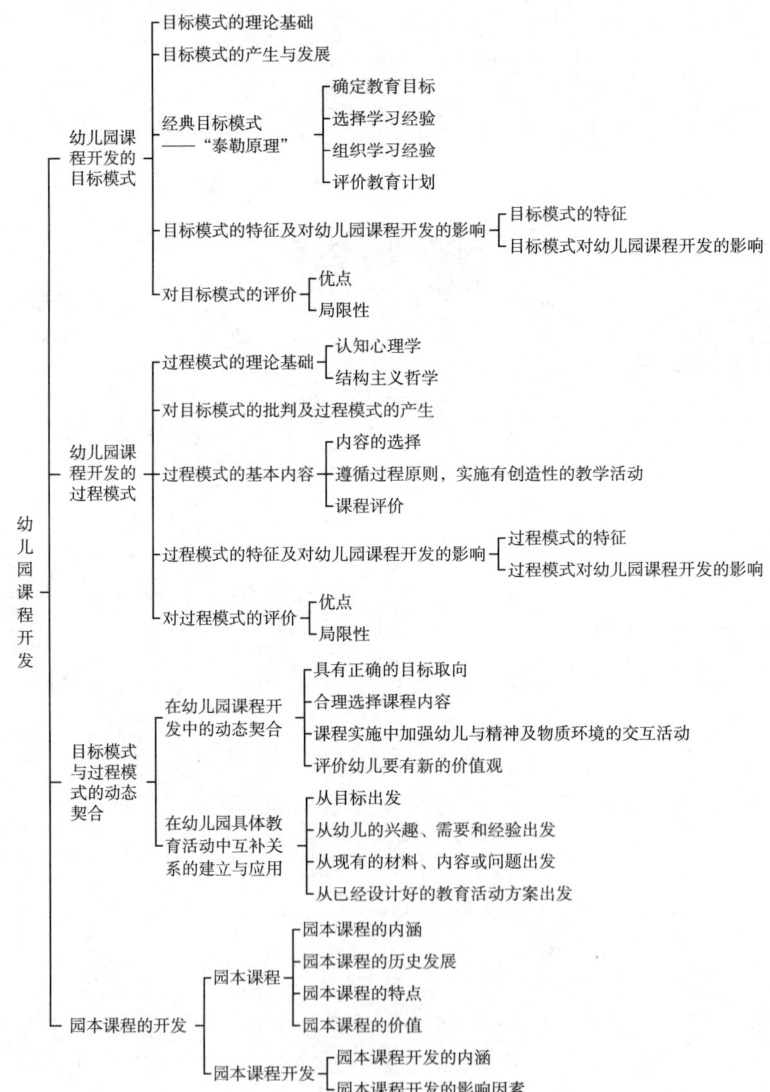

学习目标：

1. 掌握幼儿园课程开发的目标模式与过程模式的基本理论知识；

2. 初步具备运用目标模式与课程模式指导幼儿园课程开发的能力；

3. 尝试运用“目标+兴趣、需要和经验+内容、材料=活动”的公式，进行幼儿园教育活动设计；

4. 萌发利用本土化课程资源，开发园本课程的意识。

问题情境：

“结果之灾”：某一线城市幼儿园升小学的题目中，有一题为“‘问题猴’做一元三次方程”的题目，只有极个别的幼儿能解出方程，多数幼儿表示“真的有点难”。请思考，在幼儿园课程中如果只注重结果会如何？

“过程之患”：某位老师在一次调研活动中谈道：“以前幼儿园主要是开发分科教学，幼儿能学到很多知识。现在搞单元主题活动，却发现很多孩子不会画画了，一学期歌也没有学会几首；知道的东西多，但都是浅尝辄止，家长有很多抱怨。”请思考，在幼儿园里难道只有过程才最重要？

思考并回答：在幼儿园课程开发中，如何处理过程与结果的关系？

“课程开发”是目前课程领域出现频率较高的术语，也是用得比较混乱的术语。关于“课程开发”“课程编制”“课程设计”“课程结构”“课程组织”“课程建设”的概念界定，从已有研究看，可谓众说纷纭，差异明显，在此不再一一分析。“开发”意味着发展、形成，“课程开发”是一种决定课程、改进课程的活动、过程，探讨的是形成、实施、评价和改变课程的方式和方法。有学者将“课程开发”等同于“课程编制”，也有学者认为“课程开发”是由“课程编制”演进而来，在课程研究或实践中，经常混用“课程开发”与“课程编制”。

幼儿园课程开发的过程一般包括四个方面：课程领导，即课程理念引领、课程审议与决策和课程资源管理；课程设计，即目标确立、内容选择与组织、过程设计和计划制订；课程实施，即课程计划的执行、生活活动、区域活动、教学活动、游戏活动；课程评价，即课程方案评价、课程实施评价、课程效果评价。

第一节 幼儿园课程开发的目标模式

泰勒在《课程与教学的基本原理》（1949 年）一书中提出著名的“泰勒原理”，自此，课程编制的“目标模式”就成了课程编制的主导范式，而且一直影响至今。但是，自 20 世纪 70 年代以来，英国课程论专家斯滕豪斯的“过程模式”以及斯基尔贝克（M. Skilbeck）的“环境模式”、美国课程论专家施瓦布（J. J. Schwab）的“实践性模式”等都对“目标模式”进行了一定的超越，同时也丰富和发展了课程开发理论。在各类课程开发模式中，目标模式和过程模式对幼儿园课程开发产生了较大影响。

目标模式通常被看作课程开发的经典模式，是 20 世纪初开始课程开发科学化运动的产物。目标模式是以对社会有实用价值的目标作为课程开发的基础和核心，并在此基础上选择、组织和评价学习经验的课程编制模式。

一、目标模式的理论基础

目标模式以杜威的实用主义哲学为指导思想，并深受行为主义心理学影响。一方面，目标模式始终遵循着实用主义的价值准则，以现实社会生活的需要为其基本立足点，确定对社会有实用价值的目标，并在此基础上选择、组织和评价学习经验；另一方面，在方法论上，目标模式依据的是行为主义心理学，从行为目标的确立，到课程内容的选择与组织，再到课程的评价，构成了目标模式的经典程序，特别是行为目标的确立成为目标模式的逻辑起点。

二、目标模式的产生与发展

博比特提倡“活动分析法”，创造了目标模式的雏形，他于 1924 年出版了《怎样编制课程》一书，详细阐述了课程开发的过程与方法；威瑞特·查特斯（Werrett Wallace Charters）也力求以科学的方法开发课程，主张通过“工作分析”确定课程目标。

真正使课程的科学化研究在实践中正式展开的是美国课程史上著名的

"八年研究计划"。泰勒作为计划的指导者在总结这一科学化课程开发运动经验的基础上，创立了"泰勒模式"，该模式被公认为目标模式经典形态形成的标志。其代表作《课程与教学的基本原理》指出，在课程编制过程中编制者必须回答4个问题：学校应该达到哪些教育目标？提供哪些教育经验才能实现这些目标？怎样才能有效地组织这些教育经验？我们怎样才能确定这些目标正在得到实现？"泰勒原理"（见图6-1）在世界各国的课程领域产生了巨大影响，一度成为20世纪五六十年代课程开发唯一的"科学"模式。

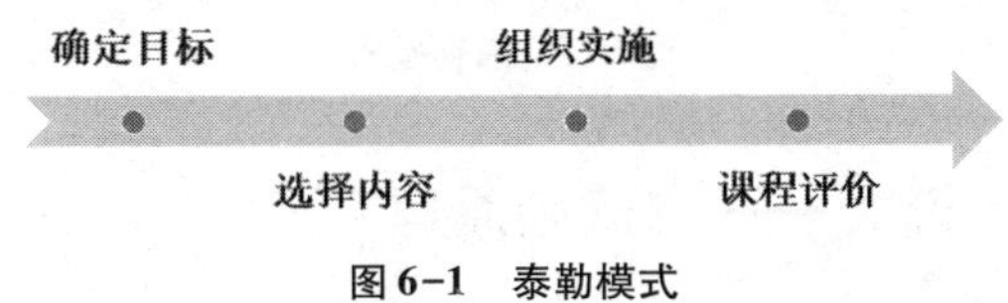

图6-1　泰勒模式

自20世纪六七十年代以来，许多学者不断地修正和改造泰勒建立的目标模式，如塔巴模式、惠勒模式等。塔巴是泰勒的学生与助手，他将泰勒提出的4个步骤扩展为8个，即诊断需求、陈述目标、选择内容、组织内容、选择学习经验、组织学习经验、确定评价的对象与方法、检查平衡性和顺序性（见图6-2）。英国课程论专家惠勒（D. Wheeler）认为，泰勒的目标模式以直线的方式安排课程编制的顺序，当评价的结果与预设的目标不相符合时，就会因为缺少反馈这一环节而难以检讨课程编制中的问题。根据这一想法，惠勒对泰勒模式的课程编制程序的排列方式予以改造，将直线式的目标模式修改为圆环式的目标模式（见图6-3），即确定目标—选择学习经验—选择学习内容—组织、统合学习经验与内容—评价—调整目标、确定新轮目标。惠勒模式强调与突出了评价的反馈作用，当评价结果与预期目标不符时，能够有所反馈。

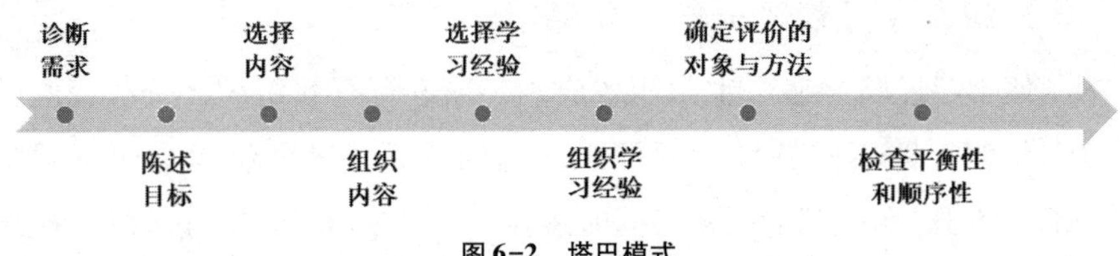

图6-2　塔巴模式

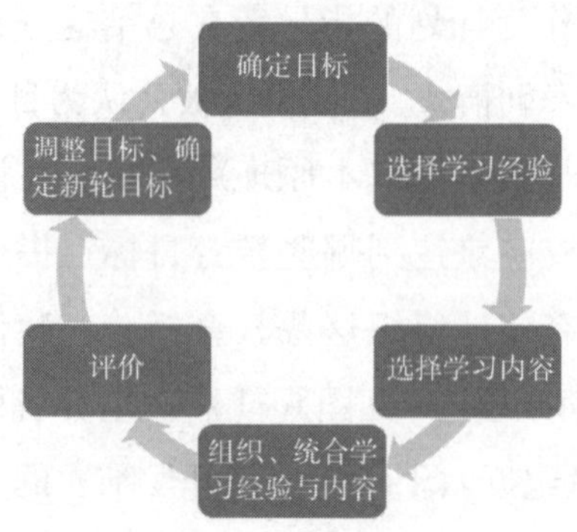

图 6-3　惠勒模式

三、经典目标模式——“泰勒原理”

（一）确定教育目标——出发点

泰勒主张，目标具有引导课程选择、组织和评价的主要功能，确定教育目标是课程组织开发的出发点，并且认为目标的确定有三个来源和两道过滤网。三个来源，即学习者、社会生活、学科专家建议；两道过滤网，即哲学、心理学。

（二）选择学习经验——主体环节

选择学习经验以达成预定目标，需要遵循 5 条原则：一是为了达到某一目标，学生必须具有使他有机会实践这个目标所隐含的那种行为经验；二是学习经验必须使学生由于实践目标所隐含的那种行为而获得满足感；三是学习经验所期望的反应，是在学生力所能及的范围之内的；四是有许多特定的经验可以用来达到同样的教育目标；五是同样的学习经验往往会产生几种结果。

（三）组织学习经验——主体环节

为了使学习经验能够产生累积效应，必须进行有效组织，一般有两种组织：横向组织，即不同领域学习经验之间的联系；纵向组织，即不同阶段（或学期）学习经验之间的联系。同时遵循“三条标准”，即连续性、顺序性和整合性。连续性，即对课程中主要的要素进行直线式的重复。即是指课程内容的组织化、体系化和架构性，前一个内容是后一个内容的基础，后一个内容是前一个内容的自然提升和延伸，以确保儿童经验的连续性和体系化；顺序性，强调后一经验必须建立在先前经验的基础上，并且更加广泛与深化。即是指课程内容的逻辑顺序，由易到难、由低到高，要将每一后续经验都建立在先前经验的基础上，且必须更广泛、更深入地探究所涉及的事物。顺序性与连续性相联系，但顺序性强调后续学习不是简单地、在同一水平上重复前面学习的内容，而是在前面学习的基础上逐渐扩大范围和加深程度；整合性，强调课程内不同学习经验之间的横向联系。即是指课程内容的横向联系，把不同领域的知识和经验进行整合。整合后的课程内容要注意课程内容之间的有机联系，能够融会贯通。

（四）评价教育计划——课程运行的基本保障

泰勒将课程评价纳入课程设计中，被誉为“课程评价之父”。他主张评价的目的是检查课程的实际效果和预期的教育目标之间的差距，只要能提供有关教育目标所期望的行为变化的有效证据，就是合适的评价方法。评价至少要进行两次，分别在课程方案实施前期和后期。

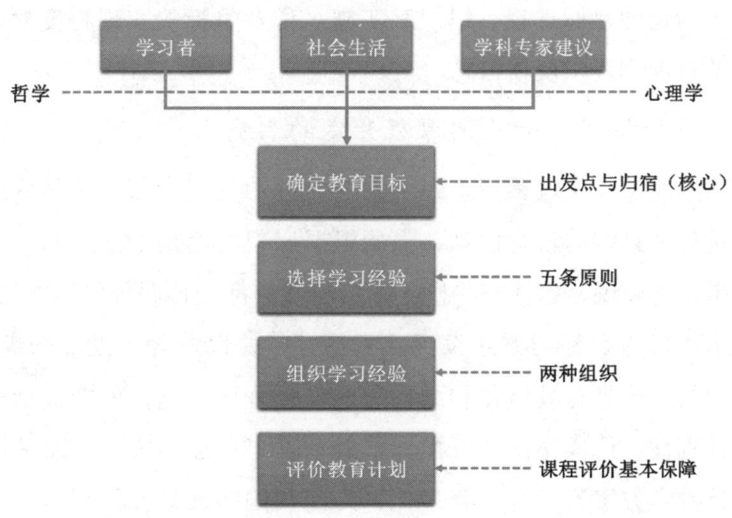

图 6-4　经典目标模式（“泰勒原理”）下的课程开发流程图

四、目标模式的特征及对幼儿园课程开发的影响

（一）目标模式的特征

目标模式作为现代课程论中最具影响力的理论形态之一，对教育实践产生了重要的影响，其主要特点可以归纳为以下 3 个方面：一是强调应根据预期的行为确定课程目标，然后依据这些目标，设计课程学习过程，运用教育的力量将这些行为“塑造”出来；二是设计者批评过去的目标叙述太模糊、不明确，因此开发能明确叙述的目标，以引领课程设计与教学，测量预定的行为是否达到，由此评价课程与教学的成效，从而提高教学的效率；三是把课程目标按其不同的心理领域、不同水平，作进一步的分解和细化，以形成一个意义明确、层次分明的目标体系，以便课程实施。例如依据学习者的需要、当代社会生活的需要以及学科发展，确定一般性的目标，如我国幼儿园课程中五大领域的课程目标；将一般目标划分为更具体的特殊目标，如各年龄阶段的学年目标；再将特殊目标划分为可测量的行为目标。如具体活动目标，根据行为化的目标选择、组织和实施过程及目标的实现程度对课程进行评价，为改进课程提供反馈信息。

（二）目标模式对幼儿园课程开发的影响

在幼儿园课程开发过程中，强调课程目标的制定，强调课程目标的层层分解来安排日常具体的教育活动，强调根据课程目标是否落实和达成来评价教育的结果，可以说，这样一些指导思想和做法都来自课程编制的目标模式。目标模式采用行为目标的方式设置课程目标，并以此为出发点来编制课程，使整个课程的运作具有具体化和结构化的操作程序，这样就能提高幼儿园教育教学的计划性、可操作性和可控性。由于以“目标模式”开发的课程更能使课程设计教学方案科学化、合理化，因此我国多数幼儿园仍然遵从课程开发的“目标模式”编制课程，几十年来对包括幼儿园课程开发起到了功不可没的作用。

五、对目标模式的评价

（一）优点

目标模式作为现代课程论中最具影响力的理论形态之一，几十年来对包括学前教育在内的教育实践，特别是对课程和教育方案的设计及教材的编写产生了巨大影响，其优点也十分突出，主要包括：

1. 目标模式与建立在心理学基础上的教育研究传统是相吻合的。一旦用目标的方式来界定教育的结果，教育就可以成为实验的对象。通过界定教育目标，把各种学科的研究成果“组织起来”，并在教育实践中加以应用，这就使教育成了心理学等其他“基础学科”的应用领域。这样，就可以通过较精确的心理测验和教育测量技术检验来评价和改进课程。

2. 为教育评价提供了准则，即目标的达成，使教育评价变得相当简单明了。

3. 引导教师在课程中理性地思考并细化目标，使教师有据可依，课程开发成为一个“理性”的过程，凸显了条理性和简易性。

（二）局限性

由于受实用主义哲学和行为主义心理学的影响，其始终遵循基本的目标-手段、效率-控制、预期-检验的思想和技术机制，因此目标模式也存在着一些局限性，主要包括：

1. 忽略了课程开发和教学设计过程中教师的创造性和幼儿学习的主体性、自主性。由课程编制者确定的课程目标，将教育简化为类似科学生产的活动，教师根据预设蓝图“加工”“塑造”学生，往往难以与发展中的儿童相融合。它将课程开发、教学设计、儿童的学习过程变为一个可以预先决定和操纵的机械过程，课程编制者事先确定好的课程目标，很难完全契合幼儿的兴趣和需要，特别是难以照顾每个幼儿的特点。此外，幼儿在学习过程中还会产生很多与预定的课程目标不相符的、预料之外的现象，而这些在目标模式中不被重视，甚至认为是应该尽量避免的。

2. 不同程度地忽略那些难以转化为行为的方面。根据幼儿行为确定课程目标，容易忽略内隐的价值观、理解、情感、态度、审美情趣等。即使某些价值观和态度能够被结合进显性课程来培养，但更多的价值观和态度是通过隐性课程来培养的。这些通过隐性课程来培养的价值观和态度是不可能被预先具体化的。目标模式以“输入-产出”这种机械式的、技术化的方式运作课程，使该模式非人性方面的问题表现得更为突出，而那些难以被转化为行为的方面对于幼儿而言更为重要。

3. 与学龄前儿童整体地学习知识和获得经验之间存在矛盾。按行为目标的方式确定课程目标，强调的是分解，将课程目标分解成各个独立的部分。这种将儿童的学习经验分割成“碎片”的做法，强调通过训练而达成预期目标，与学龄前儿童从其自身已有的经验出发，整体地学习知识和获得经验的学习方式之间存在距离。虽然，泰勒并不主张将目标过分具体化，但是在按此模式进行操作时，行为目标往往被层层分解，具体化到每一个细节，儿童的学习过程变为一个可预先决定和操纵的机械过程。

第二节　幼儿园课程开发的过程模式

过程模式反对用预先确定的目标，尤其是行为目标来规定课程的进展和结果。过程模式主张把课程设计看成是一个不断发展的过程，主张关注具有内在价值的课程内容及儿童实际的活动过程，内容的选择是过程模式的逻辑起点。

一、过程模式的理论基础

过程模式的理论基础可以追溯至卢梭及其后的进步主义教育运动，皮亚杰、布鲁纳等人的认知心理学、结构主义哲学影响较深。

（一）认知心理学

认知心理学研究高级的心理过程，在感觉登记的基础上，进行编码、译码、存储和提取，也就是知觉、记忆、思维、推理、概念形成和问题解决等过程。认知心理学者主张人不是被动的刺激接受者，人脑中进行着积极的、对所接收的信息进行加工的过程，这个过程就是认知过程。

（二）结构主义哲学

结构主义哲学反对单纯研究外部现象，强调认识事物的基本结构；反对孤立的局部性研究，强调整体性的研究；反对单纯性的经验描述，强调从系统、功能、关系中把握事物。结构主义认为，在学科结构上，任何学科中的知识都可以引导出结构，这种结构就构成了该学科的概念、原则与方法。课程编制应从分析学科的基本结构入手，寻求一种能够及时反映学科基本结构的方式。

二、对目标模式的批判及过程模式的产生

20 世纪五六十年代后，英国课程理论家斯滕豪斯立足教育的内在价值及实践，在对目标模式进行详尽而透彻的分析与批判的基础上，建构起了过程模式的理论框架，明确提出并系统确立了过程模式。

斯滕豪斯在《课程研究与课程编制入门》一书中，批判目标模式误解了知识的本质和改善实践的过程的本质。一方面，目标模式将知识视为一种控制与统治的工具，从而在根本上歪曲了知识的本质。目标模式主张知识是现成的、确定的、外在的，需要学生接受的东西；过程模式则认为知识的本质在于可以通过知识的运用进行创造性思维。知识是学生思考的对象，应通过教育的过程帮助学生思考知识，进而获得解放。因此，课程应该考虑与关注知识的不确定性，鼓励学生个体化的、富于创造性的学习。另一方面，目标模式通过使目的明晰化来改善实践，但在实践中，预定的统一目标框架往往在很大程度上束缚了师生，此时，目标成了一种控制的手段与工具，理想的做法是发展教师在课程实践中的批判、反思意识与能力，帮助教师改进教学。

斯滕豪斯主张课程不是通过将一般的教育目的分解为具体目标而达成的，而是通过教育过程的不断调适来实现的。过程模式被公认为继目标模式之后的一个重要的课程开发模式。

三、过程模式的基本内容

（一）内容的选择

过程模式强调知识和活动的内在价值，内容的选择不以预期的学生行为为依据，而是以教育本体功能和知识本身固有的价值为标准。斯滕豪斯引用拉斯提出的“鉴别看来是含有内在价值的活动”的 12 条标准，选择和鉴别具有内在价值的知识及活动。

·在所有其他条件相同的情况下，如果一项活动允许儿童在完成它的过程中作出其所了解的选择，并能对选择带来的后果作出反应，则此活动比其他活动更有价值。

·在所有其他条件相同的情况下，如果一项活动在学习情境中允许学生充当主动的角色，而非被动的角色，则此活动比其他活动更有价值。

·在所有其他条件相同的情况下，如果一项活动要求学生探究各种观念，探究智力过程的应用，或探究当前的个人问题或社会问题，则此活动比其他活动更有价值。

·在所有其他条件相同的情况下，如果一项活动使学生涉及实物教具，即真实的物体、材料与人工制品，则此活动比其他活动更有价值。

·在所有其他条件相同的情况下，如果一项活动能由处于不同能力水平的儿童成功完成，则此活动比其他活动更有价值。

·在所有其他条件相同的情况下，如果一项活动要求学生在一个新的背景下审查一种观念、一项对于智力活动的应用，或一个以前研究过的现存问题，则此活动比其他活动更有价值。

·在所有其他条件相同的情况下，如果一项活动要求学生审查一些题目或问题，这些题目或问题是人们一般不去审查的，是典型的被大众传播媒介所忽略的，则此活动比其他活动更有价值。

·在所有其他条件相同的情况下，如果一项活动使儿童与教师共同参与"冒险"，一种成功或失败之"险"，则此活动比其他活动更有价值。

·在所有其他条件相同的情况下，如果一项活动要求学生改写、重温及完善他们已经开始的尝试，则此活动比其他活动更有价值。

·在所有其他条件相同的情况下，如果一项活动使学生应用与掌握有意义的规则、标准及准则，则此活动比其他活动更有价值。

·在所有其他条件相同的情况下，如果一项活动能给学生提供一个和他人分享制订计划、执行计划及活动结果的机会，则此活动比其他活动更有价值。

·在所有其他条件相同的情况下，如果一项活动与学生所表达的目的密切相关，则此活动比其他活动更有价值。

对于拉斯提出的这 12 条标准，斯滕豪斯认为："就目前的讨论来说，我们没有必要接受它的标准。尚待解决的是，我们是能够发现他们对我们作出判断是有意义的及有参考价值的，以及当我们不同意拉斯的意见时，我们是否能够按照类似的形式提出方案。”

（二）遵循过程原则，实施有创造性的教学活动

过程模式强调知识的不确定性，鼓励儿童的主体性和个性化、富有创造性的学习；强调教师的自主权发挥以及教育的开放性存在，主张发展教师在课程实践中的批判、反思意识与能力。例如在“我给花儿施肥”活动中，某幼儿直接在花盆里尿尿；在“沉浮”试验中，老师提供了一只平展状和一只卷曲状的牙膏皮供幼儿探索，在幼儿作出行为或选择后，不管正确与否，教师都不要着急批评，先蹲下来问一问“为什么?”，孩子的想法可能不准确甚至好笑，教师应首先表示尊重，再作适当引导，把发现的机会留给孩子。教师不再是权威，而是幼儿学习的引导者、咨询者和参考资料的提供者。

斯滕豪斯鼓励教师对课程实践的反思、批判和创造，但是人文学科课程与教学应遵循五条原则：教师应该与学生在课堂上一起讨论研究有争议的问题；教师在处理有争议的问题时，教师应持中立原则，使课程成为学生的论坛；探究具有争议性的问题的主要方式是讨论，而非灌输式的讲授；讨论应尊重参与者不同的观点，无须达成一致意见；教师作为讨论的主持人，对学习的质量和标准负责。

（三）课程评价

斯滕豪斯认为，课程评价的依据是“在多大程度上反映知识形式、实现过程原则”；在学生的学习活动和结果评价中，教师不是评分者，而是诊断者和批评家；在评价学生时，教师可以有多种评价方式，核心目的是提高学生的能力。因此，教师要根据幼儿的个性、年龄、心理发展水平实施恰当的评价方式，只有那些能够提高学生能力的评价方式才称得上是教育艺术。

总之，从过程模式的介绍中可以看出，与其说它是一个详述课程开发步骤的“模式”，不如说它是一种开发思想与思路。在这种“模式”中，开发过程究竟如何展开恰恰是需要在实践中研究和探索的。

四、过程模式的特征及对幼儿园课程开发的影响

（一）过程模式的特征

斯滕豪斯的《人文学科课程导论》（1970 年）和《课程研究与编制导论》（1975 年）中体现出过程模式的最大特征是把课程设计看成是一个不断发展的过程，其具体特征表现为：学习是一个主动参与和探究的过程，在探究的过程中实现儿童多方面的发展。学习不是直线式的、被动的反应过程，要重视开放的、非形式化的学习环境，教育环境要鼓励儿童自由选择、自由探究，例如教室是儿童探究、讨论、交流的场所，提倡主动的学习和建构。教师的角色必须改变，教师不仅是课程方案的执行者，还应是课程方案的设计者、研究者。教师也不仅是知识的传授者，还是儿童学习的引导者、解释者、咨询者、环境的创设者和材料的提供者。课程是一个开放的而不是封闭的系统，儿童的学习不是被动的反应过程，而是主动参与和探究的过程。因此，在课程评价中，教师应是诊断者，而非评分者。课程内容本身有着固有的内在价值和优劣标准，教育应关注具有内在价值的课程内容和活动，不必用目标预先指定所希望达到的结果。课程设计的逻辑起点是内容的选择而非目标的预设。课程内容的选择应以教育本体功能和知识本身固有的价值为标准，而不是以预期的儿童行为为依据。

（二）过程模式对幼儿园课程开发的影响

过程模式所倡导的一些思想和原则，与当今学前教育领域中人们对教育价值判断所发生的变化比较接近，许多观点得到了人们的认同。过程模式对幼儿园课程开发的影响，主要表现在：强调教育和知识内在的本体价值；强调活动过程和在教育过程中对具体情境的诊断，淡化预设的课程目标；强调“教师即研究者”所应发挥的作用，淡化教师在教育活动组织中的计划性和控制性；强调根据幼儿的兴趣和需要组织活动，尊重儿童的选择和创造；强调过程性评价；强调教师自我在教育评价中的作用，淡化根据客观标准对幼儿园教育进行评价。所有这些主张对于幼儿主体精神和创造性思维的培养，对于在教育中更多体现民主精神和人文精神都是十分有益的。

在幼儿园课程领域，广为人知的意大利瑞吉欧幼儿教育方案课程的开发就属于过程模式，它建立在杜威的幼儿中心论和维果茨基的社会建构主义理论基础之上。该课程“三分之一是确定的，三分之二是不确定的”，其教育目标是在方案进行的不同阶段不断生成和发展的；课程内容的组织和实施也是在方案进行的过程中发展变化的；课程实施是教师与幼儿对真实的生活事件和日常情景中的现象进行深入探索的活动，幼儿自主建构、积累知识经验。课程评估和课程目标的制定、课程内容的选择、组织和实施结合在一起，贯穿方案课程的全过程。

需要注意的是斯滕豪斯并没有绝对地反对目标，只是他所提出的过程模式的目标与目标模式的目标有着本质的区别：过程模式的目标是总体教育过程的一般性的、宽泛的目标，这些目标不构成评价的主要依据；这些目标是非行为性的，可以以此为依据确定课程编制的指导性原则和方法，使教师明确教育过程中内在的价值标准及总体要求，而不是课程实施后的某些预期结果。因此，“过程模式”不是游离的、无目标的状态，而是根据幼儿经验、兴趣生成的，是不断调整目标的过程。

五、对过程模式的评价

（一）优点

1. 有利于学校实现传授系统知识，发展学生能力的目标。过程模式重视对课程内容进行价值判断，主张通过分析知识本质，根据各知识形式特有的结构，确定具有内在价值的课程内容，承认知识内在逻辑性，强调精选内容。

2. 注重“发现法”与“讨论法”，既可加深学生对课程内容的理解，促进知识的个别化、具体化，又可借此发展学生的思考力。强调设计有效的课程组织形式和课程教学方法，以恰当的转译、组织或传授反映学科内在价值的课程内容，使之既能遵循学生的心理特征，为任何年龄的儿童所接受，又保留了知识的特质。

（二）局限性

斯滕豪斯论证了课程编制的基本原则和方法，却没有提出明确且具体的程序以及方案，他在克服一些目标模式的局限性的同时，不可避免地表现出了局限性：

1. 课程往往缺乏科学性、计划性和系统性，对教育的评价往往因缺乏客观标准而带有过多的主观色彩。

2. 赋予了教师过分理想化的角色和过高的要求，不易推广，或者即使被推广和运用，却在本质上受到扭曲甚至异化。斯滕豪斯提出“教师即研究者”，扩大了教师的专业自主性，使教师从课程的被动执行者转化为主动的反思者和实践者。因此，过程模式的实施在很大程度上依赖于教师素质，对教师提出了更高的要求和挑战。

知识链接　环境模式①

环境模式又称情境模式或文化分析模式，植根于文化分析主义，其代表人物是英国课程专家斯基尔贝克。

斯基尔贝克认为，课程编制应牢牢地置于某种文化结构中，这种结构把课程编制看成是一种手段，借助该手段，教师们通过使学生领悟各种文化价值、各种用来对文化进行解释的结构和各种符号系统，来修正和改造学生的经验。

环境模式强调要按照不同学校各自的情况，通过对学校环境进行全面分析和评估来作出课程决策，课程编制应该针对单个的学校和它的教师，即以学校为单位的课程编制乃是促进学校获得真正发展的最有效的方式。这是后来“校本课程”开发的理论基础。

该模式有5个主要组成部分：①分析环境：考察学校的环境并对其中的相互作用的因素进行分析，包括外部因素，如意识形态的变化、家长和社区的各种愿望，以及各学院和大学这样一些“教师供应机构”可能对学校的帮助等；内部因素，如教师、学生的特点、学校风气以及设备、资源和所面临的问题。②表述目标：对师生各种活动的目标进行表述。③制订方案：包括选择学习材料、安排教学活动、调配教职员，以及挑选合适的补充材料和教

① 菲利浦·泰勒．课程研究导论［M］．王伟廉，等，译．北京：春秋出版社，1989：61-63.

学手段。④阐明和实施：在这里，要使新方案在推广时可能发生的实际问题暴露出来，然后在实施中有把握地加以解决。⑤检查、评价、反馈和改进：包括对课堂活动进展情况作经常性评定，对所产生的各种结果进行评价，对所有参与者的表现作详细记录。

“环境模式”是一种更综合的课程编制模式，它综合了目标模式和过程模式，试图把课程开发过程看成一个整体，用系统的观点来进行该项工作，注重结合特定的环境来考察这个过程中的各种要素和问题的各个方面，并把决策同更广泛的文化因素和社会因素联系起来。该模式随着当今校本课程实践的深入发展而日益凸显出强大的生命力。

知识链接　实践性模式[①]

施瓦布认为，课程是由教师、学生、教材、环境 4 个要素构成的，这 4 个要素间持续的相互作用便构成实践性课程的基本内涵。

教师和学生是课程的主体和创造者，其中学生是实践性课程的中心。教材是课程的有机构成部分，是由课程政策文件、课本和其他教学资料构成的。但是，教材只有在成为相互作用过程中的积极因素时，只有在满足特定学习情境的问题、需要和兴趣时，才具有课程意义。因此，教材具有很大的灵活性和变通性，可以根据不同学习情境的需要进行选择和取舍。课程环境是由除教师、学生、教材之外的物质的、心理的、社会的、文化的因素构成的，它直接参与课程相互作用的系统。

实践性课程的开发方法是审议。所谓审议是指对不同对象进行权衡以作出选择。实践性课程开发是以具体实践情境的特殊需要为核心进行的，它必然植根于具体实践情境，因此，校本课程开发是该课程模式的具体体现。

① 张华．课程与教学论［M］．上海：上海教育出版社，2000：19-24.

第三节　目标模式与过程模式的动态契合

一、在幼儿园课程开发中的动态契合①

目标模式和过程模式都展现了各自在实践中的优势及面临的挑战，我们应在深入分析与把握其优缺点的基础上，取长补短，寻求一种动态契合。幼儿知识和技能的发展适合用目标模式主导下的行为目标来引导与衡量，而幼儿能力与情感态度等则适合通过过程模式主导下的表现性目标与生成性目标来实现。

（一）具有正确的目标取向

我们熟知的学校教育教学中主要包括训练、教学与引导 3 个过程。“训练”与“教学”是使儿童获得动作技能与知识信息的过程，前两个方面可以用行为目标来陈述，而“引导”则是使儿童获得以知识体系为支撑的批判性、创造性的思维能力，确立社会价值和规范，形成思想体系，这是儿童进入“知识本位”的过程，但“引导”这一环节被很多幼儿教师忽视，这方面的内容使用生成性目标和表现性目标表述更为合适。麻省理工学院教授艾弗拉姆·诺姆·乔姆斯基博士（Avram Noam Chomsky）认为“上课讲什么并不重要，重要的是你发现了什么”，体现了幼儿园课程的启蒙作用。开放式目标取向的教育是一个主动参与和探究的过程，实现儿童多样性、个体性的反应效果，而非反应一致性。泰勒意识到，如果在教育实践中过分细化和依赖目标必将使课程开发产生负面效应，所以他对目标模式下课程开发的第一步“确定目标”作了科学化的阐述——目标应该是清楚的，但不一定是具体的。同样，过程模式也必定会强调幼儿的发展方向，这也有预设的成分，有目标模式的影子。

① 王少华．目标模式与过程模式在幼儿园课程开发中的动态契合研究［J］．教育评论，2016（9）：46-49.

（二）合理选择课程内容

幼儿园课程内容的范围可以理解为那些有助于幼儿发展的基本知识、基本态度、基本行为所组成的区域。“过程模式”开发的课程所指的知识不仅是以语言和各种抽象符号形式存在的社会积累，而且包括以“做”“经验”等方式存在的，体验性、做的知识。情感态度类内容一般是在潜移默化中形成的，但也可以通过“环境的同化作用”“经验的情绪效应”“理智分析”等途径对幼儿情感态度倾向施加影响；幼儿从事的各种活动都包含一些基本的方式方法、技巧技能，如社会交往技能、语用技能、解决问题的技能，掌握基本的方式方法有利于幼儿日常生活的顺利进行。幼儿对这些方式方法的掌握，只有积极主动与外界环境交互作用才可以形成，而且方式方法是多样化的，不可能只通过具体、精确的目标模式化课程，只能“寻找两种模式的契合点”来开发课程。

（三）课程实施中加强幼儿与精神及物质环境的交互活动

学前儿童的巨大学习潜力具有科学的依据和神经生理学基础。大脑的结构是因经验而引起的神经连接的增生和修删的结果，亦即用则进，废则退，但是只有在良性的压力（对不舒适经验产生的适度的短期的生理反应）下才有助于大脑的健康发展。而长期不能缓解的不良压力，尤其是恶性压力，会阻碍大脑的健康发展。这就要求课程开发者为儿童提供安全、丰富的精神环境和条件，考虑加强与物质环境的互动。环境“决定”参与者的倾向，如幼儿园走廊如果是多彩的、光线充足的、视野开阔的，这种激情和激励会引导这个空间中的幼儿。

（四）评价幼儿要有新的价值观

“旧式的产品检验式评价”仅是单一的积累测量数据，面对复杂的教育实际环境，“整齐”的结果并不能概括“不整齐”的现实，所以除了积累测量数据，评价者还应作出描述和判断，以适应教育过程本身的复杂性和能动性。美国学者苏·戈贝尔（Sue. Y. Gober）认为，幼儿成长过程中身体和心理发展处于快速变化中，主要表现较为复杂，幼儿的成长是整体的、内在的、渐进性的和难以数量化测定的过程，所以要采用一种关注事实现象、强调完整记录和注重交流表达的真实性评价。教师可以在日常活动中运用发展检核表法、父母访谈法、自画像法、涂鸦书写和绘画案例法、声音（或影像）逸事记录法等多种方法在幼儿的社会性发展、情感发展、认知发展和生理发展等方面收集资料，通过收集到的资料了解幼儿的发展过程。许多教师在学年末把信息汇总成一份叙事性的总结，描述每个幼儿的成长和发展，为父母和幼儿今后的教师呈现一个总结，并将其放在档案袋中传递给父母。

课程开发过程中两种模式动态契合，以幼儿为主体，优化教育资源，才能培养出积极主动、乐于探索、善于创新、个性充分发展的人。

二、在幼儿园具体教育活动中互补关系的建立与应用

在幼儿园课程开发的实践中，课程开发者完全可以吸取目标模式和过程模式这两种课程模式各自的长处，在它们之间建立互补关系。以幼儿园教育活动设计为例，其设计过程可以简化为一个基本公式："目标+兴趣、需要和经验+内容、材料=活动"。公式中的"目标""兴趣、需要和经验""内容、材料""活动"四种要素，均可以作为教育活动设计的出发点。"过程"就是强调课程必须是从孩子和成人的生活中，特别是从幼儿自身的兴趣中生长出来，它提醒我们幼儿的自发性需要一个他们能够自由游戏和学习的空间；而"课程"则表明教师的存在、计划的存在。因此，无论以哪个要素为出发点，其他要素的作用也是必不可少的，只有充分考虑各个要素，最终才可以设计出有价值的教育活动来。

（一）从目标出发

以目标为出发点进行课程设计的过程较为常见，例如，《指南》指出，应该创造条件和机会促进幼儿手的动作灵活协调。基于此，确定活动目标为发展幼儿的小肌肉动作，并以此为出发点，设计教育活动，具体见图6-5。在幼儿园教育活动中要做到"心怀教育大目标，随时调整小目标，接纳幼儿新目标"，融合两种课程开发模式，将教育目标、课程目标、活动目标等巧妙地变成幼儿的兴趣和需要。

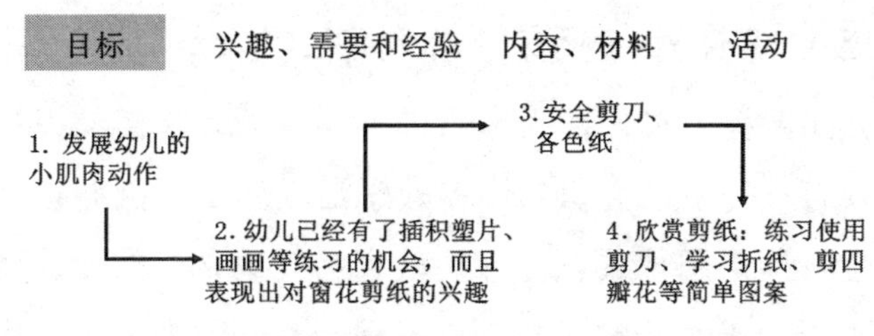

图 6-5 从目标出发设计幼儿园教育活动

（二）从幼儿的兴趣、需要和经验出发

幼儿感兴趣、需要和经验中包含有丰富的教育价值，教师可以从中挖掘，抓住幼儿兴趣、需要和经验中所具有的“内在价值”，在幼儿园课程目标的指导下，设计教育活动。比如，新入园幼儿存在分离焦虑，教师可根据幼儿的现实需要设计教育活动，见图 6-6。满足幼儿的兴趣和需要本身并不是幼儿园教育的终极目标，但却是实现幼儿园教育终极目标所必需的。

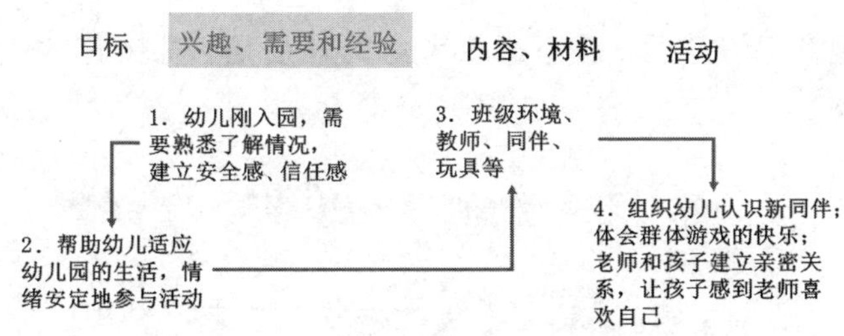

图 6-6 从幼儿的兴趣、需要和经验出发设计幼儿园教育活动

（三）从现有的内容、材料或问题出发

大自然一年四季的变化、与幼儿密切相关的节日、幼儿必要的学习内容、生活中的偶发事件、幼儿园现有的材料等都可以作为教育活动设计的起点，发掘其中的教育价值，具体的设计过程见图 6-7。

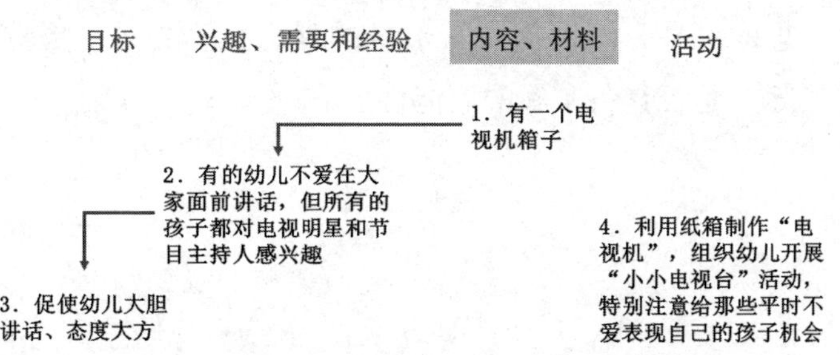

图 6-7 从内容、材料出发设计幼儿园教育活动

（四）从已经设计好的教育活动方案出发

目前，幼儿园课程中有各种版本的可供参考的教学活动设计方案，教师自己在多年的教育过程中也会积累许多教学活动案例，因此在开展教学活动时，很多教师会直接采用现成设计好的教育活动案例。然而，要避免照搬照抄，因为这样既不利于幼儿的成长，也不利于教师专业发展。因此，不管是别人已经设计好的活动方案，还是自己以前积累的活动方案，教师都需要思考以下问题，并尝试回答：

这个活动幼儿会喜欢吗？符合幼儿的兴趣和需要吗？

这个活动蕴含哪些教育价值？可能有助于达成哪些教育目标？这个活动的可行性如何？它所需要的材料容易获得吗？

这个活动与之前开展过的活动之间有关联吗？和之前获得的经验能否衔接或关联？

这些问题考虑清楚后，接下来要考虑的就是是否需要修改，以及如何修改，见图6-8。

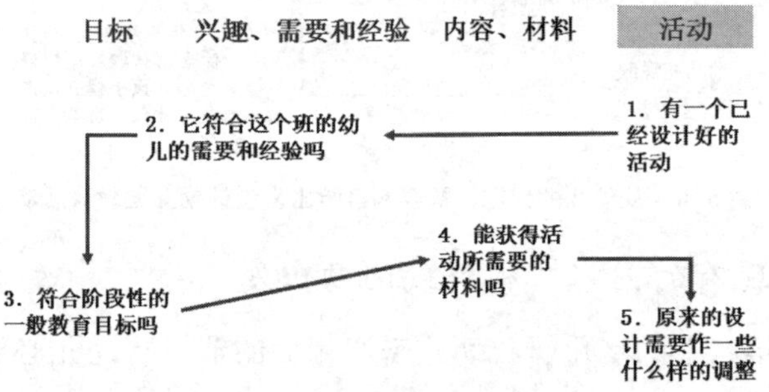

图6-8 从活动出发设计幼儿园教育活动

评论任何课程模式的好坏都不应当离开它的适宜性。一种课程模式是否实际地产生理想的效果，不仅仅在其本身的理念是否先进，更重要的是是否符合教育的实际，是否具备实施的可能性。

第四节 园本课程的开发

自菲吕克（A. M. Furumark）等人于1973年在爱尔兰阿尔斯特大学召开的国际课程研讨会上提出“校本课程”一词，此后，校本课程开发在英、美等发达国家开始受到重视，成为与国家课程相对应的一种课程开发策略。园本课程源于校本课程，在我国，园本课程的开发越来越成为当前幼儿园课程建设和教育教学改革的重要内容，各种园本课程不断涌现，呈现出蓬勃发展之势。

一、园本课程

（一）园本课程的内涵

1. 园本课程的含义

关于园本课程的界定，学界有不同的观点，如虞永平在《试论园本课程的建设》（2001年）一文中指出：“园本课程是指在幼儿园现实的根基上生长起来的，与幼儿园的资源、师资等条件相一致的课程。”王春燕在《幼儿园课程概论》（2007年）一书中指出：“园本课程指以幼儿园之‘本’为基础的课程或是在幼儿园之‘本’的基础上建立起来的课程。在此，‘本’是指基础、现状、背景、实际、条件及可能等反映幼儿园现实的因素。”陈文华在《幼儿园课程论》（2011年）中指出：“园本课程是幼儿园按照国家与地方政府课程的基本精神而进行的课程选择、重组与整合而形成的适合幼儿园特点的个性化课程体系。”李生兰在《幼儿园课程新论》（2018年）中指出：“园本课程有广义和狭义之分，广义上指幼儿园实施的全部课程，包括国家规定的课程、地方统一的课程和幼儿园自己开发的课程；狭义上指幼儿园自行研发和实施的课程，它是幼儿园依据国家课程和地方课程，从本园的实际情况出发，利用本园的优势资源，借助课程专家、家长及幼儿、社区人士的力量而建构、实施及评价的课程。”

2. 园本课程与幼儿园课程的关系

园本课程是相对于“幼儿园课程”而言的一个概念，它既是幼儿园课程的派生物，又是幼儿园课程的延伸与发展。任何脱离幼儿园课程本质特性的园本课程，都将会导致课程的扭曲与课程畸形，因此，园本课程的个性化特点不能脱离幼儿园课程的本质特性，它是受幼儿园课程制约的课程体系。

3. 园本课程与国家课程、地方课程的关系

国家课程是国家规定的课程，是国家实现培养目标的重要途径；是由国家教育部门根据全国幼儿教育的发展现状，负责编制、实施和评价的课程；是一种自上而下的课程，具有权威性；它面向全国各地，对各级各类幼儿园都起着规范和导向的作用。我国幼儿园的国家课程，实际上就是2001年教育部颁布的《幼儿园教育指导纲要》规定的健康、语言、社会、科学、艺术这五大领域的幼儿园教育内容与要求、组织与实施、教育评价等。由于幼儿园教育不同于中小学教育，因此并无全国统一的教学用书。

地方课程即国家课程的本地化，是由地方教育部门依据国家的教育法规和课程政策，根据当地幼儿教育发展的需要和本地的课程资源而研发和实施的课程。地方课程是地方统一的课程，在充分利用地方资源、反映幼儿园地域特点、加强课程的地方特色方面有着重要价值；对当地的幼儿园起着引领和示范的作用，是联结国家课程与园本课程的桥梁。例如，上海市幼儿园的课程包括生活、运动、游戏、学习这四大板块。

园本课程即国家或地方课程的园本化，应在国家、地方课程的指导下，紧密结合本园的实际与需要，开发独具特色的园本课程。三类课程虽然是不同的课程形式，但它们相互联系、互为补充。在认真执行国家课程的同时，应鼓励研发地方课程，支持开发一定比例的园本课程；在实施地方课程、试行园本课程时，也不应排斥国家课程。

（二）园本课程的历史发展

1. 奠基阶段（20世纪20—40年代）

此阶段，中国的幼教先驱不断探索中国化、科学化的幼稚园课程与教学模式，如陶行知、陈鹤琴、张雪门、张宗麟等。虽然开展幼稚园课程试验的初衷不是开发园本课程，但其精神与现在园本课程及其开发的理念相吻合，为发展我国园本课程理论与实践奠定了良好的基础。

2. 兴起阶段（20 世纪 80—90 年代）

此阶段，幼儿园课程改革成为我国幼儿教育改革的核心，而幼儿园课程改革与园本课程的开发联系紧密。虽然没有提出“园本课程开发”这一名称，但园本课程的开发研究已经兴起，如 20 世纪 80 年代，在赵寄石指导下，南京市实验幼儿园进行的“综合主题课程”研究。在郝和平等指导下，南京市鼓楼幼儿园进行的“活动教育课程”研究。幼儿园已从单纯的课程实施者向课程开发者转变，园本课程的开发取得了很大的发展。

3. 科学化与全面化发展阶段（21 世纪后）

进入 21 世纪，国家明确提出课程包括国家课程、地方课程与校本课程三级体制后，我国幼儿园的园本课程开发逐渐走向科学化与全面化。

需要注意的是，当今幼儿园涌现出“完整课程”“生活课程”“游戏课程”“情感课程”“生成课程”等诸多课程模式，然而这些课程未必就是园本课程。园本课程有两个标准：一是以幼儿园为本，即幼儿园所决定采取的课程模式是由幼儿园的成员根据幼儿园自身的历史背景、现实条件（包括师资水平、本园幼儿发展特点、社区特征、硬件设施等）而决策产生的实践活动；二是属于课程范畴，一般包括一套体系完整、结构严密的课程目标、内容、方法与评价等。

（三）园本课程的特点

1. 关联性

一方面，园本课程与国家课程、地方课程密切相关，与它们相互对应、相辅相成，组建成幼儿园课程的“三驾马车”，共同拉动幼儿园的发展，满足幼儿成长的多元需要；另一方面，园本课程要遵循幼儿园课程固有的特点，如基础性、活动性与直接经验性、生活性、全面性与整合性、潜在性等。

2. 独特性

园本课程不能等同于幼儿园特色、办园特色或特色课程，但是它反映了园本个性与特色，承载了幼儿园的办园理念、办园特色、校园文化、教育经验，体现了幼儿园的办园宗旨、师资水平、物质条件、幼儿现状、家庭条件、社区资源，指明了幼儿园的教育重点、发展方向。

3. 适宜性

一方面，因地制宜，园本课程是以幼儿园为基地量身打造的，不仅仅要适合幼儿园的办园条件和发展的可能性，还要基于本土化课程资源进行课程建设；另一方面，因人而异，园本课程是基于本园教师的能力水平，为本园幼儿“私人定制”的，适合本园幼儿的接受能力和发展需要。

4. 多样性

园本课程是丰富多彩的，一方面表现在园本课程的灵活性，从幼儿园层面看，有多少所幼儿园，就可能有多少种园本课程；从年级层面看，同一所幼儿园的不同年级，园本课程的内容也会有所差异；从班级层面看，同一年级中的不同班级，园本课程的组织与实施也会有所不同，即不同的带班教师采用不同的教学活动形式；从幼儿层面看，同一班级的不同幼儿的参与程度有所不同。另一方面表现在园本课程的选择性，教师与幼儿都能根据自己的兴趣、需要和特点等进行选择。

5. 自主性

在课程权力方面，园本课程具有自主性，体现了“自下而上”的课程实践。个体幼儿园拥有课程开发的权力和课程决策权。园本课程在实施时，包含课程选择、改编、整合、补充、拓展、新编等活动，充分体现幼儿园本身的主体性。园本课程开发与实施的场所是幼儿园，能从根本上改变课程开发与实施相分离的现象，减小课程意图和课程实施之间的落差。

6. 民主性

园本课程是幼儿园教育人员、幼儿及其家长、专家、社区人员等各方人员参与决策与平衡的过程，他们在课程开发过程中各自发表自己的见解，融入自己的声音，充分体现了园本课程的民主性和开放性。

7. 实效性

园本课程是从幼儿园的实际情况出发，针对办园条件存在的各种不足，通过多条路径，来解决问题，达到预期的目标；也是从教师的实际情况出发，针对师资水平存在的各种问题寻找多种办法来促进教师的专业成长，取得预期的效果；从幼儿的实际情况出发，针对幼儿发展存在的不同问题，采用多种策略，实现预期的目标。

8. 发展性

园本课程随着办园条件的改善、办园水平的提高、办园经验的积累，而不断提升和完善。它基于幼儿园历史，立足于幼儿园现状，面向幼儿园未来发展，是一种不断生成的课程探索活动，这也赋予了园本课程生机与活力。

（四）园本课程的价值

1. 有利于推进幼儿园的持续发展

（1）有利于强化办园特色，打造幼儿园亮点。在开发和设计园本课程的过程中，充分考虑办园条件、师资力量、幼儿特点、家庭文化、地方资源等因素。

（2）有利于丰富幼儿园课程的建构模式。园本课程开发没有统一固定的模式，以幼儿为本位，教师为主体，师幼互动的“自下而上”的课程开发机制，有利于推进课程模式逐渐走向多元化。

（3）有助于提升幼儿园的知名度。幼儿园通过把社区有识之士请进幼儿园，能增加与社区人士的沟通互动；通过带领幼儿走出幼儿园，如到社区送温暖，到社会场所参观，能使更多的社会人士了解幼儿园及其教育活动，提高幼儿园的信誉和声誉。

2. 有利于促进教师的专业成长

斯滕豪斯曾说：“没有教师的发展就没有课程编制。”其核心命题就是“教师即研究者”。教师在组织和实施园本课程的过程中能充分发挥积极性、主动性、创造性，表达教育理念，展现教育智慧，增强研究能力，不断促进自己的专业发展。一方面，不断丰富开发园本课程的知识，提高开发园本课程的能力；另一方面，不再仅仅是课程的实践者、消费者，还是课程的思考者、研究者和开发者。

3. 有助于促使幼儿的个性发展

在园本课程建设和完善的过程中，教师通过创建班本化课程，使园级课程、年级课程更加适合本班幼儿的需要，就能促使全体幼儿参与其中，发展自己的兴趣爱好，使其个性得到发展。

4. 有助于增强家长的教育能力

在园本课程增强和改进的过程中，通过邀请家长参与助教活动、支教活动、开放日活动、家长沙龙、亲子活动、郊游活动等，不断丰富家长的教育知识，增强家长的教育技能，提高家长的教育能力。

二、园本课程开发

（一）园本课程开发的内涵

1. 园本课程开发的含义

陈时见与严仲连在《论幼儿园的园本课程开发》（2001 年）一文中指出："园本课程开发是指一个以幼儿园为基地进行课程开发的开放民主的决策过程，即园长、教师、课程专家、幼儿及家长和社区人士共同参与幼儿园课程计划的制订、实施和评价等活动。"上海市教委教研室主编的《幼儿园课程园本化理论与实践的研究》（2004 年）一书中指出："园本课程开发是指幼儿园组织及其成员，根据国家或地方政府关于幼儿园教育纲要的精神与幼儿园自身发展的实际需要，充分利用园内外的各种教育资源所进行的课程选择、课程生成、课程重组的相关研究与管理过程。"

2. 园本课程与园本课程开发的关系

通过园本课程与园本课程开发的比较，不难发现，园本课程是一种结果性概念，园本课程开发则是一个过程性概念，是实现园本课程的重要途径。园本课程是幼儿园通过园本课程开发的过程，所追求幼儿园适宜性课程的结果。园本课程只有通过园本课程开发的过程，才能实现园本课程的理想境界，园本课程是在园本课程开发的过程中，不断优化、不断形成完整的课程形态的。

（二）园本课程开发的影响因素

1. 办园理念

理念是一所幼儿园的灵魂，幼儿园园本课程形成某种特色，实际上是实践一定办园理念的产物。具体包括：先进理论的吸取，明确的课程目标，可持续发展的近、中、远期规划，全园教师的认同、接纳程度，特色氛围的创建等。作为精神层面的理念，园长的办园理念在园本课程开发中起着关键作用。

2. 幼儿园背景

园本课程的开发必须以相应条件、原有基础和存在背景为创建平台，不可以照搬他人的特色。在开发园本课程时，审视本园的文化背景是非常必要的，包括幼儿园所处的社区环境及需求，幼儿园的状况和人文基础，幼儿园的发展史、师资结构，幼儿园的优势与局限等。

3. 发展机制

园本课程的开发是幼儿园组织系统的长期行为，在幼儿园组织系统中，园长是关键，园长要引领幼儿园面向未来的发展目标或模式，展开全新的变革。园本课程是一个长期的连续的动态的生成性研究过程，需要相应的发展机制作保证，例如幼儿园要构建民主、开放的组织结构、科学的管理机制、评价机制等。

4. 师资建设

幼儿教师的专业理念与师德、专业知识和专业能力是影响园本课程开发成功的重要因素。对于幼儿教师，园本课程开发是一个新的领域，必须具备相关的知识、技能。因此，在园本课程开发之前，对幼儿教师实行相关知识的培训，全面提高他们的素质尤为重要。

5. 课程研究

课程研究是园本课程研发的基础，是必不可少的环节和重要途径。园本课程开发必然要有“科研先导”“科研兴园”的意识和行动，建设一支专、兼结合的科研队伍，全方位、多视角地开展针对幼儿园自身特点的课程研究工作。

园本课程的开发是一项庞大的系统工程，涉及诸多方面的影响因素，除上述因素外，幼儿、家长、社会舆论、学前教育政策等都会对其产生重要影响。

园本课程开发包括建立园本课程开发的组织机构、分析幼儿园现状、拟定园本课程开发目标、编制园本课程开发方案、园本课程实施与评价五大流程。在开发园本课程时，还需要注意：要考虑办园特色，发挥专家的课程指导力，发挥园长的课程领导力，发挥教师的课程执行力，关注幼儿的发展需求，利用家庭的教育力量，运用社区的教育资源等。

小 结

本章主要围绕“幼儿园课程开发”，介绍了“幼儿园课程开发的目标模式”、“幼儿园课程开发的过程模式”、“目标模式与过程模式的动态契合”和“园本课程的开发”4个方面的内容。

目标模式通常被看作是课程开发的经典模式，是20世纪初开始课程开发科学化运动的产物。目标模式是以对社会有实用价值的目标作为课程开发的基础和核心，并在此基础上选择、组织和评价学习经验的课程编制模式。它以杜威的实用主义哲学为指导思想，并深受行为主义心理学影响。经典目标模式即“泰勒原理”，主张课程编制主要包括确定教育目标、选择学习经验、组织学习经验和评价教育计划4个环节。在幼儿园课程开发过程中，强调课程目标的制定，强调课程目标的层层分解来安排日常具体的教育活动，强调根据课程目标是否落实和达成来评价教育的结果，都来自课程编制的目标模式。

过程模式把课程设计看成是一个不断发展的过程，主张关注具有内在价值的课程内容及儿童实际的活动过程，内容的选择是过程模式的逻辑起点。它的理论基础可以追溯至卢梭及其后的进步主义教育运动，皮亚杰、布鲁纳等的认知心理学、结构主义哲学影响较深。20世纪五六十年代后，英国课程理论家斯滕豪斯立足教育的内在价值及实践，在对目标模式进行详尽而透彻的分析与批判的基础上，建构起了过程模式的理论框架，明确提出并系统确立了过程模式。过程模式的基本内容包括内容的选择；遵循过程原则，实施有创造性的教学活动；课程评价。过程模式所倡导的一些思想和原则，与当今学前教育领域中人们对教育价值判断所发生的变化比较接近，许多观点得到了人们的认同。

目标模式和过程模式都展现了各自在实践中的优势及面临的挑战，我们应在深入分析与把握其优缺点的基础上，取长补短，寻求一种动态契合。在幼儿园课程开发的实践中，课程开发者完全可以吸取目标模式和过程模式这两种课程模式各自的长处，在它们之间建立互补关系。以幼儿园教育活动设计为例，其设计过程可以简化为一个基本公式：目标+兴趣、需要和经验+内容、材料=活动。

园本课程的开发越来越成为当前幼儿园课程建设和教育教学改革的重要内容，各种园本课程不断涌现，千姿百态，呈现出蓬勃发展之势。第四节系统介绍了园本课程的内涵、历史发展、特点、价值以及园本课程开发的内涵、影响因素等。

课外阅读资料

1. 上海市教育委员会教学研究室．幼儿园课程图景［M］．上海：华东师范大学出版社，2013.

2. 朱激文．幼儿园田园课程的理论与实践［M］．北京：北京师范大学出版社，2015.

3. 赵晓卫，李丽英，袁爱玲．幼儿园民间体育游戏课程［M］．福州：福建教育出版社，2015.

4. 赵海燕．学前教育民俗文化课程理论与实践［M］．北京：民族出版社，2016.

5. 李子建．校本课程发展、教师发展与伙伴协作［M］．北京：教育科学出版社，2010.

6. 滕星．乡土知识与文化传承：中国乡土知识传承与校本课程开发研讨会论文集［M］．北京：民族出版社，2013.

7. 柳茹．幼儿自主发展课程：北京市北海幼儿园园本课程的实践研究［M］．北京：北京师范大学出版社，2014.

8. 中国人民大学幼儿园．幸福教育从心开始：中国人民大学幼儿园园本课程［M］．北京：中国人民大学出版社，2015.

9. 北京市朝阳区团结湖第一幼儿园．创造教育园本课程：教学活动设计与实施（大班）［M］．北京：电子工业出版社，2017.

10. 黄小莲．园本课程方案编制三问［J］．中国教育学刊，2021（4）.

11. 陆娴敏．在园本课程建设中促进教师的专业发展［J］．学前教育研究，

2021（7）：91-94.

12. 曹慧. 园本课程建设的思考与实践［J］. 山西教育（幼教），2021（3）：34-36.

13. 罗晓红，肖意凡. 课程领导：自然教育园本课程建构与实施的关键［J］. 学前教育研究，2020（11）：81-84.

练习题

一、单选题

1. “过程模式”的逻辑起点是（　　）。

A. 确定课程目标　　B. 选择课程内容

C. 确定组织形式　　D. 观察幼儿

2.（　　）是通过理论组织法而获得的一种课程类型。

A. 学科课程　　B. 活动课程

C. 核心课程　　D. 领域课程

3. 泰勒认为，“组织学习经验”需要遵循三条标准，其中不包括（　　）。

A. 连续性　　B. 生活化　　C. 顺序性　　D. 整合性

4. 按照斯滕豪斯领导制订的“人文学科课程计划”，过程原则包括（　　）。

A. 应该在课堂上与学生一起讨论研究无争议的问题

B. 教师要提出非中立的准则

C. 主要方法应是讨论

D. 讨论时应达成一致意见

5. 泰勒主张，目标具有引导课程选择、组织和评价的主要功能，确定教育目标是课程组织开发的出发点，并且认为目标的确定有“三个来源”和“两道过滤网”，以下不属于目标“三个来源”的是（　　）。

A. 学习者　　B. 社会生活　　C. 心理学　　D. 学科专家建议

二、简答题

园本课程的特点有哪些?

三、设计题

根据“目标+兴趣、需要和经验+内容、材料=活动”的公式，从目标出发，幼儿的兴趣、需要和经验出发，现有的材料、内容或问题出发，或者从已经设计好的教育活动方案出发，设计一次幼儿园教育活动。

参考答案

一、单选题

1. B　2. A　3. B　4. C　5. C

二、简答题

关联性、独特性、适宜性、多样性、自主性、民主性、实效性、发展性

三、设计题

答案略。

第七章　幼儿园主题活动

内容导航：

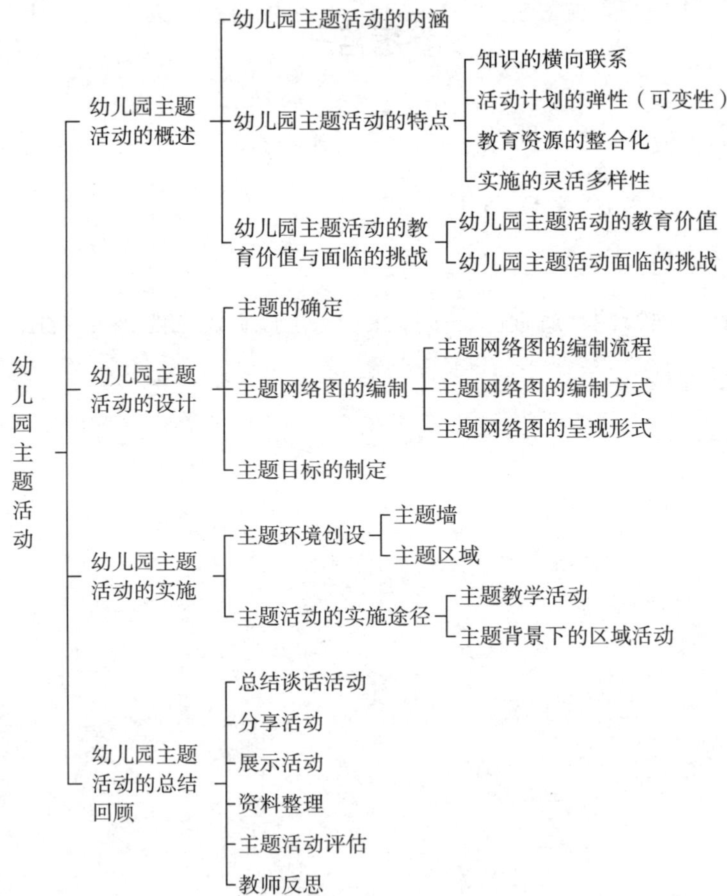

学习目标：

1. 理解幼儿园主题活动的内涵、特点及教育价值；

2. 初步具备设计幼儿园主题活动的能力；

3. 能够基于幼儿发展与学习特点，创设主题环境，并投放材料；

4. 掌握幼儿园主题活动总结回顾的方式；

5. 萌发利用家乡的教育资源，开发与实施幼儿园主题活动的意识。

问题情境：

在幼儿园教育活动整体观的影响下，越来越多的幼儿教师意识到“健康、社会、语言、科学、艺术领域教育活动”的内容要相互渗透，综合提升幼儿的身心发展水平。但是在幼儿园教育实践中，经常会出现“拼盘式”整合，既丢掉了各领域知识的系统性优点，又忽视了幼儿的兴趣需要。思考并回答如何解决幼儿园课程整合化趋势下，幼儿园教育活动“拼盘式”设计与实施的问题?

幼儿园课程由幼儿园各类型的教育活动组成。“幼儿园教育活动指的是幼儿园教育中各种类型的、具有教育价值的活动，不论是有目的的、有计划的活动，还是无计划、却有教育意义的活动”①。依据不同的分类维度，可以将幼儿园教育活动划分为不同类型：按照结构化程度，可以划分为“无结构”的活动、低结构化活动、高结构化活动和完全结构化活动；按照学科（或领域）性质，可以划分为语言、计算、常识、音乐、美术等教育活动，或者健康、语言、科学、社会、艺术教育领域活动；按照组织形式，可以划分为集体、小组和个别活动；按照广义与狭义划分，广义上包括幼儿园所有活动②，狭义上主要有游戏和教学两类活动。此外，按照不同的组织方式、教育方法、教师作用、活动材料、活动时间等进行划分。

20 世纪 80 年代，我国幼儿园涌现出一种非学科教育模式，即幼儿园综合教育。全美幼教协会（NAEYC）将综合性课程看作“使课程内容对幼儿更具意义的一种策略”，并将综合性课程定义为“在儿童的经验范围内提供有组织的主题或概念，允许儿童在从一个或多个科目中抽提出教育目标的学习活动

① 朱家雄．幼儿园教育互动设计与实施（第二版）[M]．北京：高等教育出版社，2015：1.

② Bredekamp，S. & Rosegrant，T. Reaching Potentials：Transforming early childhood curiculum and assessment. Vol. 2，NAEYC，1995：168.

中去探索、去理解和去参与”。1986 年，赵寄石教授首先提出“幼儿园综合教育结构”的概念，1990 年进一步提出了“幼儿园综合教育课程”的概念，并指出它是指“幼儿园整体教育，反映幼儿园的整体结构和内在联系，体现各部分之间的相互作用以及整体功能”。综合的方式有学科（领域）的综合、幼儿发展方面的综合、专题的综合、幼儿园环境的综合，最常见的是主题的综合。本章围绕幼儿园常见的教育活动形式——幼儿园主题活动介绍幼儿园课程理论在幼儿园教育实践中的转化与实施。

第一节　幼儿园主题活动的概述

《纲要》《指南》《规程》等国家学前教育政策性文件明确指出，幼儿园教育活动应注重整合性、生活性、游戏性等，因此围绕幼儿生活开展的主题活动，越来越成为幼儿园重要的教育活动形式。

一、幼儿园主题活动的内涵

对于幼儿园主题活动的界定，不同研究者其表述不同，主要包括：陈文华主张：“主题活动课程指围绕着贴近儿童生活的某一中心内容即主题作为组织课程内容的主线来组织教育教学的活动。”① 侯莉敏指出：“单元主题活动就是围绕一个既定的‘点’（即主题）所展开的教育教学活动。”② 在主题活动中，师生共同围绕一个中心话题，开展一系列探究性的学习活动。幼儿园主题活动指以幼儿为主体，围绕一个明确的中心，开发园内外教育资源，整合教育目标、教育内容、教育手段和教育过程的一种教育教学活动。

幼儿园主题活动关注幼儿的主体性，强调根据幼儿的兴趣、需要和特点设计、调整活动方案，使幼儿获得与主题中心内容相联系的较为完整的经验；主题活动强调以主题作为活动主线，幼儿的生活世界是以具体的事物为主，幼儿所接触的事物通常涵盖多个学科领域，所以主题活动所涉及的范围和学

① 陈文华．幼儿园课程论［M］．北京：科学出版社，2011：182.

② 侯莉敏，幼儿园课程与教学理论［M］．北京：高等教育出版社，2016：171.

科领域很宽泛，它强调从“点”到“面”的把握，打破了学科间的界限并依据活动需要将知识进行重组；教师要充分调动幼儿、教师、幼儿园、家庭及社区等多方面的资源创设适宜的学习环境，教师要围绕主题挖掘并整合教育资源；幼儿园主题活动不同于学科（领域）活动，它强调教育目标、教育内容、教育手段和教育过程的交互性与综合性，而不是系统性与独立性。幼儿园主题活动的时间短则几日，长则一学期，一般按月进行。

二、幼儿园主题活动的特点

幼儿的发展需要和学习特点，决定了幼儿园主题活动具备以下特点。

（一）知识的横向联系

幼儿园主题活动重视各学科（领域）知识之间的横向联系，打破了学科（领域）之间的界限，将各个方面的学习有机地联系起来，符合幼儿整体性发展需求，有利于幼儿获得完整的经验。主题活动一般以幼儿生活中的具体问题作为中心（主题），幼儿需要对问题有一个较整体的、生活化的认识，而不是获取精深的相互割裂的专业性知识，因此要以横向组织原则整合知识。例如，幼儿园主题活动“树的秘密”，从“认识树”到“树的功能”再到“保护树木”，整合了关于树的名称、种类、用途、环保等多方面的知识，不是让幼儿记忆“光合作用”“裸子植物与被子植物”“树木的地理分布”“园林营建”等精深的专业知识。重点是与幼儿生活联系的可感知的浅显的经验性知识，如了解树的形状、类型、基本功能，利用树叶、树枝等各种材料进行艺术创作，萌发保护树木的意识和热爱大自然的美好情感。

（二）活动计划的弹性（可变性）

幼儿园主题活动是师幼围绕中心话题，不断讨论、探究话题蕴含的问题、现象、事件等，获得新的经验，这是一个不断生成的过程。教师虽然会预设主题活动方案，细致全面考虑主题活动中出现的各种可能性及应对策略，但是在网络信息时代幼儿获取的知识日益丰富多元，社会飞速发展带来的新问题与挑战层出不穷，跨学科发展带来知识的深度交融与更迭，因此主题活动计划要保持弹性或可变性。幼儿园主题活动强调教师预设与幼儿的主动生成相结合，教师要及时捕捉幼儿活动的信息，并及时作出反应，根据活动需要，灵活地安排学习时间、空间和指导方式。

1. 弹性的目标

教师预设的主题目标应建立在幼儿的最近发展区内，如果综合主题活动以一个学期为单元，主题目标要把握好设计目标的“度”为学期；若在一个月内开展，主题目标即为月目标，不能过于宏观或过于具体；即使是一次主题活动，也要适当保持目标的灵活性。总之，主题目标不是一成不变的，随着幼儿探索活动的不断深入，教师要及时修改、补充、调整最初的主题目标。例如，在“话说端午”主题活动中，以一个月为单元展开，教师预设的主题目标之一为“能够用不同的方式表现对端午节的认识”，在活动中，幼儿采用包粽子、缝香包、划龙舟、编花绳等不同方式表现对端午节的认识。再如，在“大树”这一主题活动中，教师预设的目标是认识树、了解树的结构及生长，但是幼儿并没有对该目标作出回应，而是提出和树交朋友。于是，教师调整了原来的教育目标，引导幼儿用自己的方式表达对树的友好，从不同的视角观察大树，聆听树的声音，用纸笔绘画大树等，进而提出并实现了“萌发热爱树木、热爱大自然的情感；提高观察、表达、合作、调查等多方面的能力”的教育目标。

2. 弹性的内容

幼儿园主题活动内容主要来源于幼儿生活、综合性的社会问题和不同学科的交叉知识，无论是哪一类内容都不是一成不变的，而是基于幼儿兴趣、经验不断生成的，伴随着幼儿生活不断产生和发展的。例如在“神奇的水”这一主题活动中，教师预设了“水的沉浮”，但是幼儿对降雨产生了兴趣，经过幼儿的讨论和教师对幼儿生成内容的教育价值的分析，及时将人工降雨纳入了活动内容。

3. 弹性的时间

一方面，合理配比时间，本着促进幼儿全面整体发展的原则，根据学习内容预设科学的时间配比，给予幼儿充分的、合理的主题活动时间安排；另一方面，弹性分配时间，根据幼儿的需求程度、兴趣保持时间等适当延长或缩短主题活动时间。

4. 弹性的空间

教师可以根据幼儿的需要进一步拓展学习空间，从班内扩展到班外，从幼儿园扩大到社区和幼儿可能接触到的任何角落，给幼儿提供参观、调查等亲身体验的机会。如在“影子游戏”中，教师预设的是幼儿在室内灯光下找影子，突然一个幼儿发现太阳光照射到窗户上，留下了窗户的影子，这时幼儿们纷纷望向窗外，于是老师带领幼儿到户外去找影子。再如在“认识鸡蛋”中，教师预设的是利用班级科学区，区别生鸡蛋与熟鸡蛋，但是幼儿的兴趣点在鸡蛋烹饪，于是教师基于班级烹饪区开展活动，并拓展到家庭厨房内的亲子烹饪活动。

（三）教育资源的整合化

《纲要》指出：“家庭是幼儿园重要的合作伙伴。应本着尊重、平等、合作的原则，争取家长的理解、支持和主动参与，并积极支持、帮助家长提高教育能力。充分利用自然环境和社区的教育资源，扩展幼儿生活和学习的空间。幼儿园同时应为社区的早期教育提供服务。”主题活动要充分运用幼儿园、家庭及社区中蕴含的丰富的教育资源，包括人力资源、环境资源、人文资源等。针对不同性质的资源，我们需要甄别、优选出符合幼儿特点，贴近幼儿生活且具有教育价值的资源，并将之有机整合进不同主题活动实施计划中。

1. 人力资源

幼儿园人力资源包括教师资源、幼儿资源、家长资源、专家资源、志愿者资源等，不同的人力资源有其不可替代的作用：一是教师资源。教师负责设计、组织、实施、评价主题活动。二是幼儿资源。幼儿间的经验分享、交往互助、合作探究等，是支持幼儿发展的同伴支架，因此主题活动通过创设宽松的学习环境，鼓励幼儿自主探索，为幼儿提供合作机会，使幼儿资源得到最大的发挥。三是家长资源。家长资源带来的便利条件，可以扩展主题活动的课程内容和开展空间。

2. 环境资源

幼儿园环境主要包括幼儿园园内环境资源、自然环境资源和社会物质环境资源等。幼儿园园内环境资源的利用包括与主题相关的区域环境、主题墙的设置、各种空间环境资源的利用等；园内外的自然环境资源包括动植物、各种自然现象、四季更替、自然环境变化等；社会环境资源不仅包括社区中便利设施的参观、使用，还包括社会生活中的一些大型公共设施、场所资源的利用。如常熟市游文幼儿园在“布艺活动”中，制作幼儿园资源地图和社区资源地图，在充分利用园内的木工间、曲艺社、布艺长廊、印刻吧、布艺坊、种植园等园内资源的基础上，拓展利用园外的布匹市场、服装城、纺织厂、彩衣堂等社区资源。

3. 人文资源

本地区的人文风俗、节日庆典、文化古迹等，既可以作为活动主题，又可以作为满足幼儿兴趣需求，扩展幼儿知识的有利资源。人文资源不仅能丰富主题活动的内容，更能增强幼儿对传统文化的感知和理解，激发幼儿对祖国对家乡的热爱之情。以民间文化为例，包括历史传说、神话故事、童谣、成语、谚语、谜语等民间文学；乐曲、舞蹈、民谣等民间音乐；剪纸、扎染、泥塑、农民画、年画等民间美术；木工、竹工、布艺等民间工艺；皮影、杂耍、曲艺等民间综合艺术；纺织、制茶、种植、饲养、建筑、桥梁、造船等民间科技；竞技游戏、听说游戏、手指游戏等民间游戏；礼仪、节气、丰收、祭祀、婚嫁等民间习俗；春节、端午、重阳等民间节日。

（四）实施的灵活多样性

在主题活动开展的过程中，教师应针对不同的学习内容采用灵活多样的方式，即主题教学活动、主题性区域活动和个别指导。

1. 主题教学活动

在幼儿园主题活动中，当出现比较集中的问题时，当幼儿经验积累到一定程度需要梳理、归纳、提升、交流、分享时，教师可以集中教学的形式发挥集体教育功能。

2. 主题性区域活动

区域活动不仅可以为幼儿创设互动的学习环境，还可以为幼儿提供个别化的学习机会。在主题活动中操作性较强的、动态性的、社会性较强的、表演性较强的或探究性较强的主题内容等都可以通过主题性区域活动的方式进行。

3. 个别指导

主题活动是幼儿通过主动探究不断实现自身经验建构和重组的过程，教师需要及时观察、记录、发现幼儿的兴趣及遇到的困难，通过个别指导幼儿克服困难。

幼儿园主题活动实施的灵活多样性还表现在幼儿学习方式的灵活多样性，例如在“亲亲泥土”中，幼儿运用观察学习的方式，理解泥土与动植物之间的关系；通过用泥捏、塑、雕等操作学习的方式，进行泥塑艺术创作；通过自主或合作探究学习的方式，掌握泥土的特性等。

三、幼儿园主题活动的教育价值与面临的挑战

（一）幼儿园主题活动的教育价值

1. 幼儿园主题活动打破了传统课程教学的学科界限，横向辐射至各个学科（领域）的知识或经验，符合幼儿整体认知和感性体验的学习特点。

2. 幼儿园主题活动是教师与幼儿共同参与完成的，其内容丰富、形式多样、贴近幼儿生活，有利于充分发挥教师的创造性，尊重幼儿的主动性。

3. 主题的推进与发展是教师的知识经验与幼儿的兴趣需要之间相互作用的结果，师幼在主题活动中共同建构各自的经验，实现教学相长。

（二）幼儿园主题活动面临的挑战

1. 注重知识之间的横向联系，设计者容易把注意力过多集中于课程的外部，而忽视幼儿的主动建构过程。在幼儿园教育实践中的主题活动，往往带有教师中心色彩，教师为准确地执行设计好的系列活动方案而忽略幼儿的需要和反应。

2. 对于如何协调师幼关系，如何处理预设与生成问题，如何保证在教师预设为主的情况下充分顾及幼儿的需求，如何在幼儿生成为主的情况下提高教育活动的效率，等等，这些问题还需要在今后的主题活动设计中不断完善，从而发挥主题活动应有的效能，更好地促进幼儿全面和谐发展。

第二节　幼儿园主题活动的设计

为充分发挥主题活动的教育功能，有效促进幼儿全面和谐发展，因此需要遵循发展性、整合性、生成性、活动性和可操作性等设计原则，整体规划、动态把握各设计环节。

一、主题的确定

“主题”是主题活动的核心，起着导向的作用，主题活动的设计是一个以“主题”为圆心向外联结的建构体。基于幼儿的兴趣、需要和已有经验，选择与确定合理的生活化的主题，是开展主题活动的第一步。一般而言，主题来源主要包括：幼儿生活（玩具、图书、朋友、服装、食物、家庭、学校、身体认知等）、社会生活（旅游、通信、交通、工具、标志、气象、消防、戏剧等）、社会环境（小区、超市、商店、图书馆、书店、公园、医院、桥等）、自然环境（植物、动物、江河湖泊、沙、土、岩石等）、自然现象（季节、天气等）、节日与事件（节日庆祝活动、民俗、联欢、新闻与偶发事件等）、科学概念（旋转、高度、浮力、磁铁等）。[①] 依据不同的来源，可预设或生成社会热点主题（如抗击疫情、迎冬奥、天问、祝融、北斗等）、重要议题主题（如消防、环保、视力保健等）、动植物主题（如落叶、风、雨、雪、水、蜗牛、蚕等）、节庆节气主题（如植树节、母亲节、端午节、二十四节气）、社区环境主题（上小学、我居住的社区、菜场、超市、博物馆等）、社会产品主题（如公共汽车、城墙、玩具等）。

选择与确定主题后，还应该为主题命名，主题名称应避免成人化，要简洁明了、有趣味性，例如，以“颜色”为主题，可以结合中班幼儿对颜色的兴趣与经验，引导其对颜色进行深入有趣的探索，如从“颜色在哪里”、“色彩游戏”和“颜色的联想”等方面开展。因此，将主题活动名称命名为“颜色躲猫猫”，可以很好地将“颜色在哪里”、“色彩游戏”和“颜色的联想”

① 汪丽．田野课程架构与实施［M］．南京：南京师范大学出版社，2008：58-59.

等整合在一起。“颜色躲猫猫”既突出了主题活动的目的，又用幼儿化的名称，激发幼儿的好奇心，鼓励幼儿用各种方式探索颜色的变化。

二、主题网络图的编制

教师要基于整合的教育观编制主题网络图，要以主题内容之间的逻辑关系为活动线索，打破学科界限，整合领域内容，建构主题网络。

（一）主题网络图的编制流程

1. 联想

一方面教师围绕某主题，展开丰富联想，通过“脑力激荡”充分调动主题相关的知识经验，将与主题有关的内容写在一个个小纸片上；另一方面，教师要鼓励幼儿参与，引导或帮助幼儿把不同的想法用简明的图文记录下来。

2. 分类

整理并归纳主题的类别，可以把性质相同的字词记录到同一颜色的纸条上，了解并区别各类别主题的不同性质。划分类型的标准不同，类型也不同，一般可以根据主题要素、主题活动脉络、问题、主题情境等划分，并采用不同的编制方式。

3. 命名

在命名主题名称的基础上，选择合适的字词或短语概括已经归类的每组，并为每一组设计一个标题，即确定并命名分主题名称。

4. 合作

教师与同事、幼儿进行讨论、交流、分享，不断丰富、完善、细化主题网络图。

5. 连接网状图

连接主题名称与分主题名称，连接各分主题，连接各分主题与各类活动，直观地呈现各分主题之间的关系，主题、分主题与各类活动之间的关系。编制主题网络图时，要避免出现主题与主题之间缺乏衔接，学习内容常常没有什么联系，仍然割裂幼儿获得的知识与经验。例如，在“风筝”主题中，主题脉络为“欣赏风筝”（如欣赏中国传统风筝）—“风筝手工坊”（如探索风筝的结构/探索风筝为什么能飞/自制风筝比赛）—“风筝嘉年华”（如风筝展览会/看谁的风筝飞得高），从兴趣引发到深度探索再到成果分享阶段，各个主题连贯衔接。

（二）主题网络图的编制方式①

1. 以要素为线索

以要素为线索建构主题网络图，即将主题根据性质分解成若干要素，并以这些要素作为展开线索的建构方式。常用于以特定的物品、生物体或场所为主要研究对象的主题活动。有利于教师全面把握主题延伸出的线索，有利于为幼儿提供完整的经验。例如在中班主题活动“鱼”的网络中，教师把“鱼”这一主题分解为鱼的种类、生活习性、作用、鱼与人类的关系等要素（见图7-1）。

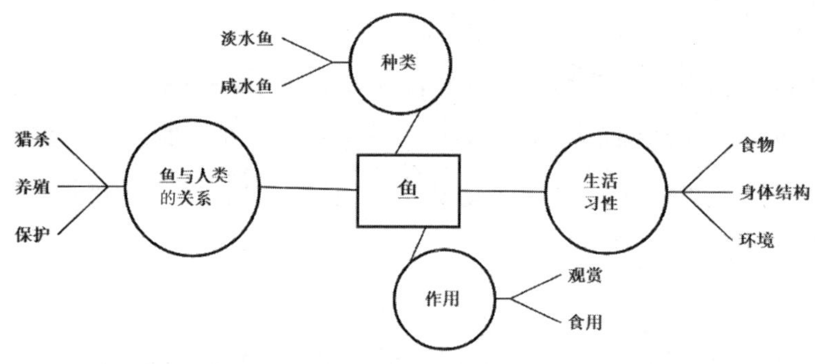

图7-1 “鱼”主题网状图

2. 以活动为线索

以活动为线索建构的网络图，即先预设主题的主要活动，在此基础上，预设或生成相关活动。例如，大班主题活动“红军粉”的网络图，用实线标注的是主题实施前预设的活动，用虚线标注的是主题实施中生成的活动（见图7-2）。

① 汪丽．田野课程架构与实施［M］．南京：南京师范大学出版社，2008：71-73.

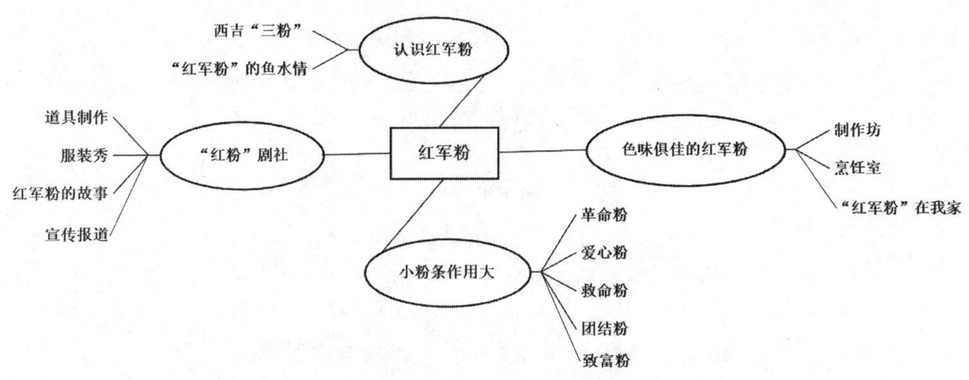

图 7-2　“红军粉”主题网络图

3. 以问题为线索

以问题为线索建构主题网络图，即以问题作为展开线索，在回答问题的基础上完成主题网络的建构。例如，小班主题活动“我的幼儿园”，教师围绕幼儿园的相关问题线索设计了“幼儿园是什么样的”“哥哥姐姐怎样生活”“哥哥姐姐学什么”“在幼儿园里，我要做什么”（见图 7-3）。

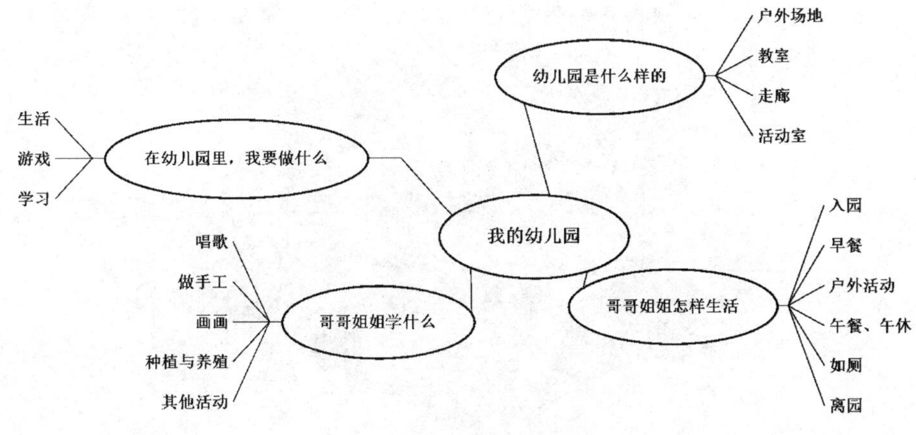

图 7-3　“我的幼儿园”主题网络图

4. 以情境为线索

以情境为线索建构主题网络图，即将主题分为几个相关情境，通过情境展开主题，例如，大班主题活动“春天里”，引导幼儿在幼儿园、公园、郊外等各个地方寻找、感受春天的景色，进行春天里的活动（见图 7-4）。

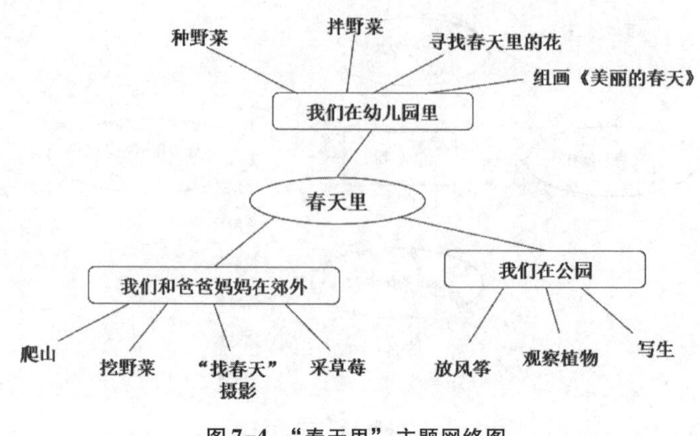

图 7-4 “春天里”主题网络图

（三）主题网络图的呈现形式①

1. 树状主题网络图

树状主题网络图寓意为主题展开方式是生长的，可生成性的。树形主题网络图主要是对主题内容进行分析，以主要内容为主线采用生长的方式呈现。其中实线表示教师预设的主题内容，空白处为幼儿生成的活动的“留白”（见图 7-5）。

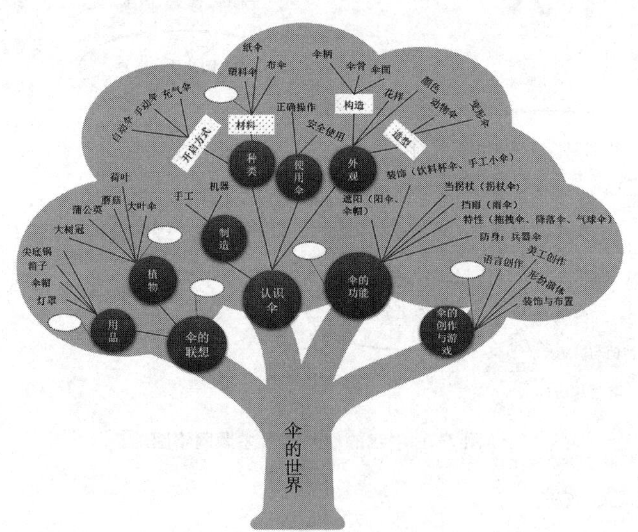

图 7-5 树状主题网络图

① 陈福静．幼儿园主题活动的设计与实施策略［M］．北京：中国轻工业出版社，2016：68-73.

2. 发散形主题网络图

发散形主题网络图是从一个总的知识点出发，相关联的每一个小知识点都可以作为一个主题进行探究的方式，见图 7-1、7-2、7-3、7-4。发散形主题网络图中的知识点只是一种提示，教师可以有自己的构思，也可以根据幼儿的兴趣与经验、主题活动时间以及课程资源等条件进行扩充或者删减。

3. 表格式主题网络图

表格式主题网络图，可以清晰地呈现主题、主题目标、主题脉络（分主题）、主题环境创设、家园互动等，是比较方便实用的形式（见表 7-1）。

表 7-1　表格式主题网络图“红红的社火”

<table>
<tr><td>主题名称</td><td colspan="3">红红的社火</td></tr>
<tr><td>年龄段</td><td>大班</td><td>时间</td><td>3 月份</td></tr>
<tr><td>设计意图</td><td colspan="3">《纲要》指出：“充分利用社会资源，引导幼儿实际感受祖国文化的丰富与优秀，感受我国民族的文化，激发幼儿爱家乡、爱祖国的情感。”社火作为一种民间艺术活动，是劳动人民智慧的结晶，蕴含着丰富的教育价值。春节刚过，班内很多幼儿在现场或电视上观看过社火表演，对社火产生了浓厚的兴趣，因此设计了“红红的社火”主题活动</td></tr>
<tr><td>主题目标</td><td colspan="3">1. 了解社火民间艺术，提高语言、表演、绘画等方面的表现能力
2. 通过制作社火表演道具，发展创新、动手操作和探索能力
3. 感受民间习俗社火的乐趣、喜庆氛围和艺术魅力，萌发对民间社火艺术的喜爱、保护和传承之情</td></tr>
<tr><td>主题脉络（分主题）</td><td>分主题目标</td><td>活动名称</td><td>整合领域</td></tr>
<tr><td rowspan="2">社火知多少</td><td rowspan="2">了解社火的发展历程、产生原因和表演形式；感受民间社火艺术的乐趣、喜庆氛围</td><td>喜气洋洋看社火</td><td>语言、社会、艺术</td></tr>
<tr><td>社火艺人讲社火</td><td>语言、艺术</td></tr>
<tr><td rowspan="3">社火手工坊</td><td rowspan="3">了解社火道具的制作方法；提高语言、艺术、手工制作等方面的表现能力；发展动手能力，体验制作活动的乐趣</td><td>我来画脸谱</td><td>艺术、科学</td></tr>
<tr><td>社火工艺大师</td><td>艺术、科学、社会</td></tr>
<tr><td>社火服装秀</td><td>社会、艺术</td></tr>
<tr><td rowspan="3">社火嘉年华</td><td rowspan="3">通过表演，感受社火的喜庆气氛和传统民俗带给人们的喜悦之情；提升社火艺术美的创造和表现力；将社火文化与现实生活联系起来，从生活做起保护并传承社火文化</td><td>慧心妙舌的仪程官</td><td>语言、艺术</td></tr>
<tr><td>我们一起踩踩踩</td><td>健康、社会、科学</td></tr>
<tr><td>我是小小舞狮人</td><td>健康、艺术、社会</td></tr>
</table>

续表

<table>
<tr><td>主题名称</td><td colspan="3">红红的社火</td></tr>
<tr><td rowspan="4">主题环境</td><td>主题墙</td><td colspan="2">在主题墙以图片形式呈现主题网络
张贴扭秧歌、舞狮、踩高跷、春官、脸谱、划旱船等图片
挂上彩色布绸做装饰</td></tr>
<tr><td rowspan="3">活动区</td><td>常规区域</td><td>如阅读区、手工区等，并在常规区域中投放主题相关的材料</td></tr>
<tr><td>主题区域</td><td>如议程区、舞狮区、社火工作区等</td></tr>
<tr><td>其他区域</td><td>如隐私区、休息区等</td></tr>
<tr><td>家园社区
协同共育</td><td colspan="3">1. 寒假期间，家长带幼儿参观民间社火，亲自感受社火的魅力；2. 家长提前收集、提供一些与社火相关的制作材料 3. 邀请社火传承人或演员来园，进行介绍社火、培训教师、指导幼儿活动</td></tr>
</table>

三、主题目标的制定

设计者需要根据主题活动开展时间的长短制定幼儿园主题目标，如果以学期为单位开展，则参照学期目标制定；如果以月为单位开展，则参照月目标制定；如果以周为单位开展，则参照周目标制定。目标的制定原则与表述要求，请参照第二章内容。

第三节　幼儿园主题活动的实施

一、主题环境创设①

《规程》指出："幼儿园应当将环境作为重要的教育资源，合理利用室内外环境，创设开放的、多样的区域活动空间，提供适合幼儿年龄特点的丰富的玩具、操作材料和幼儿读物，支持幼儿自主选择和主动学习，激发幼儿学习的兴趣与探究的愿望。"随着主题活动的开展，主题环境的建构已经引起越来越多教师的重视。

---

① 胡娟．幼儿园课程概论［M］.（第二版）. 上海：复旦大学出版社，2021：120-127.

幼儿园主题环境创设包括精神环境创设和物质环境创设：精神环境创设需要教师与幼儿、幼儿之间相互信任、尊重，幼儿在安全、轻松、愉快的环境中，积极主动地参与活动获得发展；物质环境创设在主题活动中起到重要的作用，适宜的物质环境和材料可以有效地引发和推动幼儿的活动发展。幼儿园主题活动下的物质环境创设主要包括主题墙和主题区域的创设。

（一）主题墙

幼儿园主题墙是指教师和幼儿创设的与主题相关的所有墙面环境。主题墙是幼儿园环境的一部分，不仅具有美化环境的作用，也是幼儿学习成果的展示，更是对幼儿发展与进步的点点滴滴的记录，其具体作用表现在：促进幼儿发展，激发幼儿学习兴趣，帮助幼儿回味、反思主题内容，有重要的教育功能和审美功能；加强家园合作，让家长了解幼儿在园学习什么，保证幼儿园与家庭教育的一致性；促进教师的自我成长，对环境的利用和创设是幼儿教师必备的专业能力之一，主题墙可以让教师及时作自我反省。

1. 主题墙创设的基本要求

（1）布局要科学规划、适当调整

主题墙一般分为几个有机联系的板块，但是由于墙面空间有限，因此教师要提前规划好各个板块的大致幅面，以免过于拥挤和胡乱拼贴。例如，调查问卷或幼儿作品，在展示一段时间后可以做成幼儿成长记录册，供幼儿和家长随时翻阅；还可以做成二维码，家长和幼儿在家也可以了解和学习。

（2）墙面高度要考虑幼儿的身高和视线

适宜的高度方便幼儿去看、去摸、去闻……进入幼儿视线的东西，幼儿才会有互动和探索的欲望，才能在这个过程中获得语言、社会性等发展。

2. 主题墙创设应体现的基本功能

（1）教育功能

主题墙创设的教育目标要与幼儿的兴趣、当前正在进行的主题活动有机地融合在一起，不断推动主题课程的生成、开展，记录幼儿学习探究的成长足迹，体现“墙壁会说话”的教育价值。

（2）参与功能

一方面，教师要为幼儿提供参与主题墙创设的机会，幼儿是主题墙创设的主人，不能将幼儿能力的强弱、作品的好坏，作为幼儿参与主题墙创设的条件；另一方面，充分利用家长资源，家长帮助收集与主题相关的资料与图片，调动家长参与主题墙创设的积极性。

（3）互动功能

主题墙创设是整体主题活动的一部分，不能割裂它与主题活动的关系，它应源自主题活动、展示于主题活动、同步于主题活动，同时又能反过来影响主题活动的推进、实施，丰富并生成新的主题内容。教师要做到创设与主题内容、进度相符的主题墙，巩固主题活动的实施与发展，根据幼儿不断变化的兴趣和关注点以及主题内容的进度，实现主题墙和主题活动的互动。

（4）变化功能

主题墙的创设不是一劳永逸的，而是经过主题产生、发展、完善的过程。它应记录幼儿活动和经验的建构过程，在师生共同创设主题墙的时候，要善于留有空白，以便适应幼儿兴趣需要的变化，以便丰富主题和派生新主题，进一步推进主题活动不断深入，展示幼儿动态的学习轨迹。

（5）审美功能

主题墙的创设应布置合理、色彩协调、构图精巧，有一定的审美价值，并根据幼儿的年龄特点选用不同的创设方式和材料，在小班，直观、简洁、鲜艳的图片更适合，主题墙内容不宜过多、过杂；在中大班，教师在选定主题后，可根据幼儿的兴趣和发展需要，放手让幼儿自主设计和布置主题墙。在创设过程中，教师要正确处理创造性与美感的问题。

（二）主题区域

主题环境可以体现在墙饰上，也可以体现在区域中。在遵循区域布置、材料投放等基本要求的基础上，主题区角环境的创设需要注意，根据主题投放材料，随着主题活动进程和幼儿发展，及时调整和更换材料；处理好主题区域与常规区域、重点区域等之间的关系；处理好主题区域活动与主题教学活动之间的关系等。

此外，在创设主题环境的过程中，幼儿园应充分利用家庭、社区的人力资源、环境资源、物质资源和文化资源。家长方面，发动家长通过各种渠道帮助幼儿收集与主题目标和内容相关的资料，为幼儿参与创设主题活动环境提供物质保障；鼓励家长参与制作主题环境材料，不仅为主题活动的开展提供了物质条件，还增加了家长与幼儿在一同参与的过程中所获得的满足感，帮助家长进一步了解主题内容，从而更好地开展主题活动。与此同时，幼儿园还应积极利用社区资源拓展主题环境，丰富幼儿的主题经验。

二、主题活动的实施途径

（一）主题教学活动

对于主题教学活动的分析，主要参考北京师范大学霍力岩教授的观点。

1. 主题教学活动的本质属性与特点

主题教学活动即幼儿园教师引导并支持幼儿围绕一定主题展开的集体探究活动。主题教学活动的特点包括：活动性，即它不是科目（只关注教什么，忽视幼儿兴趣需要和发展）、经验（带有主观性、模糊性）、目标（过分强调静态预设，忽视动态生成），它是教师主导下的幼儿主动体验的过程；探究性，即它一般选用幼儿生活中常见的，能综合体现多领域知识，却经常被忽视的探究物作为探究对象，在活动中，教师要给予幼儿充分的探究时间；全员性，即全体幼儿在熟悉的生活化主题下，循序渐进推进集体活动，经过“个人初步感知”“小组探究”“集体探究”，实现全员互动，组内、组际间整体认知探究物；主题性，即围绕主题活动方案的主题，将各领域知识纳入其中，进行整体化教学；幼儿主体性，即在教师引导下，幼儿自主探究，以幼儿为主体进行组内交流、组际交流、班级分享；教师支架性，即整个活动过程中教师提供真实的支架物（如邮票、树叶等），通过支架语（语言引导）、支架态（动作表情等）以及同伴支架（观察同伴活动）引导幼儿实现高品质学习；教师引导性，即从综合主题活动导入，到各个教学环节的展开，都离不开教师引导；教师主导性，即幼儿虽然意识不到“被控制”，但整个活动的开展都是教师精心设计、组织并实施开展的活动；师幼关系的主体间性，运用埃德蒙德·古斯塔夫·阿尔布雷希特·胡塞尔（Edmund Gustav Albrecht Husserl）提出的，马丁·海德格尔（Martin Heidegger）、卡尔·西奥多·雅斯贝尔斯（Karl Theodor Jaspers）、哈贝马斯、汉斯-格奥尔格·伽达默尔（Hans-

Georg Gadamer）等哲学大师关注的现象学中主体间性理论，解释师幼关系再恰当不过，在幼儿园综合主题教学活动中，教师与幼儿是互为主体的关系。

2. 主题教学活动环节

尽管我们强调，幼儿园可以通过主题教学活动促进幼儿的发展，但是我们需要将这种决策理念转化为具体可操作的教学方案，而关键则在于教学环节。主题教学活动的环节见表 7-2。

各个环节教师要提供支持幼儿发展的教学支架。1991 年维果茨基曾说："从心理学的观点出发，教师是教育环境的组织者，是教育环境与受教育者相互作用的调节者和控制者。"在幼儿园综合主题教学活动中教师通过提供真实材料的支架物、开放性问题为主的支架语、动作与表情为主的支架态、搭建同伴合作支架等，支持并引导幼儿的活动。教师在活动中还要注意适时撤离原支架，并重构新支架。

在各个环节中，幼儿是主动的学习者。建构主义学习理论认为幼儿不是消极被动，有待教师填充知识的容器，而是具有主观能动性的学习者。教师支架幼儿在"个人最近发展区"、支架学习小组在"团体最近发展区"，通过个别学习、小组合作学习、集体学习，最终实现高品质发展。

表 7-2　主题教学活动环节

教学环节	教师的教学支架	幼儿的预期行为
活动导入	引发兴趣：教师设计情景导入	产生兴趣：幼儿启动活动，产生好奇心
活动体验	支持体验：教师提供真实的探究对象（探究物）	初步体验：幼儿初步体验材料，保持和固化好奇心，使好奇心转化成为学习兴趣，激发渴望深度探究的欲望（渴望学习不是真的学习，是一种学习倾向性）
活动探究	观察探究：教师给予幼儿充分的探究时间，并提出小组合作探究的活动规则，实时观察各组出现的问题和进度	深度探究：幼儿通过个别探究、小组探究的方式，实现深度学习。投入深度探究学习行动，幼儿会出现专注、坚持性等学习的典型行为。深度学习是过程与结果的统一，最后会形成自己的或自己小组的结论，有深度学习才有真的学习，真的建构，真的成长，这种成长是有"证据""结果"的证明，这种"结果"会引发新的兴趣。只有有了深度探究，才有分享的内容。传统小学化教学只讲结果，不谈过程；非小学化趋势下，很多人进入只注重过程的误区，幼儿随便玩，但是很多时候这种玩是"低品质的玩"，是忽视幼儿发展的玩；科学合理的非小学化教学，应该是过程与结果的统一

续表

教学环节	教师的教学支架	幼儿的预期行为
活动分享	支持分享：教师提供时间和场地，支架幼儿分享小组探究的“结果物”	合作分享：“有效分享”的前提是要有“结果物”，可以是物质性的结果物，如完成的作品、观察记录表，也可以是非物质性的结果物，如观点、想法等。分享达成合作，合作学习是深度学习的深化，集体合作学习又会进一步推动深入学习再上新台阶。合作学习是社会观察学习的重要组成部分，实现合作学习的前提是全体人员深度探究学习同一主题内容，没有深度学习，合作学习是没有意义的
活动反思	启动反思：教师引导幼儿再次认识“结果物”，以演绎或归纳的方式对活动过程进行梳理和概括，并为下次活动的开展指明方向	回顾反思：幼儿的已有经验和新学习经验形成链接，只有经过了合作学习和深度学习，反思才有效，避免“形式主义”学习、低效学习

需要注意的是，幼儿园主题教学活动的 5 个环节，仅供教师在设计与实施时参照，不是绝对必须遵循的统一化的教学模式。

（二）主题背景下的区域活动

1. 主题背景下区域活动的定位

区域活动和集体教学活动、生活活动等幼儿园内部非区域活动是积极互动、动态变化的关系；区域活动和社区、家庭等幼儿园外部非区域活动，在平等的基础上相互作用。总之，区域活动是一个开放的系统，是幼儿园教育系统的一个有机组成部分，它与其他教育活动是平等、互补、互生和互利的关系。

主题背景下的区域活动是幼儿个性、兴趣、能力在同一主题脉络下的延伸，是对幼儿生活经验的链接，区域活动可以将主题教学活动与幼儿发展有机结合和深化。

课堂思考：

1. 区域活动独立于主题教学活动之外。（　　）

2. 区域活动是主题教学活动后的放松活动或补充。（　　）

答案分析

1. ×　2. ×

2. 主题背景下区域类型的划分

（1）常规区域

常规区域又称传统区域，即各幼儿园普遍认同和开展的区域，如角色区（娃娃家、小医院、超市、餐厅、理发店等）、阅读区、美工区、表演区、建构区、益智区、科学区、沙水区等。

（2）主题区域

主题区域，即主题背景下的活动区。在主题区域中，教师将主题目标、主题活动内容物化在区域材料中，引导幼儿在区域的自主活动中实现主题发展目标。

（3）特色区域

特色区域，即人无我有的活动区，不仅仅反映在独特名称上，有些区域用的是常规区域名称，如建构区，但在建构区投放的是具有本地区独有的建构材料，或者只有自己幼儿园开发挖掘的建构材料，开展的是富有特色的建构活动，这也可以称为特色区域。

（4）重点区域

根据幼儿身心发展的特点和需要，每学年、学期、每月、每周创设指向不同目标的重点区域。一是各年龄班创设不同的重点区域，如在小班锻炼幼儿自理能力，以生活操作区为重点；中班发展幼儿的动手能力，以美工区为重点；大班幼儿喜欢探索，以科学区为重点。二是各学期创设不同的重点区域，幼儿的发展是迅速的，前后两个学期也会呈现不同的特点和问题，重点区域也会有所调整。三是每月有侧重地开展区域活动，有利于教师重点在某一区域指导组织幼儿活动，其他幼儿在别的区域做自己喜欢的游戏，然后轮换。老师可以专心细致地观察幼儿，及时发现问题、解决问题，有效地发挥重点区域的教育功能。

根据园本研究的需要，设计重点区域，如山东利津县幼儿园活动场地大，进行户外游戏，那么就会以运动区域作为设计重点。

（5）新兴区域

《指南》中提到要帮助幼儿学会恰当表达和调控情绪。幼儿和成人一样，烦躁时需要安静，疲劳时需要休息，悲伤时需要哭泣和安慰，有不良情绪时需要宣泄。随着人们越来越关注幼儿的心理健康，满足幼儿的情绪诉求，幼儿园逐渐兴起心理调节区域，例如隐私区、安静区、休息区，用来满足幼儿独处的愿望，再如宣泄区、情绪角，当幼儿感觉有不良情绪需要发泄时，可以在这个区域中通过身体强烈运动的方式宣泄不良情绪，达到心理调适的目的。也有观点认为这样会引发幼儿的暴力倾向，部分心理调节区仍存在争议。

3. 主题区域与常规区域的关系

（1）两者的区别主要表现在：主题区域围绕主题目标、主题内容进行设计与实施，常规区域指向幼儿一般性发展（不指向主题）；主题区域根据主题发展与变化进行调整，常规区域根据幼儿的发展进行调整。

（2）两者的联系主要表现在：两者都承担着促进幼儿自我学习、自我探索、自我发现、自我完善的任务，是互利共存的关系。不是每个区域所创设的内容都要与主题契合，也应该有相当一部分是符合幼儿年龄特点、涉及面更丰富的常规区域活动。

（3）常规区域与主题区域可以相互转化。将常规区域与主题简单进行横向联系，可以实现常规区域向主题区域的转化，例如，可将建构区等转化为“航天梦”主题下的“火箭制造区”。但是有些常规区域自身系统性较强，很难表现主题内容，如数学区，不能强行转化此类区域，应该随幼儿活动情况和一般性发展逐步调整。

通过主题区域材料的再利用，实现主题区域向常规区域的转化。主题区域的主题任务完成，主题教育价值实现后，需要撤离区域，为下一个主题区域的开展提供场地。可以通过材料再利用的方式，将主题区域转化为常规区域或下一个主题区域，让区域材料在另一个区域中再次焕发生命力，真正做到物尽其用。例如，在大班“生活中的车辆”主题活动中，教师将主题区域“车辆制作间”内幼儿制作完成的出租车、公交车、消防车、救护车、警车、工程车等车辆投放到常规区域“表演区”（如“娃娃家”）中，引导孩子进行角色扮演活动。

主题背景下的各类区域活动交叉而行，各自按照自己的目标有序运转，教师需要视具体情况，灵活开展。

主题教学活动要符合教学活动的常规性要求，主题背景下的区域活动要符合区域布置、材料投放、活动设计等常规性的要求，可参照第四章第二节的内容，在此不再赘述。

专栏7-1　主题活动实施阶段，家长工作的开展①

1. 家长参与主题资料的收集。家长主要是协助孩子完成资料收集工作，而不是代替幼儿完成，家长要把握资料的有效性和适用性。

2. 家长助教活动。教师可以在主题活动准备阶段，对家长的情况做一个简单调查，建立家长智囊团，选择有能力的家长或者根据主题活动的需要请家长任“教师”，对孩子们进行教育。家长进课堂，为教育增添了活力，不仅丰富了幼儿的知识经验和社会经验，也拓展了教师的教育方法，弥补了教师在思维方式上的局限性，使主题活动更加丰富多彩。

3. 亲子活动。亲子制作、亲子阅读、亲子美食大比拼、亲子运动会、亲子远足等，都是主题活动过程中经常开展的家长参与的活动形式，通过家长的广泛参与，主题活动会更加生动精彩。

第四节　幼儿园主题活动的总结回顾②

主题活动总结阶段的主要任务是通过各种方式和途径，对主题活动进行总结、反思、资料整理等，帮助幼儿获得系统化的经验，提升幼儿的总结概括和自我评价能力，同时提升幼儿参加主题活动的自信心和积极性。

一、总结谈话活动

教师组织幼儿通过谈话对主题活动的全过程进行总体回顾，例如，幼儿可以说说自己印象最深的活动或游戏，通过活动收获了什么，自己在哪些方面需要改进等。总结性谈话可以帮助幼儿梳理和归纳已有经验和知识，使之

① 周兢，张杏如．幼儿园活动综合课程教学指导用书（小班）[M]．南京：南京师范大学出版社，2009：132-133.

② 赵旭莹，周立莉．幼儿园综合主题活动：设计技巧与优秀案例[M]．北京：中国轻工业出版社，2016：32.

更加条理化和系统化，学会倾听和思考他人的经验、体会和想法，并使幼儿养成在活动结束时及时总结反思的习惯。例如，小班主题活动“神奇的翅膀”，最后的分享环节，教师引导幼儿根据自己完成的翅膀主题的绘画、手工创意作品，用“假如我有一双……翅膀，我会……”分享介绍成果的特点功能和自己的愿望，最后形成一首美好的饱含情感的散文诗。

二、分享活动

教师组织幼儿通过小组分享或集体分享主题活动中完成的“结果物”（幼儿探究操作后完成的物质成果），包括美术作品、美食作品、玩具、亲子制作作品等活动，引导幼儿学会与人分享、与人合作，体会分享的快乐。例如，大班主题活动“甜甜的玉米”，最后在“玉米生活馆”中分享玉米美食，如玉米汁、玉米饼、爆米花等，还邀请家长参加“亲子玉米美食汇”；在“玉米创意馆”中分享“玉米棒火车站”“玉米棒滚添画”“玉米包衣编制作品”等。

三、展示活动

教师利用日常或节庆日，组织幼儿通过静态或动态方式展示主题活动中完成的“结果物”。一是利用节庆日，开展展示活动。社会学家认为，仪式是信仰意识和群体意识的行为表现和外化特征，是一种规范化的行为模式，并由此产生各种活动。有些主题活动是围绕某个节日或典礼进行，如国庆节、儿童节、中秋节、幼儿毕业等，教师可以组织幼儿以庆祝、庆典活动的形式来对主题加以总结。仪式的意义在于它的象征性，而象征的意义就是文化的建构，节庆活动可以升华主题的意义，传承优秀文化精神，使幼儿获得快乐和自信，培养幼儿美好的情感。如大班主题活动“我上小学了”的开展与幼儿毕业典礼相结合，幼儿自己规划毕业典礼的程序、计划，自己设计邀请函、制作礼物、布置会场、准备节目、表演活动、赠送礼物、颁奖环节等，毕业典礼将主题活动推向高潮。二是利用日常，开展展示活动。一方面，可以搭建静态的展示台，展示幼儿作品，引导幼儿产生静心欣赏的意识，如在瓶盖作品展示中，教师设计了屏风式的展示架、大的瓶盖魔方等；另一方面，可以搭建动态的展示秀，展示幼儿作品，引导幼儿自主大胆展示自我，如“秋叶时装秀”。

四、资料整理

资料整理活动是在主题活动后期将活动过程中搜集的信息、图片、照片和视频以及幼儿的记录等资料整理归档。这些资料可以为以后的班级开展此类主题活动提供支持、积累经验。这一过程可使幼儿认识到归纳整理的重要性，学会整理归纳的方法，养成梳理已有经验的好习惯。如小班主题活动“我眼中的种植园”，教师引导家长和幼儿一起制作主题画册，每个幼儿都将自己在主题活动中收集的资料、成长的过程、活动的照片、制作的作品进行整理、归纳、设计、粘贴，形成完整的主题画册，画册既便于幼儿及家长随时翻阅，也记录了孩子在主题中的成长变化。

五、主题活动评估

幼儿园主题活动的评估可以从主题活动方案、主题活动实施、主题活动成效等各个方面进行专业化评估，从而不断完善和调整主题活动方案。主题活动评估可以采用内部评价与外部评价相结合的方式。

六、教师反思

在主题活动结束阶段，教师要做一个善于反思的人，反思幼儿在原有经验的基础上有哪些发展？主题活动过程中教师的指导策略是否有效？教师在主题活动中有哪些感悟或发展？主题活动存在哪些问题？等等。需要注意的是教师反思应该贯穿整个活动过程，以幼儿园主题教学活动的反思为例，教师可以从目标达成情况及原因、各环节教师提供的支架与幼儿的发展、幼儿的行为（预期行为、积极行为、消极行为及原因）、改进策略等方面进行反思（详见表7-3）。

表 7-3 “好玩的瓶子”主题教学活动的反思

活动名称		好玩的瓶子
班级		□大班 ☑中班 □小班
反思目标达成	达成目标及其原因	目标 1 达成：了解生活中装有液体瓶子的基本外形、材质、颜色等特征 原因：教师首先让幼儿初步体验并用语言描述实物，初步分享自己的“瓶子”，在这个环节中教师提出要求：“说一说你的瓶子为什么特别，并描述出来，但是不可以直接说出你带的是什么。”在这个环节中小朋友们可以通过别的小朋友说出的一些瓶子的外形特征、颜色去猜想；其次将幼儿分成小组探究“瓶子”的秘密，在这个环节中教师将小朋友分成 5 个小组，每个小组分享的讨论的结果都是不一样的，有的是按“瓶子”基本的外形特征，有的是按“瓶子”的材质，有的是按“瓶子”的颜色，最后一个环节就是一个新旧知识的链接，教师让幼儿将以前了解的和不了解的知识加以巩固
	未达成目标及其原因	目标 2 未达成：能够区分液体的不同状态 原因：在活动中幼儿大多数都在探讨装有液体瓶子的一些基本外形特征、材料、颜色等；对于液体的不同状态探究的并不是很多。只有一个小组只是简单地说了一下瓶子里面的液体，状态也并不是很明确
反思活动环节	各环节教师搭建的教学支架	一、教师谜语导入，引发幼儿兴趣，为后面的探究活动做准备 支架语：教师谜语导入，引发幼儿兴趣，激起幼儿探索的欲望 支架物：小朋友从家里带来装有液体的瓶子 支架态：在这一句话中老师面带微笑，营造了一个很好的活动氛围和环境 二、由语音描述到实物初步分享自己的“瓶子” 支架语：1. 师：“大家都去打开自己的包哦，现在，老师问一个问题”，为初步探究设置悬疑，引导幼儿探究。2. 师：“你为什么觉得你的瓶子特别，能描述一下吗？但不可以直接说出你带的是什么。”鼓励幼儿大胆用描述性的语言，表述自己带来的瓶子，激发其他幼儿猜想、动脑思考、探索 支架态：在幼儿讲述自己的瓶子的同时，教师观察幼儿初步探究的积极性 支架物：两位幼儿所描述的装有液体的“瓶子” 三、小组内探究“瓶子”的秘密 支架语：1. 师：“大家带的瓶子，到底都是什么样的呢？现在请所有小朋友从包里拿出自己准备的瓶子”，引导幼儿深入探究。2. 师：“现在，老师要提几个小要求，首先请 5 到 6 个人为一小组，请在 5 分钟的时间里去观察你们小组的瓶子，瓶子是什么样子的，你们可以打开看看里面的液体又是怎样的？它们之间有什么异同，5 分钟以后每个小组推选出一个幼儿为代表来分享你们整个小组所达成共识的发现，现在开始吧！”教师给予幼儿规则的语言支架，在学生讨论过程中教师四处走动察看，但是并不参与干涉。最后老师询问每个小组最后发言人是谁，这样可以给代表发言的同学一个心理准备 隐形支架：班级环境（老师给予充足的时间让幼儿探究） 支架语：教师先请一个小组代表上讲台中间，大声地说出自己组的发现，教师将发言人牵到教室正中央面向全体同学，因为刚开始幼儿是面对老师发言，这时幼儿是面对全体人员发言，鼓励幼儿大胆说出自己小组的探究结果 支架态：支持幼儿主动探究，教师则更多的是鼓励、关注、等待与支持

续表

<table>
<tr><td colspan="2">活动名称</td><td>好玩的瓶子</td></tr>
<tr><td rowspan="2">反思活动环节</td><td>各环节教师搭建的教学支架</td><td>同伴支架：在这个过程中，同伴互相交流，讨论关于瓶子的秘密，有助于幼儿之间集思广益，互帮互助形成新的瓶子的秘密
四、自主联系新旧经验
支架语：师：“那么，哪些是你们以前知道的，哪些又是你们这节课了解到的呢？”教师用语言支架让幼儿回忆、总结、加深印象，建立起对以前知识的连接，并且加以巩固</td></tr>
<tr><td>幼儿获得的关键经验及发展水平</td><td>幼儿获得的关键经验：
1. 知道水是无色、无味的，看起来是透明的
2. 有些瓶子里的水是不能喝的（洗衣粉的水、眼镜水、护肤水、花露水等）
3. 在喝瓶子里的水之前先闻一闻，看一看，或者问老师或家长
4. 知道水装在不同形状的瓶子里，它就是不同形状的
5. 有颜色的水里掺有其他东西（混合物）
幼儿发展水平的变化主要体现在两个层面：
1. 班级幼儿整体发展水平
大多数幼儿的发展水平都有了一个很大的提升，首先由语音描述到实物初步分享自己的“瓶子”，让幼儿去猜想；其次在小组内探究“瓶子”的秘密，并且知道了“瓶子”的秘密不仅有基本外形的不同，还有材质、颜色以及瓶子里面装有不同的液体，更好地培养幼儿独立思考、探究、观察的能力
2. 个别幼儿发展水平
初步探究中个别幼儿用描述性的语言分享自己带的装有液体的“瓶子”和探究活动中每一个小组的发言人都有很大的提升，提高了幼儿的语言表达能力和参与活动的积极性，以及勇敢、大胆积极的品质</td></tr>
<tr><td rowspan="3">反思幼儿行为</td><td>幼儿预期的行为表现</td><td>在进行了一堂“水”的综合活动后，发现幼儿对装有各种水的瓶子非常感兴趣，以生活中随处可见的装有液体的瓶子为探究物，引起幼儿兴趣，学习各种装有液体瓶子的拓展知识</td></tr>
<tr><td>幼儿积极行为表现及其原因</td><td>幼儿积极的行为表现：在第二环节中幼儿用描述性的语言初步分享自己带的装有液体的“瓶子”的时候（部分幼儿眼睛直勾勾地盯着正在分享的幼儿，身体微微向前倾；某幼儿还没等分享的小朋友说完，就已经悄悄地告诉旁边的小朋友，他猜到是什么了，眼珠子转来转去，做好了要举手的准备；某幼儿一听到瓶子里还有花，眼珠子瞪得圆溜溜的，嘴巴长得好大，眉毛也皱起来，感觉连头发也都抖动了起来，表示不太敢相信的样子）
原因：在这个环节中教师引导幼儿对“瓶子”的好奇心，吸引了幼儿的注意力，鼓励幼儿大胆用描述性的语言，表述自己带来的瓶子，增强了幼儿主动探究的积极性，激发幼儿主动猜想、动脑思考、积极探索的欲望</td></tr>
<tr><td>幼儿消极行为表现及其原因</td><td>幼儿消极的行为表现：在活动的第四环节中，自主联系新旧经验（有些幼儿眼睛呆呆的，嘴巴张得大大的、打着哈欠、跷着二郎腿，时不时还朝着窗外望去；某幼儿双手托着下巴，病恹恹的没有精气神，不理睬其他人）
原因：在上一个环节小组探究活动中，每一个小组发言人说完，教师并没有进行及时的总结，每个幼儿的发展水平都不一样，所以造成在新旧知识链接的时候，有部分幼儿注意力不是很集中</td></tr>
</table>

续表

活动名称	好玩的瓶子
改进策略	1. 在活动的第三个环节小组探究活动中，教师应在小组发言人说完之后，及时进行总结，依据每个幼儿的发展水平要充分理解和尊重幼儿的个别差异 2. 在小组探究活动中，教师应多些“等待”给予幼儿充足的探究时间，支持幼儿探究 3. 活动导入时，教师可以结合上次活动幼儿对水已经有了基本的认识，直接组织幼儿谈论水

小　结

幼儿园课程由幼儿园各类型的教育活动组成，依据不同的分类维度，可以将幼儿园教育活动划分为不同类型。本章围绕幼儿园常见的教育活动形式——幼儿园主题活动介绍幼儿园课程理论在幼儿园教育实践中的转化与实施，主要包括：“幼儿园主题活动的概述”“幼儿园主题活动的设计”“幼儿园主题活动的实施”“幼儿园主题活动的总结回顾”。

幼儿园主题活动指以幼儿为主体，围绕一个明确的中心，开发园内外教育资源，整合教育目标、教育内容、教育手段和教育过程的一种教育教学活动。幼儿园主题活动的特点表现在：知识的横向联系；活动计划的弹性（可变性）；教育资源的整合化；实施的灵活多样性。幼儿园主题活动打破了传统课程教学的学科界限，符合幼儿整体认知和感性体验的学习特点；有利于充分发挥教师的创造性，尊重幼儿的主动性；师幼在主题活动中共同建构各自的经验，实现教学相长。但是在实践中，幼儿园主题活动面临诸多挑战，例如，如何处理预设与生成问题，如何保证在教师预设为主的情况下充分顾及幼儿的需求，如何在幼儿生成为主的情况下提高教育活动的效率，等等。

为充分发挥主题活动的教育功能，有效促进幼儿全面和谐发展，因此需要遵循发展性、整合性、生成性、活动性和可操作性等设计原则，整体规划、动态把握各设计环节。首先，“主题”是主题活动的核心，起着导向的作用，主题活动的设计是一个以“主题”为圆心向外联结的建构体，因此主题的选择与确定十分重要；其次，运用“联想—分类—命名—合作—连接网状图”的流程，编制主题网络图，可采用以要素为线索、以活动为线索、以问题为线索或以情境为线索的编制方式，以树状主题网络图、发散形主题网络图或表格式主题网络图的形式呈现；最后，设计者需要根据主题活动开展时间的长短制定幼儿园主题目标。

幼儿园主题活动的实施环节主要解决主题环境创设和实施途径的问题。幼儿园主题环境创设包括精神环境创设和物质环境创设。幼儿园主题活动下的物质环境创设主要包括主题墙和主题区域的创设。主题活动的实施途径则主要包括主题教学活动和主题区域活动。主题教学活动即幼儿园教师引导并支持幼儿围绕一定主题展开的集体探究活动，表现出活动性、探究性、全员性、主题性、幼儿主体性、教师支架性、教师引导性、教师主导性、师幼关系的主体间性的特点，活动导入、活动体验、活动探究、活动分享、活动反思等环节。主题背景下的区域活动是幼儿个性、兴趣、能力在同一主题脉络下的延伸，是对幼儿生活经验的链接，区域活动可以将主题教学活动与幼儿发展有机结合和深化。主题背景下的区域类型，可划分为常规区域、主题区域、特色区域、重点区域、新兴区域。将常规区域与主题区域简单进行横向联系，可以实现常规区域向主题区域的转化；通过主题区域材料的再利用，实现主题区域向常规区域的转化。

主题活动总结阶段可采用总结谈话活动、分享活动、展示活动、资料整理、主题活动评估、教师反思等方式进行。通过活动总结，帮助幼儿获得系统化的经验，提升幼儿的总结概括和自我评价能力，同时提升幼儿参加主题活动的自信心和积极性。

课外阅读资料

1. 顾慧琴，王翔．小不点，大发现：幼儿园科学发现活动［M］．南京：南京师范大学出版社，2021.

2. 林虹．小小书虫：幼儿园图书馆的建设与利用［M］．南京：南京师范大学出版社，2014.

3. 秦红．中国娃：幼儿园民间文化活动（上）［M］．南京：南京师范大学出版社，2014.

4. 葛晓英．中国娃：幼儿园民间文化活动（下）[M]．南京：南京师范大学出版社，2014.

5. 刘令燕，潘美芳，张继忠．小小园丁：幼儿园种植活动 [M]．南京：南京师范大学出版社，2014.

6. 任婕，吕亦枚．小小农艺师：幼儿园农艺活动 [M]．南京：南京师范大学出版社，2017.

7. 瞿英，叶俊萍．小小收藏家：幼儿博物馆的建设与利用 [M]．南京：南京师范大学出版社，2014.

8. 王秀玲．小小木工坊：幼儿园木工坊的建设与利用 [M]．南京：南京师范大学出版社，2016.

9. 虞永平，张斌．小小园丁：幼儿园种植活动 [M]．南京：南京师范大学出版社，2014.

10. 孟瑾，杨丽萍．小小美食家：幼儿园炊事活动 [M]．南京：南京师范大学出版社，2014.

11. 计彩娟，王善琴．小小饲养员：幼儿园饲养活动 [M]．南京：南京师范大学出版社，2014.

12. 李微玉，许晓蓉．小小艺术家：幼儿园表演活动 [M]．南京：南京师范大学出版社，2014.

13. 宁征．书屋的故事：幼儿园图书馆的建设与利用 [M]．南京：南京师范大学出版社，2015.

练习题

一、选择题

1. 幼儿园主题活动的特点不包括（　　）。

A. 知识的纵向联系　　B. 活动计划的弹性（可变性）

C. 教育资源的整合化　　D. 实施的灵活多样性

2.（　　）是主题活动的核心，起着导向的作用。

A. 教学活动　B. 游戏　C. 主题　D. 区域活动

3. 先预设主题的主要活动，在此基础上，预设或生成相关活动，是以（　　）为线索的主题网络图编制方式。

A. 要素　B. 活动　C. 问题　D. 情境

4. 小班主题活动“我眼中的种植园”，教师引导家长和幼儿整理、归纳、设计、粘贴活动过程的照片和记录材料，并一起制作完成主题画册，属于采用（　　）方式，进行主题活动的总结回顾。

A. 总结谈话活动　B. 分享活动　C. 展示活动　D. 资料整理情境

5. 主题墙创设应体现（　　）的基本功能。(多选题)

A. 教育功能　B. 参与功能　C. 互动功能　D. 变化功能

E. 审美功能

二、简答题

1. 主题网络图的编制流程是什么?

2. 常规区域与主题区域的关系是什么?

三、设计题

1. 设计完成幼儿园主题活动方案。

基本要求：

(1) 挖掘家乡的自然资源、社会资源和文化资源的教育价值，设计完成幼儿园主题活动方案；

(2) 主题名称、班级、设计意图、主题目标、准备工作、分主题名称、分主题目标、活动名称等结构完整，设计合理；

(3) 主题网美观、简明、有趣味性、有层次性，符合学前教育专业特点。

2. 从制作的主题网中（上一题)，选择并设计幼儿园主题教学活动教案。

基本要求：

(1) 运用“五步法”进行设计；

(2) 活动名称、班级、设计意图、活动目标、重难点、活动准备、活动过程等结构完整、设计合理。

参考答案

一、单选题

1. A　2. C　3. B　4. D　5. ABCDE

二、简答题

1. 主题网络图的编制流程为：联想、分类、命名、合作、连接网络图。

2. 两者的区别主要表现在：主题区域围绕主题目标、主题内容进行设计与实施，常规区域指向幼儿一般性发展（不指向主题）；主题区域根据主题发展与变化进行调整，常规区域根据幼儿的发展进行调整。

两者的联系主要表现在：两者都承担着促进幼儿自我学习、自我探索、自我发现、自我完善的任务，是互利共存的关系。不是每个区域所创设的内容都要与主题契合，也应该有相当一部分是符合幼儿年龄特点、涉及面更丰富的常规区域活动。

常规区域与主题区域可以相互转化：将常规区域与主题简单进行横向联系，可以实现常规区域向主题区域的转化；通过主题区域材料的再利用，实现主题区域向常规区域的转化。

三、设计题

答案略（附评价要点）

评价维度	评价要点
主题名称	简明、有趣味性
班　级	写清楚年龄、班级，若为混龄制需标注清楚“混龄”
设计意图	能够从幼儿兴趣、需要、发展水平，国家政策依据，社会问题、需求与热点，主题价值等方面进行分析
主题目标	以幼儿为表述角度；设计合理，不过于宏观或微观；设计全面，包括知识、能力、情感等多维度目标；一条目标不包括多条目标；未将主题目标混同于内容、手段等
准备工作	能够从幼儿园资料、家长资源、社区资源、社会资源等方面进行充分准备
分主题	主题名称简明，有趣味性；分主题衔接连贯

续表

评价维度	评价要点
分主题目标	以幼儿为表述角度；设计合理，不过于宏观或微观；设计全面，包括知识、能力、情感等多维度目标；一条目标不包括多条目标；未将主题目标混同于内容、手段等
活动名称	简明、有趣味性；幼儿园综合主题活动、区域活动、游戏等多种活动类型
主题网	美观、简明、有趣味性、有层次性，符合学前教育专业特点

评价维度	评价要点
活动名称	简明、有趣味性
班　级	写清楚年龄、班级，若为混龄制需标注清楚“混龄”
设计意图	能够从幼儿兴趣、需要、发展水平，国家政策依据，社会问题、需求与热点，活动素材等方面进行分析
活动目标	表述角度为幼儿；设计不过于宏观；包括知识、能力、情感等多维度目标；一条目标不包括多条目标；未将主题目标混同于内容、手段等
活动重点	明确活动要达到的主要目标
活动难点	找准活动可能遇到的问题与困难
活动准备	物质准备充分、合理；经验准备/分析合理
活动过程	活动导入：教师设计情景导入，激发幼儿产生好奇心，并启动活动
	活动体验：教师提供探究物，支持幼儿初步体验，保持和固化幼儿的好奇心，形成学习兴趣，产生渴望深度探究的欲望
	活动探究：教师支持幼儿深度探究，给予充分时间，提出活动规则，幼儿通过个别探究、小组探究的方式，实现深度学习
	活动分享：教师提供时间和场地，支架幼儿分享“结果物”
	活动反思：教师启动反思，引导幼儿回顾与反思，再次综合认识“结果物”，并为下次活动指明方向
	合理搭建支架物、支架语、支架态、同伴支架以及隐形支架等教学支架，引导幼儿实现高品质学习
	合理选择与应用信息技术，创设活动环境
	关注幼儿主动性，强调自主、合作、探究的学习
设计思路	能够从活动目标、内容、环节、方法等方面，有层次地分析整个活动的设计思路

视野篇

第八章　国外幼儿园典型课程

内容导航：

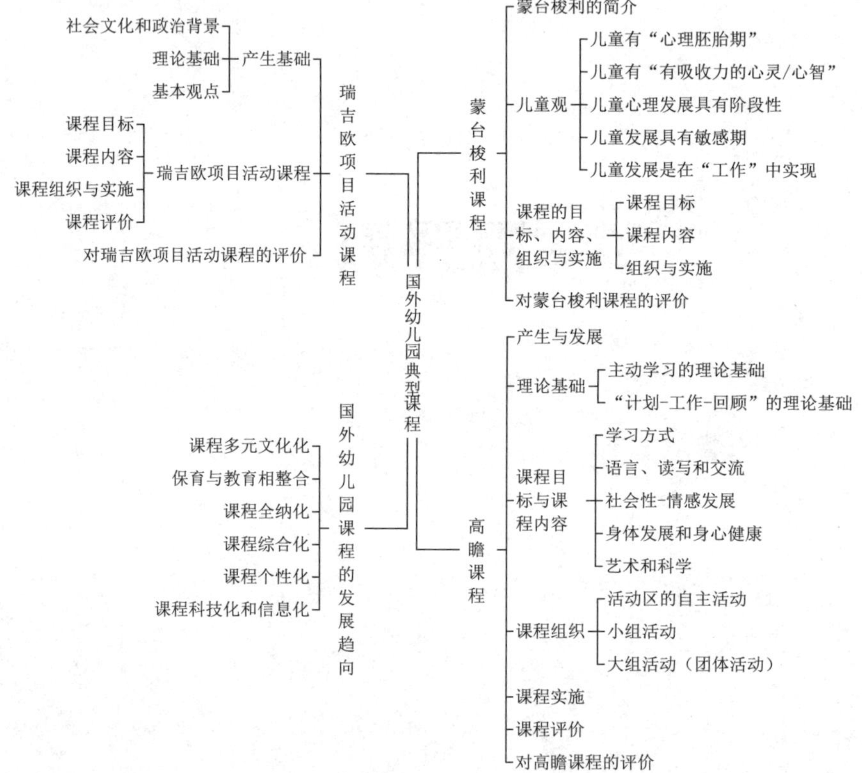

学习目标：

1. 理解福禄贝尔课程、蒙台梭利课程、高瞻课程和瑞吉欧项目活动课程的理论基础；

2. 掌握国外幼儿园典型课程关于课程目标、课程内容、课程组织与实施、课程评价的基本观点；

3. 初步具备运用国外幼儿园典型课程理论分析我国幼儿园课程问题的能力；

4. 能够对国外幼儿园典型课程理论进行客观评价；

5. 理解与分析国外幼儿园课程的发展趋向；

6. 把握幼儿园课程发展的机遇与挑战，树立专业理想。

问题情境：

请列举出你所了解的国外学前教育专家的名字及主要观点。

随着幼儿园课程理论与实践的发展，各国的学前教育工作者围绕幼儿、课程和教育展开了系列研究，形成了许多适应当地社会文化情境的著名的早期教育课程模式和方案。尽管没有一个适合各国、各地区、各民族所有幼儿的课程模式或方案，但是了解这些典型的课程研究成果，有利于为我国的幼儿园课程工作者的理论与实践探索提供参考。

第一节　蒙台梭利课程

一、蒙台梭利简介

玛利亚·蒙台梭利（意大利语：Maria Montessori，1870—1952 年）是世界著名的幼儿教育家，意大利第一位女医生，意大利第一位女医学博士，蒙台梭利教育法的创始人。蒙台梭利出生于意大利一个军人家庭，26 岁获罗马大学医学博士学位，随即在罗马大学附属医院任精神病临床助理医生，开始对低能儿童的研究产生了兴趣。1901 年，她再次回到罗马大学，进修哲学、普通教育学、实验心理学和教育人类学等，以扩大和加深自己的理论基础，进一步研究教育正常儿童的方法，这为她以后从事正常儿童的教育打下了坚实的基础。1907 年在罗马贫民区开设“儿童之家”，将对智力缺陷儿童的教育方法运用于正常的 3 ~6 岁儿童。1909 年出版重要著作《蒙台梭利教学法》，首次师资训练课程在罗马开课；1910

年蒙台梭利协会于罗马成立；1913 年第一届国际训练课程在罗马开课，开始在各国推广她的教育理念和方法；1929 年国际蒙台梭利协会在柏林成立，蒙台梭利担任主席，第一届国际蒙台梭利会议于丹麦举行，会议主题为“新教育”……20 世纪初，蒙台梭利教学法开始盛行于西方世界，后因法西斯政权的禁止受阻。第二次世界大战后蒙台梭利教学法在各国的教育改革中备受欢迎，迄今为止，蒙台梭利课程在世界各国的幼儿园教育中仍然影响深远。

蒙台梭利的主要著作有：《教育人类学》（1908 年）、《蒙台梭利教学法》（1909 年）、《蒙台梭利儿童教育手册》（1914 年）、《高级蒙台梭利方法》（1917 年）、《童年的秘密》（1936 年）、《发现孩子》（1948 年）、《有吸收力的心灵》（1949 年）等。这些著作被翻译后在全球出版，成为经久不衰的教育经典。

二、蒙台梭利的儿童观

蒙台梭利的教育思想来源广泛，她深受卢梭、裴斯泰洛齐、福禄贝尔等人的自然教育观和自由教育观的影响，基于对教育实践的长期观察和研究，结合生物学、心理学、哲学等理论，形成了独具特色的儿童观，为蒙台梭利课程模式的形成奠定了理论基础。

（一）儿童有“心理胚胎期”

蒙台梭利认为，每个人都有两个胚胎期，一个是在出生之前孕育在母体内的“生理胚胎期”，这种情况与动物相同；另一个是在出生那一刻开始的“心理胚胎期”，这是人所特有的。“新生儿应该被当作‘心理胚胎’来对待，他是一种包藏在肉体中降临到这个世界上的精神。”① 在她看来，从心理学角度分析，出生时的儿童内心一片空白，在天然的主动吸收外界信息的基础上，儿童的心理能力才得以发展，最终形成心理胚胎，“心理胚胎期”是儿童感知觉、记忆、想象、语言、思维等的萌发期。“作为心理胚胎的孩子，只能依靠自己的力量，在他所处的环境中生存。其实就像生理胚胎一样，心理胚胎也

① ［意］玛利亚·蒙台梭利．发现孩子［M］．蒙台梭利丛书编委会，编译．北京：中国妇女出版社，2012：13.

需要外部环境的保护。”①

（二）儿童有“有吸收力的心灵/心智”

“幼儿在心智上和成人很不相同，他们凭自己的天赋创造出很高的成就——不仅掌握了语言，更发展了说话的器官，还创造出各种各样的身体动作和表达智慧的方式。这并不是孩子收到有意识的‘意志’主宰而实现的，而是通过潜意识的心智来完成的……我们将这种心智称为‘有吸收力的心灵’。”②“儿童运用自己的天赋来吸收周围的知识，而不是根据主观意愿去获取知识。”③ 有吸收力的心灵也就是儿童主动吸收外界信息刺激，获取知识经验和心理机能的能力，例如儿童吸收的语言——“母语”，它区别于儿童日后下功夫学习的其他语言，很难想象如果“有吸收力的心灵/心智”持续发挥作用，影响会多么巨大。因此，蒙台梭利十分重视环境在儿童发展中的作用，也正是由于儿童天生具有“有吸收力的心灵/心智”，所以他们能够在自发活动中自己教自己。

（三）儿童心理发展具有阶段性

蒙台梭利认为，在整个儿童期，儿童心理发展有着自然规定的“进程表”，大致可分为三个阶段，每个阶段都有各自不同的教育重点。

第一个阶段：出生至6岁，包括0～3岁和3～6岁两个小阶段。第一，0～3岁儿童的心智形态是成人无法介入、无法产生影响的。教育重点是帮助幼儿获得丰富适宜的刺激，提供与环境接触互动的机会，为心理胚胎的形成提供条件。第二，3～6岁儿童的心智形态是成人可以介入，但需要采用特别的方式，此阶段儿童容易受到成人的影响，开始有意识地研究自己所处的环境。教育重点则是营造积极的情境，促进良好亲子关系和个性的形成。蒙台梭利认为0～6岁是人生最重要的时期，是人的心理发展并定型的时期。

第二个阶段：6～12岁。此阶段儿童成长的特点是具有稳定性，同时也是

---

① ［意］玛利亚·蒙台梭利．发现孩子［M］．蒙台梭利丛书编委会，编译．北京：中国妇女出版社，2012：17.

② 同①：22.

③ 同①：19.

儿童获取学识和艺术才能的时期，儿童表现得健康、强壮、平稳、快乐。教育的重心由感觉练习转向抽象的智力活动。

第三个阶段：12～18 岁，包括 12～15 岁和 15～18 岁两个小阶段。此阶段的儿童进入青春期，在生理与心理上出现明显的变化，身体发育迅速，接近成熟，同时在心理方面也出现了重大的转变，个性不稳定，表现叛逆不羁，但是同时逐步出现高级的情感和道德感，产生爱国心、责任感和荣誉感，兴趣爱好倾向逐渐稳定。此时的教育重点则是进行成人社会的道德和情感教育。

（四）儿童发展具有敏感期

蒙台梭利认为，当相应的敏感期出现时，儿童就表现出对一定内容和活动的特殊兴趣，这种“精神饥渴”作为儿童发展的内驱力，推动儿童积极主动地进行探索和练习，反复地操作某些活动或工具，在短时间内获得某种能力。蒙台梭利根据自己的观察和研究，试图区分儿童发展的敏感期，儿童的敏感期主要包括感觉发展敏感期（0～6 岁，2～2.5 岁是高峰期）、细节敏感期（1～2 岁）、语言发展敏感期（0～8 岁，1～3 岁是高峰期）、秩序感发展敏感期（2～4 岁，3 岁左右最明显）、运动的敏感期（0～4 岁）等。儿童发展过程中的敏感期不是界限分明的，多个关键期交叉出现进行，儿童在敏感期和对应操作活动与练习过程中，逐渐形成自己的个性。“在孩子的敏感期进行适当的教育是非常重要的，比之后的任何时期更为重要。”① 敏感期十分短暂，错过它，感受性就消失或大大减弱，因此成人要把握教育时机，并给予儿童相应的环境刺激。

（五）儿童发展在“工作”中实现

蒙台梭利认为，儿童内在发展驱动力推动着儿童积极主动地与周围的环境进行交互作用，同时儿童的心理发展关键期也需要科学适宜的外界刺激与操作练习，因此她指出儿童的发展需要在自由活动中进行。蒙台梭利并没有将儿童的自由活动归为游戏，而是归为工作，她认为游戏的虚构性会影响儿

---

① 玛利亚·蒙台梭利．蒙台梭利儿童教育手册［M］．蒙台梭利丛书编委会，编译．北京：中国妇女出版社，2012：22.

童的思维和个性，可能会引导儿童将现实与幻想相脱离，阻碍儿童形成严肃、认真、准确、求实等态度，同时难以形成责任感、规则意识和遵守纪律的精神与行为。蒙台梭利将儿童在“有准备的环境”中与环境相互作用的活动如操作教具的活动称之为“工作”，而将儿童日常的玩耍如使用普通玩具的活动称之为游戏。“幼儿的工作愿望代表了一种生命的本能，因为他不工作就无法形成自己的个性。”① 工作是儿童保持身心健康、发展个性的主要方式。对于能够满足内心需要的“工作”，幼儿会反复进行（“重复是孩子的智力体操”），直到在“工作”周期内获得某种能力，例如小女孩无意中发现可以脱下洋娃娃的衣服，于是她反复给洋娃娃穿脱衣服，这就是“重复”的工作。在工作中，小女孩不是因为疲惫停下来，而是由于她获得了给洋娃娃穿脱衣服的能力。

三、蒙台梭利课程的目标、内容、组织与实施

（一）课程目标

蒙台梭利课程的目标可以归结为两个方面：一是直接目标，即帮助儿童形成健全的人格（创造新人类）；二是终极目标，即建设理想的和平世界（创造新社会）。从本质上讲两者是统一的，个人健全人格的形成实际上就是建设理想社会的关键环节。蒙台梭利深受战争之苦，经历了两次世界大战，因此，她希望能通过教育创造新人类和新社会，例如，她特别注重培养儿童的秩序感和规则意识，希望儿童遵守纪律，爱好和平，反对战争，具备建设和平世界的理想和品质。

（二）课程内容

1. 日常生活训练

日常生活训练是进行其他工作的铺垫，是蒙台梭利课程的基础内容，其作用主要表现在：通过模仿家庭环境的空间，使儿童获得安全感和舒适感，稳定儿童的情绪；通过完全仿真的工作内容，可以获得关于本民族和国家的

① 蒙台梭利．童年的秘密［M］．金晶，孔伟，译．天津：天津社会科学院出版社，2010：160.

文化习俗等内容，有助于健全人格和高级情感的形成；通过集体生活，有助于儿童逐步学习和适应社会交往的技巧和规则；通过操作练习，促进儿童知识经验的积累和智慧的发展。蒙台梭利主张为儿童提供真实的生活材料，或按照儿童的比例将真实的生活器具缩小，让儿童在使用这些材料过程中，感知生活世界的实际情况，从而获取应有的日常生活知识经验和能力。日常生活训练的内容主要包括基本动作练习（如走、坐、舀、抓、倒、夹、绕线走等），对自己的照顾（如盥洗、使用餐具、折毛巾等），对环境的照顾（如打扫、插花、摆放桌椅等），与他人的交往（礼貌应答、打招呼、危险物品的递交等）4 个方面。

2. 感官训练

感官训练被认为是蒙台梭利课程中最重要的内容，也是最具特色的部分，包括视觉、听觉、触觉、嗅觉、味觉五方面的内容。感官训练的作用表现在：促进儿童感知觉的发展，为高级思维发展奠定基础；帮助儿童形成初步的秩序感和规则意识；促进儿童注意品质的形成，形成良好的工作和学习习惯；为儿童形成良好的健全人格做准备，等等。蒙台梭利按照困难度孤立、自动控制错误、顺序操作、内在奖惩的原则[①]设计了 16 套专门用于儿童感官训练的教具。感官训练的具体内容包括：一是视觉训练，幼儿通过粉红塔、棕色梯、彩色板、长棒等，鉴别物体大小、高低、长短、颜色等差异。二是听觉训练，幼儿通过音感铃、听觉筒等，辨别音高、音响、音色等变化。三是触觉训练，幼儿通过砂纸板、温觉板、重量板、温度筒、布盒等，感知物体冷热、轻重、厚薄、光滑与粗糙等差异。四是嗅觉训练，幼儿通过嗅觉瓶（在形状、颜色相同的容器内，放入不同气味的安全材料），感知气味差异。五是味觉训练，幼儿通过味觉瓶（在相同的容器内，放入不同味道的安全材料，供

---

① 困难度孤立原则，即一种工作材料只发展儿童某一个方面的一种具体能力，把儿童学习的重点或难点孤立起来，以确保儿童某一个方面的一种具体能力得到真正有效的发展；自动控制错误原则，即每一种工作材料都可以自动提示儿童操作的正确与否，儿童按照工作材料本身的提示和指引就可以得到应有的学习和发展；顺序操作原则，即每一种工作材料都有作为其准备的另一种工作材料，同时，每一种工作材料又是另一种工作材料的准备。儿童对工作材料的操作应该遵循从简单到复杂、从具体到抽象的原则；内在奖惩原则，即每一种工作材料都应该能够满足儿童内在的发展需求，能够长时间地把儿童的注意力吸引在操作工作材料的活动中。

儿童进行品尝），感知味道的差异。感官训练的内容并不是完全区分开的，许多教具可以同时完成多种感官练习，同时为后面的数学学习进行铺垫。

3. 语言教育

蒙台梭利认为，儿童的语言学习需要经历听—说—读—写四个阶段，这些顺序是固定的。语言教育的内容包括听说教育、读的教育和写的教育三部分，蒙台梭利为儿童设计了一系列学习语言的教具和教法。

（1）听说教育

听说教育是语言教育的第一步，蒙台梭利认为儿童的语言习得过程，尤其是口语主要依赖于“有吸收力的心智”获得，因此成人需要为儿童提供有准备的语言环境和适宜的刺激，让儿童在多听、多看、多说的环境中循序渐进地发展。听说教育的形式种类繁多，例如分类卡游戏、讲故事、背诵诗歌等。

（2）读的教育

关于读的教育，蒙台梭利设计了三阶段教学法，即命名、辨别、发音，具体阐释如下：第一，命名，即教师先将实物或图片放在儿童的面前，并进行命名，告诉儿童名称，让儿童进行复述，以加深印象。第二，辨别，即教师向儿童进行提问，儿童从实物或图片中，认出提问的对象，例如，教师：请你告诉我苹果在哪里？儿童（指向正确的水果）：在这里。第三，发音，即教师引导儿童说出实物或图片的名称，如教师（指向苹果）：请你告诉这个是什么？儿童：是苹果。三阶段教学法能够激发儿童的学习兴趣，加深儿童的记忆，提高语言学习效果。

（3）写的教育

蒙台梭利认为，儿童的书写学习过程不同于听、说、读的过程，并不是主动的获取过程，因此，利用儿童喜欢观察的特点，蒙台梭利为儿童写的教育设计了注音符号砂纸板、砂纸字母、金属嵌板、书卡集等许多富有童趣的教具辅助教学，准备了多种多样的学习方法和途径。

4. 数学教育

蒙台梭利认为，儿童数学学习过程在 3 岁前就开始了，因此她设计了一套算数教学的教具，把十进制转换、四则运算、平方立方、线性代数、分数等数学教育内容传授给儿童，数学教育也成为蒙台梭利课程的特色内容。根据不同的内容运用不同的教具进行引导，如0～10的数字和数量，可运用数棒、砂纸数字板、纺锤棒、纺锤箱等；十进位，可运用金色串珠、数字卡片等；还有加法板、减法板、平方链、立方链、塞根板、分数小人等多种数学教具，以及银行游戏、邮票游戏、点的游戏、加法蛇游戏、减法蛇游戏等。

5. 文化科学教育

文化科学教育的内容非常广泛，包括历史、地理、天文、科普、动物、植物、艺术以及人类文化地区差异等各方面的知识经验。开展文化科学教育的目的在于，通过学习历史文化，了解本民族的优秀文化传统和精髓，了解周围环境中与自己生活息息相关的各种因素与自己的关系和影响，以及文化包容和人文素养等方面的引导。教育内容主要包括考古游戏、挖宝藏、生命带、参观博物馆、艺术卡片、矿石标本、动植物标本、图片卡等，各个国家和地区可以根据各自的特点因地制宜地制定文化科学教育内容。

（三）蒙台梭利课程的组织与实施

1. 有准备的环境

蒙台梭利非常重视环境的影响和作用，儿童的发展是个体与环境交互作用的结果。由于儿童有“有吸收力的心灵/心智”，因此为儿童准备有选择的适宜的环境，可以促进儿童积极的成长。在“儿童之家”的每个班的幼儿一般不超过25个，并且实行混龄制，3～6岁的儿童各占三分之一。“有准备的环境”需要具备以下要素：第一，自由的气氛。只有在自由、平等、和睦、融洽的气氛中，儿童才有安全感、舒适感，才能保证对儿童教育时儿童安静、有序、专心、愉悦、平和、沉稳。除了限制无意义、伤害性或破坏性、干扰性的活动外，教师允许儿童根据自己的需要和爱好自由选择自己喜欢的活动和交往伙伴，给予儿童更多的自我探索和教育的机会，教师扮演的角色是合作者、指导者、倾听者，蒙台梭利反对教师采用命令式的压制手段对儿童进行约束和管理。“自由与纪律像一个硬币的两个面，是对立统一的”，在遵守各项秩序和保证“集体利益优先”的前提下，儿童的自由需要得到足够的保证。第二，结构和秩序。儿童成长的环境应表现外面世界的结构与秩序，以使儿童能够了解接受进而建立自己精神上的秩序。一是各种活动区域划分明确，各种“工作材料”由易到难、由简到繁、错落有序地摆放在高矮适中的教具柜上，并随儿童发展水平和发展需要不断调整更换；二是儿童要按照规定的步骤和顺序操作“工作材料”，进而形成逻辑习性和推理能力；三是有秩序地展开各种工作，一切都要按照制订的计划执行。第三，真实与自然。提供尽量接近自然生活的设备，便于儿童提高实际生活能力，尽早地适应社会。儿童按照实际生活的要求和规则观察或操作动植物（如葡萄、蒜苗、月季、玉米、仙人掌、西红柿、金鱼、乌龟、兔子、螃蟹、蜗牛、蚕等）、生活材料（如真的冰箱、烤炉、水池、电话、玻璃杯、洗衣服用的搓板等）、实验器材（如电池、天平、电路板、玻璃烧杯、温度计等）或按照儿童的比例缩小后的真实生活中的器具材料。第四，和谐与美感。环境布置应简洁、明快、有朝气、色彩柔和、户外安全洁净、绿草茵茵。师生交谈轻声细语，操作材料轻拿轻放，环境中弥漫着轻松、和缓、温暖的气氛，儿童乐在其中。第五，丰富的“工作材料”。拥有符合儿童身心发展需要的包含丰富教育内容和要求的“工作材料”，一般包括日常生活练习教具、感官训练教具、知识性训练教具、艺术类训练教具四大类。

2. 强调儿童的主体地位和自我教育

蒙台梭利认为，儿童的发展应该遵循自然发展的秩序，教师按照“自然进程表”引导儿童进行自主发展。环境只是提供儿童活动、发挥他们能力的场所和材料，它本身不能创造儿童能力，儿童只有在活动中运用各种感官通过各种形式去感知、研究和探索他们周围的环境，才能发展其内在潜力。幼儿以活动为主，活动是幼儿内在生命力的外部表现。

在“儿童之家”里，儿童与教师的地位是平等的，尊重儿童的人格与权利是蒙台梭利教育方案的基本原则之一，儿童有权利选择学习和操作的内容，同时也可以由自己决定学习和操作所取得的成绩。儿童的工作完全由自己决定，蒙台梭利主张进行“不教的教育”，相信儿童利用教具可以进行自我教育、自我发现和自我成长。她相信，没有一个人是由别人教育出来的，他必须自己教育自己，所以她设计的“工作材料”（蒙氏教具）具有自动纠错、内在奖惩的特性，有助于帮助儿童实现自我教育。蒙台梭利提倡运用科学的方法，鼓励儿童独立思考、独立判断和独立活动，培养他们“自律”和“自治”的精神，使他们成为适应时代潮流，保持社会文明和科学进步，促进人类和平的强有力的新一代。

3. 教师的作用

蒙台梭利从根本上改变了传统幼儿教育的教师与幼儿之间的关系，她认为在教育活动中，儿童是中心主体，教师不仅仅是教育环境和材料的提供者，还是活动的观察者和指导者。第一，教师是“有准备的环境”的创设者和提供者，要在儿童工作之前为儿童提供具有安全感、秩序感、美感的环境，保证儿童在环境中获得积极的信息刺激。第二，教师是示范者，每项工作进行之前，教师都要向儿童进行简明、正确的示范“工作材料”的操作，引导儿童进行自我尝试和教育。因此，教师要有充分的准备，精确掌握工作程序和步骤，并准确示范。第三，教师作为观察者，要以科学家的精神，运用科学方法，在儿童的自由活动中去观察和研究儿童的表现，倾听他们的声音，了解他们的需要，揭示他们的内心世界。第四，教师作为一名明察秋毫、反应敏锐、冷静沉着、精明强干、有教育艺术才能的指导者，要配合儿童的个别需要调整课程进度，要制止不良行为等。除此之外，教师的作用还体现在为儿童树立榜样，这就需要教师不断地完善自我，其中对儿童的爱与期望，以及对教育事业的献身精神最有价值。总之，教师的作用是引导儿童通过“工作”，达成自我教育目的。

4. 教育方法

在蒙台梭利课程组织与实施中，可采用示范法、三阶段教学法和自我教育，前文均已解读，在此不再赘述。

四、对蒙台梭利课程的评价

蒙台梭利强调发现儿童、尊重儿童，重视和信任儿童自主能动性，强调儿童秩序感的培养，精心设计各类教具材料具有一定科学性，蒙台梭利教学法成为各国幼儿园课程的重要方法之一。

但是其局限性也很明显，主要表现在：一是孤立的感官训练影响儿童全面认识世界。蒙台梭利重视感官训练，但是困难孤立是“工作材料”的设计原则之一，单一的感官训练脱离生活实际，违背了幼儿整体发展的特点。二是教具操作过程中存在一定的机械主义，忽视儿童创造力的培养。严格分类的蒙氏教具，需要儿童反复、不断地操作和练习，容易让儿童的想象力和创造力受到影响。三是偏重于智力训练，忽视儿童的情感陶冶和社会化。主要原因在于儿童在各自“工作”中，缺乏社会交往机会。儿童在环境中通常是各自进行各自的工作，虽然采用混龄教育，但是儿童相互间的沟通只局限于规定的工作和活动中，缺少相互交往的机会。四是一定程度上夸大了“工作材料”的“自动纠错”“内在奖惩”的作用，教师职能被弱化。五是认为6岁以前的幼儿可以学习10~20的乘除法，甚至平方、立方等，这些值得进一步探讨……

第二节　高瞻课程

高瞻课程方案（High Scope Program，又称海伊斯科普课程方案），High指高度的热情（high aspirations）和Scope指广泛的兴趣（abroad scope of interest），即让孩子们具有高度的热情和广泛的兴趣，但是高瞻课程的内涵广泛，主张以“主动学习”为核心，通过主动学习获得关键经验，促进儿童认知、情感、社会性等方面的协调发展，在世界范围内产生了重要影响。

一、高瞻课程的产生与发展

高瞻课程是美国著名儿童心理学家戴维·韦卡特（David P. Weikart）和他的研究团队于20世纪60年代创立的幼儿园课程模式。20世纪60年代，美国开始“向贫穷宣战”的全国性战略行动，并在密歇根州伊普西兰蒂市（美国中西部一个工人阶级聚居的城市）启动了一项针对处境不利的学前儿童进行教育干预的公立学前教育项目，即“佩里学前教育项目”（Perry Preschool Project），又称“高瞻佩里学前教育项目”（The High Scope Perry Preschool Program）。韦卡特于1970年建立了高瞻教育研究基金会（私立、非营利性质），并担任主席一职，于2000年退休。历经几十年的理论研究和实践探索形成了一整套幼儿园课程模式，并通过持续追踪研究参与项目的儿童从学前教育阶段到成年生活，证明了高瞻课程的有效性和优质性（如参加学前教育的学生，高中毕业率、拥有财富的比率更高，犯罪率更低）。因此，高瞻教育研究基金会持续广泛地在全美甚至全球推广高瞻课程，在英国、加拿大、印度尼西亚、墨西哥、韩国、南非等国家开设全国性的高瞻课程教师培训中心，高瞻课程的相关书籍被翻译成中文、韩语、阿拉伯语、法语、西班牙语等多种语言在世界各国和地区出版发行。

二、高瞻课程的理论基础①

（一）主动学习的理论基础

高瞻课程以皮亚杰为代表的认知发展理论为主要理论基础，受维果茨基的“支架教学”的影响，同时吸收了杜威的进步主义教育哲学思想。高瞻课程主张以“主动学习”为核心，强调学习者通过与环境的互动，不断改变和完善认知结构，实现认知、情感、社会性等方面的协调发展。在维果茨基的最近发展区理论基础上，高瞻课程下的教师要提供各种支架支持幼儿的主动学习。高瞻课程在关注儿童的兴趣、创造力和批判性思维培养等方面体现了杜威的进步主义教育哲学思想。

（二）“计划—工作—回顾”的理论基础

“计划—工作—回顾”循环是高瞻课程的基础，并与儿童发展过程有着明显的正相关②。这个活动循环配合小组活动、集体活动以及户外活动构成了高瞻课程的一日活动流程。“计划—工作—回顾”的理论基础源于诸多理论家的研究工作：一是“计划”，计划包括认知和社会/情感部分，从认知方面看，为了作出决定，儿童需要在头脑中对想做的事情形成一个认知图像，发展心理学家将儿童用于计划的心理用具称为“执行控制结构”；从社会/情感发展看，儿童的计划能力与埃里克森提出的“主动性对内疚感”的阶段同时出现，学前儿童成功实施计划/想法时，就发展了主动意识，反之则会对自己的主动性产生内疚感。二是“工作”，即有目的（学前儿童实施的是自己的计划）

① 安·S. 爱泼斯坦．学前教育中的主动学习精要：认识高宽课程模式［M］．霍力岩，郭珺，等，译．北京：教育科学出版社，2012：25-32.

② 高瞻官网（2011-12-28）. http://www. highscope. org/Content. asp? Contentld=410.

的游戏，许多教育者和心理学家认为有目的的游戏有利于幼儿的学习。三是“回顾”，即理解有目的的游戏。回顾时间为儿童反思自我行动并吸取与环境材料和人互动的经验教训提供了机会。学前儿童多以与他人谈论的形式回顾自己的行动，进入了讲述“故事”的过程。心理学家罗杰·施克说：“创编故事，就是为我们今后创建了记忆结构。谈论就是记忆。”教育理论家杜威和诸多心理学家都强调反思对于学习和发展的重要性。

三、高瞻课程的课程目标与课程内容

高瞻课程以关键经验为依据制定课程目标和课程内容，经过不断的补充完善确定了5个领域58条关键经验/关键发展性指标[①]：

（一）学习方式

作出选择、计划和决定，并表达出来；

解决游戏中遇到的问题。

（二）语言、读写和交流

向别人讲述对自己有意义的体验；

描述物体、事件和关系；

从语言的运用中获得乐趣：听故事和诗歌，编故事和儿歌；

用各种方式进行书写：画，涂，使用类似字母的符号、自创拼写以及正确拼写；

通过各种方式阅读：阅读故事书、标志和符号、自己的书写；

口述故事。

（三）社会性-情感发展

关照自身需求；

用语言表达情感；

与其他儿童和成人建立人际关系；

① 安·S. 爱泼斯坦. 学前教育中的主动学习精要：认识高宽课程模式［M］. 霍力岩，郭珺，等，译. 北京：教育科学出版社，2012：16-17.

创造和参与合作游戏；

处理社会性冲突。

（四）身体发展和身心健康

非移动性运动（原地运动）：屈体、转体、扭动、晃胳膊等；

移动性运动（非原地运动）：跑、跳、踏步、爬等；

携物运动；

在运动中表现创造力；

用语言描述运动状态；

按指令运动；

感受和表达稳定的节拍；

按统一的节拍连续运动。

（五）艺术和科学

1. 数学

（1）序列

对物体的各种属性（大/小、长/短等）进行比较；

将多个物体按序列或形式一个一个地进行排列，并描述它们之间的关系（大/更大/最大、红/蓝/红/蓝）；

通过试误法将一组按序排列的物体与另一组按序排列的物体进行匹配（小杯子/小碟子、中杯子/中碟子、大杯子/大碟子）。

（2）数字

比较两组物品的数量，判断谁多谁少或是不是一样多；

将两组物体一一对应；

计算物体的数量。

（3）空间

填满和倒空；

拆装物体；

改变物体形状和排列（包表、弯曲、拉长、垒高和围绕）；

从不同的空间视角观察人、场地和物体；

在游戏场、楼房和社区中体验并描述物体的空间位置、方向和距离；

解释绘画、图片和照片中的空间关系。

2. 科学和技术

（1）分类

通过视觉、听觉、触觉、味觉和嗅觉来认识物体；

探索和描述事物的相同点、不同点及其属性；

辨认并描述形状；

分类和一一对应；

用多种方式使用和描述物体；

同时注意事物的多种属性；

区分“一些”和“全部”；

描述事物所不具备的特征或者它不属于的类别。

（2）时间

按信号开始或停止动作；

体验和描述不同的运动速度；

体验并比较时间间隔的长短；

预测、记忆并描述事件的顺序。

3. 社会学习

参与集体常规活动；

对他人的感受、兴趣和需要敏感。

4. 艺术

（1）视觉艺术

将模型、图片和照片与真实场景和事物联系起来；

用黏土、积木和其他材料造型；

绘画和涂鸦。

（2）戏剧艺术

模仿各种动作和声音；

玩假装游戏和角色扮演游戏。

(3) 音乐

随着音乐活动;

探索和辨认声音;

探索歌声;

自创旋律;

唱歌;

演奏简单的乐器。

这些关键经验从 49 条到 53 条再到 58 条的数量变化说明：随着儿童研究的发展，高瞻课程的关键性发展指标还会不断随之更新，例如随着肥胖儿童的增加，高瞻课程将重新评估如何促进幼儿的身体健康发展。

高瞻课程的关键经验在一定程度上起到目标导向的作用，教师运用关键性发展目标指导课程各个方面，包括布置教室、计划活动、观察幼儿等。高瞻课程采用开放教育的形式进行安排和设置课程内容，没有明确的内容体系，而是以“关键经验”为主线，通过创设适宜的环境（如活动区）把“关键经验”的内容渗透到环境之中，从而保证儿童在与环境的相互作用中获得所需的经验。

四、高瞻课程的课程组织

高瞻课程主要采用通过各种活动形式组织实施课程，课程组织形式主要包括：活动区的自主活动、小组活动与大组活动（团体活动）3 种。

（一）活动区的自主活动

活动区自主活动是儿童进行自主组织的活动过程，整个过程包括计划、工作、清理、回顾 4 个环节。在自主活动中，儿童根据自己的兴趣、爱好、能力、材料等在教师的指引下（计划时间一般将幼儿分成两组，每组一名老师），自行计划在活动区做什么、如何做以及和谁一起做等活动内容、方法；在工作时间，在活动区操作任何想操作的材料，实施计划；在清理时间，幼儿和教师一起将活动材料归位，并将个人作品放在展示区；在回顾时间，幼儿以符合其发展水平的方式反思自己做的一系列事情，也可以回到计划时间的小组，教师认真倾听并给予鼓励。

（二）小组活动

小组活动一般为15～20分钟，同一组的幼儿每天和固定的一名教师在一起活动，并在活动室的一个固定地点碰面，碰面之后可以根据小组活动的需要转换活动地点。教师发起小组活动时间，并为小组所有幼儿提供活动材料，创设支持性环境，幼儿在小组活动中贡献想法，在自己的发展水平上参与活动，教师还可以运用多种策略支持并拓展小组活动。小组活动可以帮助幼儿建立自己的兴趣点，获得不同活动区的丰富经验，还可以探索新的活动材料。

（三）大组活动（团体活动）

大组活动一般为10～15分钟，是一日常规活动的组成部分，由全班的所有教师和幼儿共同参与的一项活动，如唱歌、跳舞、运动练习、手指游戏、语言活动等，可以为幼儿提供相互交流、模仿、合作的机会，促进其个性、集体感、社会性的发展，让幼儿更为全面、客观地了解别人的想法和感受，对自我有一个清晰的认识。教师设计并发起大组活动时间，但是幼儿有很多自主选择的机会，如幼儿自己决定拍打身体的方式、创编的动作造型等。

五、高瞻课程的课程实施

高瞻课程主要通过幼儿园一日计划表来安排课程实施，主要包括问候时间（15～20分钟）、计划时间（10～15分钟）、工作时间（45～60分钟）、清理时间（10分钟）、回顾时间（10～15分钟）、小组活动时间（15～20分钟）、大组活动时间（10～15分钟）、户外活动时间（30～40分钟）、用餐时间（15～20分钟）、过渡时间等。一日常规计划包括半日制和全日制两种形式（见表8-1）：

表 8-1　高瞻课程下一日常规示例表

半日课程安排		全日课程安排	
上午班课程	下午班课程	统一时间到园、离园	分散到园、离园
➢ 问候时间 ➢ 计划—工作—清理—回顾时间 ➢ 小组活动时间 ➢ 大组活动时间 ➢ 户外活动时间 ➢ 午餐 ➢ 离园	➢ 午餐 ➢ 问候时间 ➢ 大组活动时间 ➢ 计划—工作—清理—回顾时间 ➢ 小组活动时间 ➢ 点心时间 ➢ 户外活动时间 ➢ 离园	➢ 早餐 ➢ 问候时间 ➢ 大组活动时间 ➢ 计划—工作—清理—回顾时间 ➢ 小组活动时间 ➢ 户外活动时间 ➢ 午餐 ➢ 阅读与休息 ➢ 加餐 ➢ 户外活动时间 ➢ 离园	➢ 自由活动 ➢ 早餐 ➢ 问候时间 ➢ 计划—工作—清理—回顾时间 ➢ 小组活动时间 ➢ 大组活动时间 ➢ 户外活动时间 ➢ 午餐 ➢ 阅读、午睡 ➢ 点心时间 ➢ 小组活动时间 ➢ 和家长一起计划—工作—清理—回顾时间

六、高瞻课程的课程评价

高瞻课程认为对儿童发展的评估是课程的起点，评估的目的是了解、分析儿童当前的发展水平，并提供教育支持，而不是打分排名。高瞻课程理论专家根据多年研究与实践编制了《学前儿童观察评价系统》，主要包括学习品质，社会性和情感发展，身体发展和健康，语言、读写和交流，数学，创造性艺术，科学和艺术，社会学习，英语语言学习（如果使用）等方面的内容。几个方面的评价内容与关键性发展指标（关键经验）基本保持一致。通过这种全面的情景性评估，可以帮助老师深刻认识孩子的发展状况，更好地与家长交流，更为重要的是据此制订进一步的课程计划，提供更有针对性的教育支持，有效地促进学前儿童发展。

七、对高瞻课程的评价

高瞻课程在全世界的影响与日俱增，它的特点和贡献主要包括①：一是以

① 冯晓霞．幼儿园课程［M］．北京：北京师范大学出版社，2001：190.

结构化了的“关键经验”作为建构课程的框架。关键经验是课程设计者希望幼儿在活动中获得的、对达到教育目标至关重要的学习经验，是通向目标的桥梁。高瞻课程将“促进幼儿认知能力的发展，培养主动的学习者”的目标转化为一系列必要的“关键经验”，以学习经验为核心来组织课程，使教师把注意力真正指向儿童以及儿童的活动过程。二是强调通过环境进行教育。从皮亚杰理论中智慧起源于动作，是儿童与环境相互作用的产物的思想出发，海伊斯科普课程非常重视环境的创设布置和材料的提供。要求环境及其材料必须是吸引人的，能引起幼儿的活动动机；材料应是丰富而有挑战性的，能引发和支持幼儿多种多样的探索活动。支持幼儿运用精心选择的材料开展活动，在活动中发展尽管不是高瞻课程的独创，但却是它的特色之一。三是在强调幼儿主动学习的同时，突出教师的指导作用。在高瞻课程中，设计学习经验的责任由教师和幼儿共同承担，教师扮演着活动参与者、倾听者、观察者、指导者、反馈者等多重角色。活动区更多的是进行幼儿自发的自主活动，而小组活动时间和大组活动时间则是由成人来设计和组织的，既保证了儿童的主动学习，又平衡了他们的学习经验，有利于促进儿童全面均衡的发展。即便是在儿童自发的兴趣区活动中，成人也可以借助于物化了课程目标的材料来平衡、调整课程，这就较好地处理了在教育过程中师生相互作用的关系。四是重视语言在幼儿思维活动中的作用。在高瞻课程的一日常规安排中，“计划—工作—回顾”这几个环节充分发挥了语言对思维和行动的调节、控制、反思作用，促进了幼儿行动的目的性、计划性和认知能力的发展。从这一点上，可以明显看到维果茨基理论的影子。五是具有较强的操作性。既有指导性原则，又有具体应对的策略，并列举了大量实例。例如，在兴趣区的创设上，不仅指出了总的指导原则，而且就每个兴趣区可以发展哪些关键经验，可以安排在教室的哪个位置，应投放哪些材料，如何摆放等提出了具体的要求与建议，同时对这些要求与建议的必要性或可能产生的效果作了详细的说明，便于教师理解和掌握。

此外，与其他一些课程模式相比，高瞻课程以高质量著称，是有系统、有组织的课程模式；经过半个多世纪的理论研究和实践探索，已日趋成熟，高瞻课程的有效性和优质性已得到验证；花费低廉，不要求购置和使用特殊的材料，适合所有经济背景下的幼儿园课程；高瞻课程拥有一个由高瞻教育研究基金会提供培训与支持的广泛的网络系统，可帮助世界各国的幼儿园课程工作者学习和运用高瞻课程。高瞻课程已成为当今世界上具有广泛影响的学前教育方案之一，而且其影响力还在日益增强。

第三节　瑞吉欧项目活动课程

瑞吉欧·艾米利亚（Reggio Emilia）是一个位于意大利北部地区的小镇，瑞吉欧项目活动课程的名称就是来源于此。20世纪60年代以来，在组织者马拉古兹（Loris Malaguzzi）的发起和领导下，在市政府、社区民众的大力支持下，经过专业团体数十年的艰苦努力，开始逐步形成瑞吉欧教育体系。瑞吉欧的项目活动课程（以下简称“瑞吉欧课程”）成为继蒙台梭利课程之后，一个颇具特色的、堪称影响世界的幼儿园教育体系。瑞吉欧教育体系被视为欧洲教育改革的典范，1991年被美国《新闻周刊》评选为“全世界最好的教育系统之一”。1981年，在瑞典斯德哥尔摩举办了“如果眼睛能越过围墙”的主题展览，在世人面前展示了瑞吉欧教育体系尊重儿童的权利，相信儿童的能力，从儿童的角度看问题等观点。1987年，在美国纽约教育展览上，因名为“儿童的一百种语言”宣传，瑞吉欧教育体系开始知名于世界，成为世界上极具影响力的幼儿教育体系，被许多国家和地区推崇。瑞吉欧教育体系的创造者并不认为他们的教育体系是一种课程模式，因为一旦被固化为模式，就会违背该体系的“生成性”和“动态性”，他们希望瑞吉欧教育实践能不断改善和更新。

一、瑞吉欧课程产生的基础

（一）社会文化和政治背景

从社会文化和政治背景的角度审视瑞吉欧这个城市酝酿产生的教育系统，便于我们深入了解瑞吉欧课程的独特性。一是社会文化方面：瑞吉欧坐落于亚平宁半岛，具有良好的社会人文环境，具有良好的城市公共生活，保留完好的传统文化与艺术，是艺术和建筑珍品的故乡，拥有宽松融洽的人文氛围，使这里成为项目活动课程诞生的精神土壤。二是政治背景方面：瑞吉欧还有悠久的政治解放、民族独立的传统，当地政府机构和官员的声誉很高，当地市民尊重自己的文化传统和大众组织，居民有强烈的民主参与和公共社区观念，不同社会阶层常通过政治活动或经济合作解决问题。瑞吉欧市民强烈的参与意识使人们就早期教育服务质量不断地开展对话，也使瑞吉欧成为得到当地市政大力投资的项目。

许多著名的学者认为，该教育体系出自意大利的瑞吉欧并不是偶然的，特定的社会文化和政治背景下产生的独特的价值观念孕育了瑞吉欧教育体系。意大利的人口出生率低，虽然每个家庭的人口越来越少，但是家庭之间却保持着日益亲密的关系，创造了一种意大利社区特有的大家庭式的环境。儿童在其中体验、理解“合作与分享”这一价值观。在瑞吉欧幼儿园很少陈列个人照片，这种现象显示了儿童合作的人际关系，而这种合作关系也体现在教育者之间、教育者与儿童之间以及家长和社区公民的积极参与之中。长久以来人类学家认为物理环境是影响人的生活方式的重要因素，意大利人善于将现代技术和古代建筑设计有机融合，这一文化的价值和传统影响着瑞吉欧学校。去过瑞吉欧学校的人都会被那里优雅的物理环境吸引，这是瑞吉欧教育体系特有的。

（二）理论基础

瑞吉欧课程不是某一理论的产物，它是开放时代下广泛吸收各种理论思想之后的一种创造，深受很多教育家、心理学家的影响。

1. 进步主义教育思潮

瑞吉欧课程的创造者们深受杜威、威廉·赫德·克伯屈（William Hurd Cobbler）、艾沙克斯（S. Isaacs）等欧美进步主义思想家的影响。杜威从实用主义哲学出发，主张“教育即生活，教育即生长，教育即经验的改造”，强调“从做中学”，让儿童在生活中去发现问题和解决问题。杜威的进步主义教育思想影响着当时整个世界的教育，克伯屈提出的“设计教学法”（the Project Method）、艾沙克斯的“英国幼儿学校”（British Infant School）教育实践等，都是这一思想影响下的产物。瑞吉欧以项目活动为中心的课程从理论建构到实践运作，都能从杜威的进步主义教育思想中找到根源。

2. 建构主义理论①

瑞吉欧课程深受以皮亚杰和维果茨基为代表的建构主义理论的影响。皮亚杰主张学习是一个内在主动建构的过程，基于此，瑞吉欧课程的研究者们将注意重心从课程的逻辑性、系统性和计划性，转移到儿童的需要、动机、原有经验和认知水平上，转移到为儿童学习准备条件上来。瑞吉欧课程的教育者秉持并践行皮亚杰的理论观点：学习是比教学更为根本的过程；成人要耐心等待，不要急于直接地把知识“灌输”给儿童；成人要为儿童准备充分的问题情境，让他们在不断的探索和发现中学习；教育应当以增进儿童进行发明和发现的可能性为目标。瑞吉欧课程有一条皮亚杰式的教育箴言：“站在一边静静地等待一会儿，给学习让出时间和空间，仔细观察儿童的所作所为，从中有所发现、有所感悟，而后，你的教学就可能不同于往常。”

瑞吉欧课程吸取了皮亚杰关于学习的主动建构理论，而从维果茨基的思想中发现这种主动建构是“社会性”的，而非“纯个人”的。教育首先是一种关系，单独的学习并不构成教育，一厢情愿的灌输也不构成教育，教育是一种成人的文化世界与儿童的心理世界的关系，一个相互交流的可能性空间。在维果茨基的“最近发展区”理论的影响下，瑞吉欧课程的教育者认识到教学的本质特征不在于“训练”“强化”儿童已经形成的心理机能，而在于激发即将萌芽的心理机能并促使它现实化。受当今社会建构主义理论的影响，瑞吉欧教育系统看到了关于个人与集体学习关系的问题，这里的“集体”不仅仅指儿童，还包括成人（如家长、教师、社区成员等），儿童与成人在一个学习集体中扮演不同的角色，但都致力于教与学的文化建设②。因此，瑞吉欧学校特别重视学校与家庭、社区的关系建立。

此外，布朗芬布伦纳的教育生态学观点、加德纳的多元智力理论等，都是瑞吉欧课程的“营养源”。瑞吉欧的教育者正是在广泛而有选择地吸收、整合、提炼、升华各种理论精华的基础上，创造出了植根于意大利社会文化土

① 冯晓霞．幼儿园课程［M］．北京：北京师范大学出版社，2001：192.

② 曹能秀．学前比较教育［M］．上海：华东师范大学出版社，2009：134.

壤的早期教育体系。

（三）基本观点

瑞吉欧教育体系的基本观点主要体现在儿童观和教育观，这是学习瑞吉欧课程理论的基点。马拉古兹用诗意的语言表达了他对儿童、对教育的认识。

不，一百种是在那里

孩子，是由一百种组成的。

孩子有一百种语言，一百双手，一百个想法，一百种思考、游戏、说话的方式。

一百种总是一百种倾听、惊奇、爱的方式。

一百种歌唱与了解的喜悦。

一百种世界等着孩子们去创造。

一百种世界等着孩子们去梦想。

孩子有一百种语言，但是，他们偷走了九十九种。

学校和文化把脑袋与身体分开。

他们告诉孩子：不要用双手去想，不要用脑袋去做。

只要倾听不要说话，了解但毫无喜悦，

只有在复活节与圣诞节的时候，才去爱和惊喜。

他们告诉孩子：去发现早已存在的世界，而一百种当中，他们偷走了九十九种。

他们告诉孩子工作与游戏、真实与幻想、科学与想象、天空与大地、理由与梦想不是同一国的。

因此他们告诉孩子，一百种并不在那里。

孩子说，不，一百种是在那里。

1. 儿童观①

（1）儿童具有生存和发展的权利

儿童是一个独立的个体，不是成人的附庸，他们与成人具有相同的生存

① 王春燕．学习瑞吉欧重在把握其教育理念［J］．学前教育研究，2002（5）：42.

与发展的权利。儿童与成人享有同等的话语权，儿童与成人一样是社会与文化的参与者，是历史的创造者，有权利发表自己的看法。儿童是发现及创造生活内涵的主体，有属于自己的独特视野和方法去认识和了解世界，成人要尊重和理解儿童，并支持儿童的发展。

（2）儿童是主动的学习者

儿童是学习的主体，他们能够主动地从环境中获取需要的内容。正如马拉古兹所说："儿童的学习并非教师教授后一个自行发生的结果，反而大部分是由于幼儿自己参与活动的结果。"

（3）儿童具有巨大发展潜能

儿童具有巨大的发展潜能，他们富有好奇心、创造性、可塑性和强烈的求知欲。儿童充满探索和了解周围世界的愿望，他们能够在与环境的交互作用中主动地构建属于自己的知识经验体系，形成对世界的认识和理解。

（4）儿童善于表现艺术

儿童的眼睛、语言、双手都具有创造和表现艺术的魔法，他们能够运用"一百种的语言"去了解、认识和表现这个世界。儿童可以运用绘画、动作、音乐、歌曲、游戏、雕刻、建筑、表情等"语言"表达他们的感受和认识，用艺术手法与世界对话，展现世界，也把自己展示给世界，每个儿童都是艺术家。

2. 教育观①

（1）教育注重儿童内在品质的培养

教育应注重儿童内在精神品质的构建，而不是追求外显的目标。马拉古兹批判用科技理性去约束儿童，进行所谓的"规范"儿童的行为，扼杀儿童的天性，禁锢儿童的视野和思维，割裂理性与感性、工作与游戏、现实与梦想、规则与创造想象等。瑞吉欧教育目标着眼于对儿童的整体人格和内在的精神世界进行构建，保护儿童的好奇心、求知欲，丰富儿童的感官体验，发展儿童的想象力和创造力，引导儿童形成正确的、多元的审美能力是教育追求的重心。

① 王春燕．幼儿园课程概论［M］．北京：高等教育出版社，2007：235-237.

（2）在教学方法上，强调为儿童创设适宜的学习环境

儿童的学习是多元化的，语言文字不是获取知识的捷径。儿童通过与环境的交互作用，在发现中学习，创造性地构建属于自己的理解和认识。教育重在为儿童提供并创设适宜的学习环境，帮助儿童在与环境的相互作用过程中主动建构知识，获得思考的能力。环境是重要的学习资源，是第三位老师，包含着丰富的教育信息和资源，促进并激发儿童的学习兴趣、动机。

（3）强调儿童与同伴之间的合作与交流

在瑞吉欧教育体系中赋予合作与交流重要的价值和意义，认为儿童在与同伴的合作与交流过程中，可以对儿童的社会性、个性、认知、情感等多方面的内在品质产生积极的影响。

（4）主张“以学定教”

在“教”与“学”两者之间，瑞吉欧教育体系更加注重后者，强调在教学中要突出儿童的主体地位。儿童的学习被确定为教学过程的最关键因素，儿童自己选择、决定学习方式和学习结果，教师的作用是根据儿童的兴趣和需要提供活动的主题和资源，参与儿童的活动并提供建议，但是这些提供的资源和建议是多元的，供儿童自由选择。

（5）教师要抓住教育的时机，采用正确的教育方法

教师可以为儿童提供适当的帮助和建议，在适当的时机可以有限度地参与儿童的活动，对于部分问题可以进行咨询和引导，和儿童一起越过障碍，保证活动的顺利进行。但是教师要准确地把握教育的时机和介入的尺度，不宜过多介入，“与其拉着儿童的手，倒不如让他们靠自己的双脚站立着。”

（6）幼儿学校是社会生态大系统的一个组成部分

受到布朗芬布伦纳的生态系统教育理论的影响，瑞吉欧课程认为，社区、市镇对学校教育有一定的义务与权利。学校受到社区、市镇的生活形态、发展模式、机构组织等的影响，教育机构是一种儿童、教师、家庭即社区之间沟通交流的互动体系，从而整合成为更大的社会系统。因此，幼儿园教育需要依托社区教育资源，为儿童提供适宜的发展环境。

二、瑞吉欧项目活动课程的内容

马拉古兹曾说："我们确实没有什么计划和课程。如果我们靠的是一种值得让人羡慕的即兴上课的技巧，那也不正确。我们也不依靠机会，因为我们深信，我在某种程度上可以期待我们尚未了解的事物。我们确实知道的是，与幼儿在一起，三分之一是确定的，三分之二是不确定的或新的事物。三分之一确定的东西使我们了解或可以帮助我们了解。我们想探讨学习本身是否会变化；学习时间和地点是否合适；如何组织和鼓励学习；如何布置适于学习的情景；哪些机能和认知图式值得支持；如何发展幼儿词汇、图像、逻辑思维、身体语言、象征语言、幻想、描述和论证等潜能；如何游戏；友谊如何形成和消失；个体和集体的同一性如何发展；以及差异性和相似性如何出现，等等。我们可以相信的是，幼儿随时准备帮助我们，他们可以为我们提供想法、建议、问题、线索和遵循的路线……幼儿所有的帮助，加上我们对情境的付出，形成了一种十分完美的宝贵资源。"① 项目活动课程是瑞吉欧教育体系的重要组成部分，瑞吉欧课程主要通过"项目活动"的方式展开。通过马拉古兹的表述，我们不难发现瑞吉欧课程的生成性、不确定性的特点。

（一）课程目标②

受杜威"教育无目的论"的影响，瑞吉欧课程没有明确的对于课程目标的直接表述，而是用一种精神理念在营造和运行教育方案，追求儿童的健康、快乐、幸福成长。但从介绍瑞吉欧学校的字里行间，其课程目标还是有迹可循的。

1. 在学校和社会间构建桥梁

面对社会发展与学校发展的脱离（主要表现在学校的发展落后于社会的发展），学校教育的任务就是帮助儿童适应社会发展的需要，缩小学校与社会发展之间的距离。

---

① Edwards C, Gandini L. & Forman G. The Hundred Languages of Children [M]. Ablex Publishing Corporation, 1998: 62.

② 陈文华. 幼儿园课程论 [M]. 北京：科学出版社，2011：130.

2. 保护儿童珍贵的童年

学校和成人的任务是帮助儿童获得幸福、愉快的童年，保留儿童的自然天性和创造力。瑞吉欧的课程目标强调人的价值和天性，认为人的价值实现和幸福生活是发展的第一要务，具有鲜明的人文主义色彩。保证儿童能够健康、快乐、更幸福、更有创造力、更有发展潜力、更有主动构建认知的能力、更有好奇心和求知欲、更好地与他人相处、更好地创造属于自己的生活就是课程目标的核心价值追求。

（二）课程内容①

瑞吉欧课程没有明确的课程内容，课程内容来自周边环境，来自儿童生活中感兴趣的事物、现象和问题。瑞吉欧课程主张从环境中寻找学习内容，环境和社区的生活就是儿童学习的主要内容。我们可以将瑞吉欧课程内容特点概括为：没有固定的课程内容；没有固定的教材和方案；把日常生活作为设计课程内容的来源；课程内容由儿童讨论决定。

（三）课程组织与实施

1. 空间设计（环境创设）②

瑞吉欧的幼教工作者认为“空间是教育取向的重要成分”，因此十分重视空间设计，瑞吉欧幼教机构空间设计的特点包括：

（1）运用社会建构理论进行空间设计

瑞吉欧的幼教工作者认为，空间是一个可以支持幼儿互动、探索与学习的“容器”；空间具有教育意义，能够对幼儿互动的经验以及建构式学习产生刺激。幼教机构需要精心设计整体结构，挑选能够吸引幼儿探索的各种材料，确保每一个幼儿拥有幸福感和归属感，激发人与人之间的交流以及人与物之间的互动。

瑞吉欧的幼教工作者将幼教机构设在社区的中心地段，以便社区民众可以清楚地看见幼儿与教师们的生活；便于幼儿到社区去探索，使社区成为幼教机构空间的延伸。

---

① 陈文华．幼儿园课程论［M］．北京：科学出版社，2011：131.

② 曹能秀．学前比较教育［M］．上海：华东师范大学出版社，2009：132.

为了更好地促进人与人的交流以及人与物的互动，瑞吉欧幼教机构一般都设有“广场”和“艺术工作室”。“广场”取名于城市中的一个中心广场，设在幼教机构的中央，它不仅仅是教室空间的延伸，而且还鼓励许多不同的意见和活动。“‘广场’是一个信息川流不息的地方，不论是在幼儿或成人之间，在此处所进行的意见交流会变得更有品质，幼儿与成人越经常地在此碰面，就有越多的点子出现。我们可以这样说：‘广场’是一个想法降临和出发的地方。①”“艺术工作室”是儿童探索各种“语言”（各种表达方式）的场所，也是教师研究儿童及其活动的场所。在自由而宽松的气氛下，艺术成为儿童建构思维和体验的媒介，成为教师自身专业发展的文化载体。艺术工作室内丰富的材料和工具给儿童运用各种表征、在各种表征之间转换提供了机会，让儿童发现自己擅长用哪种“语言”进行沟通。另外，艺术工作室便于家长了解学校所做的一切，从而获得家长的支持和认可；便于对儿童进行深入调查，发现个体差异；便于回顾和反思儿童的工作历程，为教师的记录提供机会，帮助教师修正自己观察和记录的方法。

（2）空间设计要反映城市文化和校园文化

瑞吉欧幼教机构的空间设计要反映意大利城市文化和幼教机构的校园文化，主要表现在：“广场”体现出意大利城市交流与合作的文化；重视空间的美感与协调设计，如墙面的色彩、透过大窗户映照入室的阳光、栽种健康有氧的绿色植物等细节；对环境外观以及井然有序的家庭生活气氛的留意，也表现出意大利文化社会互动的特点。

每个幼教机构都要显示出各自的文化特色。从校舍设计，到来源于每一位幼儿、每一个家庭的生活经验，再到家长参与校务的方式，都显示出每个幼教机构的特殊“风情”。在这里，除了有宾至如归的气氛之外，在这里度过3年时光的幼儿留下的足迹成为校园文化的一部分。

（3）符合不同年龄幼儿的发展水平

为适应不同年龄幼儿的发展水平，瑞吉欧幼教机构设有婴幼儿中心和学

① 卡洛琳·爱德华兹、莱拉·甘第尼、乔治·福尔曼．儿童的一百种语言［M］．罗雅芬，等，译．南京：南京师范大学出版社，2006：160.

前班。婴幼儿中心注重提供安全、舒适的环境，重在满足婴幼儿对亲密关系和养育的需求。学前班则有更多的空间摆设许多无结构性的玩具，铺设供幼儿玩游戏的大地毯，设有宽敞的“娃娃家”等。

（4）具有教学与记录功能

瑞吉欧幼教机构的空间具有教学与记录的功能，“我们学前学校的墙壁会说话，能够利用壁面的空间暂时或永久性地展示出幼儿及成人的生活。”[①] 在校园随处可见幼儿的作品，这是幼儿与教师共同创造校园文化的一种方式。教师们认真挑选和展示幼儿的作品，幼儿作品的旁边注有教师意见，配有说明整个活动过程的图片，还有相关活动或项目的想法及不同阶段的说明。瑞吉欧幼教机构中展示的幼儿作品除了使空间更为吸引人之外，也提供特殊活动、教育性项目及相关内容的记录。

2. 项目活动（方案活动）[②]

瑞吉欧课程主要通过“项目活动”（方案活动）的方式开展，项目活动是瑞吉欧教育体系的灵魂，可以展示出瑞吉欧教育的精神内涵、价值追求和教育理念。项目活动是指儿童在教师的支持、帮助和引导下，像研究人员一样，围绕大家感兴趣的生活中的“课题”（“主题”“题目”）或“问题”进行研究、探讨，在共同的研究探讨中发现知识、理解意义、构建认识。项目活动的表现在：

（1）弹性计划

弹性计划是指教师在进行项目活动之前只是预先制定出活动总目标（基本目标），并未预先制定具体目标。总目标是宏观上的项目活动计划，设定了大致的领域、方向、内容，但是项目活动的具体内容和实施细节则是未知的。项目活动主题是在笼统的宏观框架下进行生成性、建设性、探索性活动中逐步形成的，课程计划具有弹性，可以根据具体情况随时调整和进行。

---

① 卡洛琳·爱德华兹，莱拉·甘第尼，乔治·福尔曼．儿童的一百种语言［M］．罗雅芬，等，译．南京：南京师范大学出版社，2006：171.

② 冯晓霞．幼儿园课程［M］．北京：北京师范大学出版社，2001：196-204.

弹性计划并非意味着毫无计划，活动开展前教师需要预先设定多种可能性的“假设”。瑞吉欧的教育者认为，如果教师有1000个假设，那么他就容易接受来自孩子的第1001个或2000个不同的反应。只有教师设想过足够多的可能性，才更容易接受未知和新想法。弹性计划是“外出旅行时的指南针，而不是有固定路线和时刻表的火车”。

弹性计划一方面使老师对活动发展有了充分准备；另一方面为儿童的参与和那些不期而至的教育契机留下了足够的空间。教师与儿童共同商讨和尝试，最终决定项目活动内容、进程。教师要根据儿童已有的知识经验和兴趣爱好，进行有意识的引导和建议，与儿童在探索中形成将要进行的活动主题。

（2）合作教学

在项目活动中，教师与儿童之间是合作关系，在双方共同商讨、探究、建构下，实现项目活动的发生、进行和终结。活动过程类似于乒乓球游戏，教师“必须接住儿童抛过来的球，并以某种形式推挡回给他们，使他们想同我们一起继续游戏，并且在一个更高的水平上继续游戏，或许还能发展出其他游戏”（Filippini①，1990）。乒乓球游戏需要双方合作才能进行，双方的地位是平等的，教师既不是旁观者，也不是领导者，而是起关键作用的参与者。虽然合作双方（幼儿与教师）的经验水平差异明显，但教师不要试图去控制、限制幼儿的行为或者代替幼儿的研究探索，教师要支持幼儿自己的主动探索和自由表达。因此，如何把“球推挡回给孩子”十分重要。教师在项目活动中利用自己掌握的知识经验和技能在“接球”时可以给予儿童积极的回应，“对儿童的抛球、接球技巧予以引导和介绍，同时也可以一起制定比赛规则，讨论下一次的球赛如何进行等”。瑞吉欧教师通过对幼儿活动的关心、支持、建议和帮助来实现活动的继续和延展，在项目活动中儿童可以随时调整自己的活动，使得自己更好地进行研究，并获得愉悦的体验。

（3）档案支持

档案是对瑞吉欧项目活动过程及师幼共同活动结果的系统记录，很好地

① Filippini：提兹安娜·费列皮尼（Tiziana Felippini）.

支持了项目活动的进行。档案的内容主要包括，对幼儿在项目活动中的具体表现（如语言、动作、情感、个性、同伴交往、活动成果展示、成长轨迹等）的记录；教师对幼儿表现的注释和说明，相关的建议和评论；家长的评议等。档案的形式非常丰富，一般包括语言文字、视频录像、图画、照片、实物、幻灯片等记录形式。教师需要注意：档案不是一个简单的总结报告，它贯穿于项目活动的始终，并在活动结束后延续；档案不是任务，也不是例行公事，它是教师通过对幼儿的了解和观察进行的有针对性的记录；档案不是对幼儿“进行鉴定的评语”，它是教师之间以及教师和幼儿之间进行交流和学习的一个文件，是沟通的桥梁，是共同工作的结果。

高质量的档案需要起到多重作用：一是促进幼儿学习。幼儿阅读自己的档案，是一个“自我回忆”的过程，“再阅读”自己理解的事物，幼儿会感到好奇、兴奋、有趣；同伴间互相阅读档案，可以发现彼此对于问题的不同看法和理解，有利于幼儿之间的相互影响和互相学习；成人的认真的记录鼓舞着幼儿，使幼儿更加积极投入活动中。二是支持教师的教学。档案是教师基于对幼儿的长期观察和了解的基础上进行的，本身就有利于教师对幼儿特点的把握，可以为教师的教育教学活动提供最为直接和真实的第一手材料；利用档案，教师可以反复研究，更深入地了解幼儿，冷静客观地反思自己的教育策略，捕捉新的学习契机；有利于教师间的交流与沟通，互相学习，更好地开展项目活动。三是调动家长参与的积极性。档案将幼儿成长的轨迹直观地呈现给家长，使家长关注幼儿在幼儿园中的表现，重新审视家长职能，更新家庭教育观念，促进家园合作。四是赢得社区的理解和支持。档案直观全面展示了社区教育资源对幼儿成长的影响，让社区了解自身发挥的作用及产生的教育效果，赢得社会公众更多的理解、支持和参与，有利于推进学校与社会的一体化进程。与此同时，通过档案向学校公开教育内容，是一种社会民主精神的体现。

（4）小组工作

一般每组有 3 ~5 名幼儿，幼儿在小组中合作完成活动。小组活动有利于幼儿间的相互了解，获得自我认知，学会处理矛盾和冲突，促进个性形成和社会性发展；有利于互相影响，在认知碰撞中出现新的火花，形成新的研究主题和多元的视角，等等。需要注意的是，小组内同伴之间的发展水平既要有差异，也不宜差异过大。

（5）深入研究

项目活动的基本要求是深入研究，强调幼儿的活动是一个系统、详细的研究过程，而不是蜻蜓点水似的表面掠过，在项目活动中的每一名幼儿都要进行深入而富有实效的学习。项目活动不是一条直线，活动中存在大量的反复和循环（螺旋式学习），每一个项目活动都是一项长期、系统的工程，需要从不同的角度、层次去审视和探究，以实现幼儿的深度学习。通过深入研究，幼儿会逐渐形成深入广泛地探讨问题的能力和倾向，这种能力和倾向极具迁移性，幼儿将受益终生。

（6）“图像语言”

项目活动重视幼儿的视觉艺术表达，鼓励儿童运用图像来进行自我表达和相互交流。“图像语言”的形式包括绘画、雕刻、泥塑、动作、表情、建筑、照片、手工作品等。“图像语言”是幼儿实现用一百种语言认识世界和表达内心的重要体现。“图像语言”为幼儿提供了一种他们能够驾驭的表征手段，来记录、交流自己的想法、观察、记忆和感受，一方面为教师了解幼儿已有的知识经验打开了窗户；另一方面为幼儿探索知识、建构已有的认识以及与同伴共同建构认识提供了一种共通的、快捷的、有效的交流工具，从而有力地支持项目活动的开展。

3. 教师角色

在瑞吉欧课程中，幼儿不是被动的接受者，幼儿是活动的发起者、执行者，幼儿的兴趣、需要、经验是一切活动的出发点。因此，瑞吉欧教师不是权威，不是传统意义上的知识、技能的拥有者、传授者，教师的角色是多样化的：一是幼儿的倾听者，倾听幼儿就是关注幼儿、尊重幼儿、了解幼儿、发现幼儿的最好方式；二是幼儿的观察者，不仅需要敏锐的眼睛、耳朵，还需要能进入幼儿内心的敏感的心灵，体察幼儿的心声，同时也需要利用一些先进的观察工具与策略；三是幼儿的伙伴与向导，教师以参与者（伙伴）的身份出现在项目活动中，再适当地给予幼儿直接或间接、显性或隐性的指导，以维持幼儿高度的探索动机，与幼儿一起建构知识；四是幼儿行为的记录者与研究者，通过照片、文字、图像、幻灯、录像等手段记录幼儿探索活动过程，便于教师了解幼儿、研究幼儿，为生成下一阶段活动奠定基础；五是实践的反思者，除了书本知识，教师更多的是通过参与幼儿活动，通过记录幼儿活动，通过分析幼儿学习活动和建构知识的过程，通过与同事交流等，不断反思自己的教学实践，获得教学相长的经验。

（四）课程评价[①]

瑞吉欧课程评估不是依据既定目标进行，而是因方案而异，在方案发展的不同阶段来进行。

第一阶段，最初的构想和设计阶段，可以评估的设问有“它对于孩子的学习提供哪些可能性?”“它需要哪些资源?”“孩子关于工作的概念有多明确?”“这些计划对孩子的能力适合程度如何?”

第二阶段，方案的发展阶段，可以评估的设问有“工作如何进展?”“提出了哪些问题?”“孩子在工作中如何应用基本的理论技巧?”

第三阶段，结束阶段，可以评估的设问有“最后的成果如何反映出最初的计划?”“这些想象力与独创性的想法如何具体表现在作品中?”“最后的成果如何反映孩子思考的成长?”

总之，在真实的情景下，在活动的过程中开展动态的、形成性的评估，其目的是比较儿童，着眼于儿童独立能够完成的事情以及在外界的帮助下、在不同情景下能够达到的水平。教师主要依据所记录的丰富而翔实的资料来进行评估，并提出适宜的课程，以支持每个儿童的学习和发展。可以说，记录提供了标准化测试所不能提供的信息，反映出远远超出传统测试范围的内容，有利于更深入和广泛地理解儿童。[②] 可见，瑞吉欧课程的评估是“为发展而评估”，即注重发现儿童正在发展的能力，并根据评估的结果而重新设计和安排课程。

① 曹能秀. 学前比较教育［M］. 上海：华东师范大学出版社，2009：139-140.

② 霍力岩，等. 多元智力理论与多元智力课程研究［M］. 北京：教育科学出版社，2003：162-163.

三、对瑞吉欧项目活动课程的评价

瑞吉欧教育体系展现了对儿童、教育、课程、教育与文化、早期教育机构、学校与社区、成人与儿童、教师等问题的崭新理解，受到了全世界的瞩目与认可。美国教育心理学家布鲁纳在访问瑞吉欧后曾说："眼中所见实在出乎意料，并非它们是我所见中最为优秀的缘故，最打动我的地方是它们如何培养孩子的想象力，同时在这个过程中，如何强化孩子们对'可能性'的认识与知觉。我认为瑞吉欧·艾米利亚市现在有责任向全世界更广泛地推广过去和现在的经验，必须开拓多元智能理论的合作方式，支持这种对儿童、对童年和对教育的反传统思想。"① 元智能理论的创立者加德纳教授曾说："瑞吉欧成功地挑战了相对立的两极：艺术相对于科学；个人相对于团体；幼儿相对于成人；玩乐相对于读书；小家庭相对于大家庭。进而在这些相对事物中达到某种独特的和谐，并重新组合原本僵化的分类体系。"②

但是，我们不能盲目照搬瑞吉欧课程，因为"不管一个教育模式或体系如何理想，它总是立足在当地的环境中，没有一个人能够把瑞吉欧的黛安娜学校搬到美国的新英格兰地区，也没有人可以把杜威的新英格兰学校搬到瑞吉欧罗马格纳这个地区……"③ 不同的文化背景孕育不同的教育实践，我们要以开放的心态与理性的思维，不断地学习，不断地融入与发展。"我们正进入一个多元化的世界，不同的教育理念、不同的教育观点都会给我们以启示。当我们以充满热情、充满好奇、充满渴求的心态去探索发现教育的种种奥秘时，我们应带着怀疑和欢乐的态度去接受它、融汇它、发展它。"④

---

① 马拉古兹．孩子的一百种语言［M］．张红军，等，译．台北：光佑文化事业股份有限公司，1996：扉页．

② Edwards. 儿童的一百种语文［M］．罗雅芬，等，译．台北：心理出版社，1998：前言（9）．

③ 同②：前言（10）．

④ 屠美如．向瑞吉欧学什么：儿童的一百种语言解读［M］．北京：教育科学出版社，2002：序言（2）．

第四节　国外幼儿园课程的发展趋向①

在国外幼儿园课程理论与发展的过程中，除了本章介绍的福禄贝尔课程、蒙台梭利课程、高瞻课程、瑞吉欧项目活动课程之外，还包括美国银行街课程模式（Bankstreet Approach，又称发展-互动课程模式）早期教育方案、凯米与德弗里斯的早期教育方案、加德纳的多元智能课程（光谱方案，Project Spectrum）、凯兹和查德的方案教学（Project Approach）课程等研究成果，以及美国幼儿园亲近自然的课程、澳大利亚的自然生成课程、备受各国青睐的“森林幼儿园”等课程实践。由于各国的文化差异和不同国情，幼儿园课程改革的模式或方案各有特色，但是也呈现出“强调儿童本位”“关注教师在儿童发展中的作用”“重视幼儿园环境的创设”“推动社会发展”等一些共同的追求。幼儿园课程面临着新时代政治、经济、文化发展带来的机遇，同时也面临着来自科学技术、社会关系变化、人口流动、多元文化碰撞等多方面的挑战，并受到脑研究的新进展、后现代主义的观点、国际学前教育改革等影响，国外幼儿园课程发展呈现出新的发展趋向。

一、课程多元文化化

随着科技的迅速发展，人与人之间的距离大大被缩短，人口流动频繁，信息更新速度加快，世界各个民族、各种文化之间的差异显露无遗。但是随着人类文明的不断进步，以及全球化发展趋势的日渐凸显，人们对于自由、平等、尊严、民主的追求却日趋强烈。为了保证所有幼儿自由、平等地成长和自主、有尊严地交往，幼儿园课程发展追求幼儿的个性化与多样化；全球化的趋势必然导致多元文化的不断交流与融合，幼儿园课程追求培养具有国际视野，适应多元文化冲击，具有包容意识，能够和谐共处的新“世界人”。在幼儿园课程的设置和运行过程中，国外的幼儿园开始逐步向幼儿传递多元

① 朱家雄，黄瑾，李召存，张婕．幼儿园课程的理论与实践［M］．上海：华东师范大学出版社，2012：262-268.

并存的文化意识，懂得尊重和理解其他国家、地区、民族的文化习俗、民族传统等内容，将多元文化的影响“注入”课程和活动设计之中，或者设计和发展“反偏见课程”。

二、保育与教育相整合

由于幼儿年龄低下，生理和心理上都依赖于成人，因此幼儿园课程具有保育和教育的双重功能。在保育与教育整合方面，西方国家从教育理念到教育实践上有了新的进展：从概念上讲，“早期儿童保育和教育”（Early Childhood Care and Education，ECCE）这一整合性词汇开始取代“早期儿童保育”（Early Childhood Care，ECC）和“早期儿童教育”（Early Childhood Education，ECE）这两个具不同含义而又相互关联的词汇；在教育实践中，不少国家开始大力发展“早期儿童整合性服务机构”，如英国建立起许多为0～11岁儿童及其家庭提供保育、教育、健康服务的“早期儿童整合性服务中心”。

三、课程全纳化

全纳教育（inclusive education）是1994年6月10日在西班牙萨拉曼卡召开的“世界特殊需要教育大会”上通过的一项宣言中提出的一种新的教育理念和教育过程。全纳教育容纳所有学生，反对歧视排斥，促进积极参与，注重集体合作，满足不同需求，是一种没有排斥、没有歧视、没有分类的教育。2008年，联合国教科文组织在瑞士日内瓦召开第48届国际教育大会，主题为“全纳教育：未来之路”（Inclusive Education：the Way of the Future），各国达成共识掀起一股“全纳教育”热潮。在“全纳”热潮下，各国幼儿园课程全纳化成为一种新的趋向，其要旨是：所有的儿童都是有价值的；所有的儿童都有权利，并能从高质量的和适合年龄发展的早期教育中获益；通过范例和相互作用，会发生有意义的学习；在集体中，教师和家长之间的合作关系是有益于早期儿童教育课程的中心，等等。

四、课程综合化

随着科技化和信息化社会的发展，知识不断复杂化与综合化，理想的学习者不仅要具备系统的文化知识储备，还要拥有善于解决问题的思维，培养综合化发展的学习者是整个教育领域的共识，幼儿园课程工作者也同样认同这一点。因此，幼儿园课程综合化成为社会发展的必然结果和重要趋向。在幼儿园课程的设置和安排上，幼儿园强调学科交叉、知识渗透、问题解决的教育引导方式，通过提供“问题情境”或引导幼儿自己发现问题，综合利用各种方法解决问题。僵化的“学科课程”逐步转变为“融合课程”“综合课程”“整合课程”等。例如，21 世纪以来，新加坡不断增强幼儿园课程与儿童学习的综合化，以主题活动为载体，融入游戏、参观等各类活动形式，不断促进课程内容与活动方式相结合，使课程内容相互渗透，帮助儿童建构全面的知识体系。

五、课程个性化

个性化的幼儿才具有创新精神和创造力，才能适应未来复杂多变的社会。个性化的课程才能培养出个性化的幼儿，幼儿园课程越来越趋向能使每个幼儿在一定的学习背景中以自己的方式建构知识，并作用于外部环境和受外部环境的影响。课程的个性化并非意味着只是去适合幼儿发展水平上存在的个体差异，相反，西方的早期儿童教育课程开始越来越多地关注幼儿所处的社会文化的影响作用，强调课程对幼儿与成人共同构建文化的作用。课程个性化的关键在于教师要有先进的、能适应社会文化背景的教育理念，能根据教育对象和教育情景的特点，为每个个体儿童设计和实施能适合个别需要的教育方案，并能运用集体的力量，帮助每个儿童成为更有个性特点的个体。

六、课程科技化和信息化

在 20 世纪 80 年代，甚至在 90 年代早期，对于学前儿童运用高科技，特别是运用计算机还有诸多争议，有的学者认为计算机会过度催熟儿童，会剥夺儿童有意义的社会交往活动，会迫使儿童进行结构化的学习以及会替代绘画、阅读等儿童的活动等。还有一些学者认为，低于 7 岁的儿童的认知发展只能通过用手操作材料的途径，而不可运用计算机一类的工具去学习符号一类的内容。

后续研究证明学前儿童运用计算机是有益的，计算机的图像能被儿童运用“老鼠”（鼠标）一类的操作工具，像任何真的物体一般，通过他们的手而获得。1996 年，全美幼教协会在报告《技术与 3 ~ 8 岁儿童》中就讨论了计算机技术应用问题，全美幼教协会提出计算机技术是助推器，起到的是辅助而非替代的作用，而且如果适宜地使用，计算机技术能够促进儿童的认知和社会性发展。从此，计算机对于学前儿童是否适合的问题变成了如何才能使计算机更好地增强学前儿童的学习经验的问题。

随着计算机越来越小，功能越来越强，价格越来越便宜，在幼儿园课程中会越来越多地被运用。计算机软件的进一步开发将推动计算机与幼儿园课程的整合，我们需要正确理解并利用信息科技，而不是一味回避。

小　结

本章主要介绍了蒙台梭利课程、高瞻课程、瑞吉欧项目活动课程的理论基础、课程目标、课程内容、课程组织与实施、课程评价等内容，并分析了国外幼儿园课程的发展趋向。

蒙台梭利的儿童观包括儿童有“心理胚胎期”，儿童有“有吸收力的心灵/心智”，儿童心理发展具有阶段性，儿童发展具有敏感期，儿童发展是在“工作”中实现的。蒙台梭利课程旨在创造新人类，创造新社会。课程内容有日常生活训练、感官训练、语言教育、数学教育和文化科学教育。在可组织与实施上，强调创设有准备的环境，强调儿童的主体地位和自我教育等。

高瞻课程是美国著名儿童心理学家戴维·韦卡特和他的研究团队于 20 世纪 60 年代创立的幼儿园课程模式。高瞻课程的主动学习以皮亚杰为代表的认知发展理论为主要理论基础，受维果茨基“支架教学”的影响，同时吸收了杜威的进步主义教育哲学思想；“计划—工作—回顾”的理论基础源于诸多理论家的研究工作。高瞻课程以关键经验为依据制定课程目标和课程内容，经过不断的补充完善确定了 5 个领域 58 条关键经验/关键发展性指标。高瞻课程的课程组织形式包括活动区的自主活动、小组活动与大组活动（团体活动）三种。主要通过幼儿园一日计划表来安排课程实施，包括问候时间、计划时间、工作时间、清理时间、回顾时间、小组活动时间、大组活动时间、户外活动时间、用餐时间、过渡时间等。高瞻课程认为，对儿童发展的评估是课程的起点，评估的目的是了解、分析儿童当前的发展水平，并提供教育支持。高瞻课程理论专家根据多年研究与实践编制了《学前儿童观察评价系统》（COR Advantage）。

瑞吉欧·艾米利亚是一个位于意大利北部地区的小镇，瑞吉欧项目活动课程的名称就是来源于此。意大利瑞吉欧特有的社会文化和政治背景，各种理论思想（如进步主义教育思潮、建构主义理论、布朗芬布伦纳的教育生态学观点、加德纳的多元智力理论等），以及瑞吉欧教育体系的儿童观和教育观是瑞吉欧项目活动课程产生的基础。瑞吉欧课程没有明确的对于课程目标的直接表述，而是用一种精神理念在营造和运行教育方案，追求儿童的健康、快乐、幸福成长。瑞吉欧课程没有明确的课程内容，课程内容来自周边环境，来自儿童生活中感兴趣的事物、现象和问题。课程组织与实施的特点主要表现在空间设计（环境创设）、项目活动（方案活动）、教师角色方面。项目活动强调弹性计划、合作教学、档案支持、小组工作、深入研究、“图像语言”。在项目活动中，教师是幼儿的倾听者、幼儿的观察者、幼儿的伙伴与向导、幼儿行为的记录者与研究者、实践的反思者。瑞吉欧课程评估不是依据既定目标进行，而是因方案而异的，在方案发展的不同阶段来进行，是“为发展而评估”。

随着社会发展，国外幼儿园课程面临新的机遇与挑战，表现出课程多元文化化，保育与教育相整合，课程全纳化，课程综合化，课程个性化，课程科技化和信息化等发展趋向。

课外阅读资料

1. 玛利亚·蒙台梭利．蒙台梭利早期教育法［M］．李芷怡，编译．北京：北京理工大学出版社，2015.

2. 玛利亚·蒙台梭利．有吸收力的心灵［M］．高潮，薛杰，译．北京：中国发展出版社，2006.

3. 玛利亚·蒙台梭利．发现孩子［M］．胡纯玉，译．北京：中国发展出版社，2006.

4. 玛利亚·蒙台梭利．蒙台梭利儿童教育手册［M］．肖咏捷，译．北京：中国发展出版社，2003.

5. 玛利亚·蒙台梭利．童年的秘密［M］．单中惠，译．北京：中国长安出版社，2010.

6. 安·S. 爱泼斯坦．社会学习：关键发展指标与支持性教学策略［M］．霍力岩，等，译．北京：教育科学出版社，2018.

7. 安·S. 爱泼斯坦．社会性和情感发展：关键发展指标与支持性教学策略［M］．霍力岩，等，译．北京：教育科学出版社，2018.

8. 安·S. 爱泼斯坦．语言、读写和交流：关键发展指标与支持性教学策略［M］．霍力岩，等，译．北京：教育科学出版社，2018.

9. 安·S. 爱泼斯坦．身体发展和健康：关键发展指标与支持性教学策略［M］．霍力岩，等，译．北京：教育科学出版社，2018.

10. 安·S. 爱泼斯坦．学习品质：关键发展指标与支持性教学策略［M］．霍力岩，李金，刘璐，等，译．北京：教育科学出版社，2018.

11. 安·S. 爱泼斯坦．创造性艺术：关键发展指标与支持性教学策略［M］．霍力岩，等，译．北京：教育科学出版社，2018.

12. 安·S. 爱泼斯坦．数学：关键发展指标与支持性教学策略［M］．霍力岩，等，译．北京：教育科学出版社，2018.

13. 安·S. 爱泼斯坦．科学和技术：关键发展指标与支持性教学策略［M］．霍力岩，等，译．北京：教育科学出版社，2018.

14. 安·S. 爱泼斯坦．艺术智慧——幼儿园中的创造性艺术［M］．唐小茹，齐鑫，等，译．北京：教育科学出版社，2018.

15. 安·S. 爱泼斯坦．学前教育中的主动学习精要：认识高瞻课程模式（第2版）［M］．霍力岩，等，译．北京：教育科学出版社，2019.

16. 贝齐·埃文斯．你不能参加我的生日聚会：学前儿童的冲突解决（第2版）［M］．洪秀敏，等，译．北京：教育科学出版社，2018.

17. 安·S. 爱泼斯坦．高瞻0～3岁儿童课程——支持婴儿与学步儿的成长和学习［M］．霍力岩，等，译．北京：教育科学出版社，2019.

18. 安·S. 爱泼斯坦，苏珊娜·盖斯莉．我比你大，我五岁——学前儿童数学能力的发展［M］．霍力岩，等，译．北京：教育科学出版社，2012.

19. 安·S. 爱泼斯坦．有准备的教师：为幼儿学习选择最佳策略［M］．李敏谊，等，译．北京：教育科学出版社，2012.

20. 贝丝·马歇尔，香农·洛克哈特莫亚·费森．高瞻课程起步：30 天课程计划［M］．沙莉，等，译．北京：教育科学出版社，2018.

21. 高瞻教育研究基金会．学前儿童观察评价系统［M］．霍力岩，等，译．北京：教育科学出版社，2018.

22. 安·S. 爱泼斯坦，伊莱·特里米斯．我是儿童艺术家——学前儿童视觉艺术的发展［M］．冯婉桢，译．北京：教育科学出版社，2012.

23. 高瞻教育研究基金会．学前教育机构质量评价系统［M］．霍力岩，等，译．北京：教育科学出版社，2018.

24. 屠美如．向瑞吉欧学什么：儿童的一百种语言解读［M］．北京：教育科学出版社，2002.

25. 卡罗琳·爱德华兹，卡利那·里那第．劳拉日记［M］．高燕，任丽欣，译．南京：南京师范大学出版社，2016.

26. 瑞吉欧儿童国际中心．除了蚂蚁，什么东西都有影子［M］．周菁，译．南京：南京师范大学出版社，2014.

27. 丹尼尔·沙因费尔德，凯伦·黑格，桑德拉·沙因费尔德．我们都是探索者，在城市环境中运用瑞吉欧原则开展教学［M］．屠筱青，戴俊毅，译．南京：南京师范大学出版社，2014.

28. 甘第尼，福尔曼，爱德华兹．儿童的一百种语言［M］．罗雅芬，连英式，金乃琪，译．南京：南京师范大学出版社，2008.

29. 卡丽娜·里纳尔迪．对话瑞吉欧·艾米利亚：倾听、研究与学习［M］．周菁，译．南京：南京师范大学出版社，2017.

30. 瑞吉欧儿童中心．小故事中儿童的一百种语言：来自瑞吉欧·艾米利亚的教师和孩子们［M］．王海英，等，译．南京：南京师范大学出版社，2008.

练习题

一、单选题

1. 三阶段教学法是（　　）设计的一种行之有效的语言教育方法，包括命名、辨别、发音。

A. 福禄贝尔　　B. 蒙台梭利　　C. 皮亚杰　　D. 加德纳

2. 福禄贝尔第一次将（　　）列入幼儿园课程之中。

A. 评价　　B. 区域活动　　C. 游戏　　D. 生活

3. 工作材料设计原则不包括（　　）。

A. 自动纠错　　B. 外部奖惩　　C. 顺序操作　　D. 困难孤立

4. 瑞吉欧项目活动课程模式的创始人是（　　）。

A. 瑞吉欧　　B. 马拉古兹　　C. 塔巴　　D. 布鲁姆

5. “有准备的环境”基本标准包括人数（少于 25 人）、秩序、自由和（　　）。

A. 教师　　B. 社会　　C. 玩具　　D. 真实

二、简答题

简述高瞻课程的主要观点。

参考答案

一、单选题

1. B　2. C　3. B　4. B　5. D

二、简答题

高瞻课程以关键经验为依据制定课程目标和课程内容，经过不断的补充完善确定了 5 个领域 58 条关键经验/关键发展性指标；高瞻课程的组织形式包括活动区的自主活动、小组活动与大组活动（团体活动）三种；主要通过幼儿园一日计划表来安排课程实施，包括问候时间、计划时间、工作时间、清理时间、回顾时间、小组活动时间、大组活动时间、户外活动时间、用餐时间、过渡时间等；高瞻课程认为对儿童发展的评估是课程的起点，评估的目的是了解、分析儿童当前的发展水平，并提供教育支持。

第九章　国内幼儿园典型课程

内容导航：

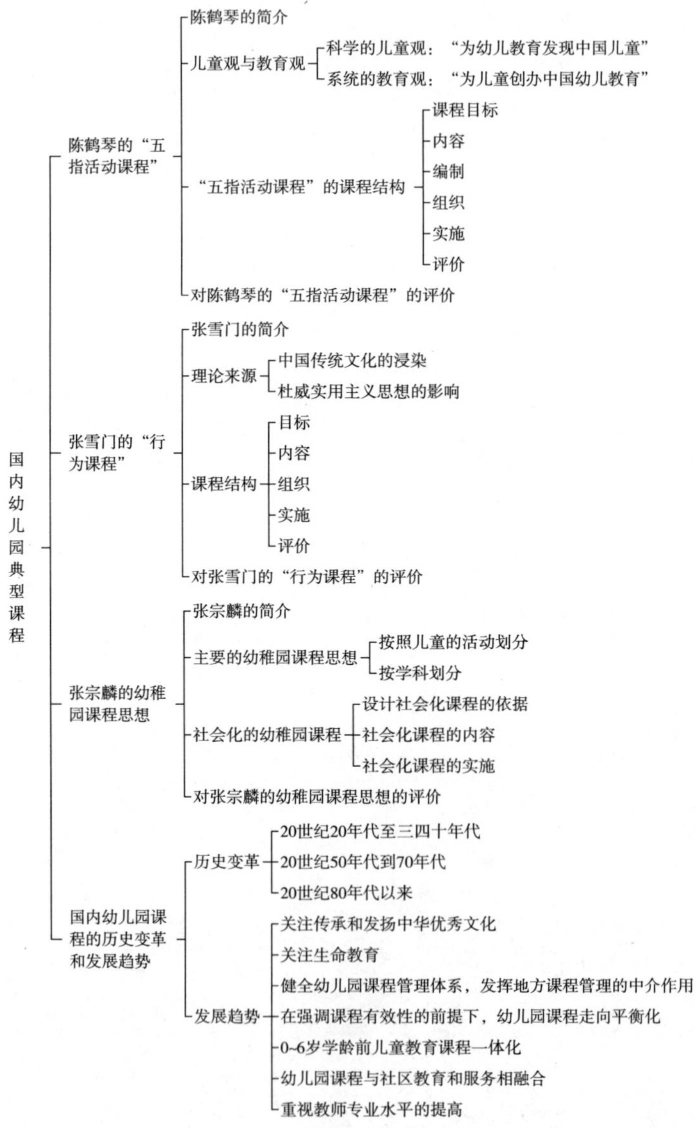

学习目标：

1. 掌握陈鹤琴的“五指活动课程”、张雪门的“行为课程”和张宗麟的“社会化的幼稚园课程”的目标、内容、组织与实施、评价等方面的基本观点；

2. 理解我国幼儿园课程变革的历史阶段、变革内容和影响；

3. 初步具备运用国内幼儿园典型课程理论分析我国当前幼儿园课程问题的能力；

4. 学习我国幼教先驱的教育事迹，萌发家国情怀和教育情怀；

5. 把握国内幼儿园课程发展趋势，树立构建“本土化”幼儿园课程体系的愿景。

问题情境：

请列举出你所了解的国内学前教育专家的名字及主要观点。

在我国幼儿园教育理论和实践的发展历程中，产生了一批有影响力的幼儿教育家，出现过一些有中国特点的幼儿园课程理论和思想。这些国内幼儿园典型课程在吸收国外先进课程理论思想的基础上，研究我国特定的历史和文化背景，兼顾幼儿的身心发展和学习特点，是一种中国化的幼儿园课程理论探索和实践应用。本章详细分析以陈鹤琴、张雪门、张宗麟为代表的三位教育家的幼儿园课程思想，并归纳我国幼儿园课程的历史变革和发展趋势，以期给我国高质量发展中的幼儿园课程理论和实践以有益启迪。

第一节　陈鹤琴的“五指活动课程”

一、陈鹤琴简介

陈鹤琴（1892—1982 年），浙江上虞人，是我国现代教育史上杰出的教育家、儿童心理学家、儿童教育专家，我国现代幼儿教育事业的拓荒者，被誉为“中国的福禄贝尔”。

陈鹤琴早年毕业于清华学校，在清华就读期间收获颇多，他曾写道：“这 3 年书总算不是白读的。我得着了不少有用的知识，认识了许多知己的朋友，还获得了一点服务社会的经验，立下了爱国、爱人的坚强基础。”1914 年，陈鹤琴赴美国公费留学，作为庚子赔款的留美预备生，陈鹤琴知道“国家用民脂民膏栽培我，我怎么不思报答”，救世济民的思想在陈鹤琴的内心生根发芽，浸润一生。赴美后，他在约翰斯·霍普金斯大学就读，1917 年毕业，获文学学士学位，同年入读哥伦比亚大学师范学院，专攻教育学和心理学，师从克伯屈、保罗·孟禄（Paul Monroe）、爱德华·李·桑代克（Edward Lee Thorndike）、罗格等著名教授，1919 年获得哥伦比亚大学硕士学位。

五四运动期间，他放弃在美国读博的机会，归国加入了新教育改革的运动大潮。在社会动荡不安、新旧思想交锋的 20 世纪 20 年代，他将毕生的精力奉献给中国的幼儿教育事业。1919 年 8 月执教于南京高等师范学校讲授儿童教育学、心理学等课程。1920 年，其第一个孩子出生，从孩子出生第一天起，陈鹤琴就进行连续观察和实验，做文字与照片记录，长达 808 天。1923 年，陈鹤琴在南京自己住宅内创办了中国第一所幼稚园——南京鼓楼幼稚园，任园长，开始带领一批教师试验科学化、中国化的幼稚教育，经过不断反复的实验、研讨，经历了从以儿童为中心的课程到以教师为中心的课程的探索，最终创造出以“大自然、大社会”为中心的单元课程。1925 年秋，鼓楼幼稚园新园舍建成，同年，陈鹤琴发表《儿童心理之研究》，为我国最早用追踪方法研究儿童心理的专著。1927 年，与陶行知、张宗麟一同发起中国最早的儿童教育团体——幼稚教育研究会，与张宗麟等一道创办中国最早的民办乡村幼稚园——燕子矶幼稚园，同年 6 月，担任南京市教育局教育课课长，大力推行行政学术化，推广教育试验区。1929 年，创建中华儿童教育社，成为当时国内规模最大、人数最多的儿童教育学术团体。1934 年 7 月—1935 年 3 月，陈鹤琴前往欧洲实地考察，回国后介绍世界新教育发展趋势和先进教育经验。1935 年，发表《对于儿童年实施后的宏愿》，号召全社会共同关注儿童教育问题，维护和保障儿童权益，在战争来临时，先救儿童。1937 年 8 月，陈鹤琴与上海各界一起一道投入救济难民运动。1939 年，他因为宣传抗日被汪伪特务列入暗杀名单，不得已离开上海。1940 年，年近半百的陈鹤琴在江西的山峦间创建了中国第一所公立幼稚师范学校——江西省立幼稚师范学校，在这里初步形成了一个完整的幼稚师范教育体系，正式确立了他的“活教育”理论。1941 年，创办《活教育》月刊。1946 年，与陶行知一道成立生活教育社，筹办社会大学。1949 年 5 月，两次被国民党特务抓走，后经多所大学的校长集体保释救出。1981 年，他在一次为“六一”国际儿童节题词上写道：“一切为儿童，一切为教育。”1982 年年底，陈鹤琴病情恶化，颤抖着用笔写下：“我爱儿童，儿童也爱我”，于 91 岁高龄去世。

纵观陈鹤琴的一生，他为幼教事业奋斗终生。儿童阶段是人一生的开始，如何实现人性化教育而非死记硬背，如何教育好新一代，陈鹤琴一生都在思考这个问题。他的思想至今还在深刻影响当今的幼儿教育事业。

二、陈鹤琴的儿童观与教育观

陈鹤琴的儿童观和教育观是他所处时代各种教育思想碰撞的结果，他努力吸收现代科学知识和教育思想，深入研究中国儿童的身心特点，以广阔的世界视野和切实的教育实践，探索形成了科学的儿童观和系统的教育观。

（一）科学的儿童观——“为幼儿教育发现中国儿童”[①]

在美国学习期间，陈鹤琴受到进步主义教育思想的影响，系统地学习并掌握了儿童心理学的研究方法。他非常明确地认识到儿童有其独特的身心特点，儿童心理学知识对于进行幼儿教育至关重要。陈鹤琴于 1925 年出版的《儿童心理之研究》和《家庭教育》为形成科学儿童观奠定了基础。他构建儿童观的基点包括：重视儿童心理的特点和发展趋势；儿童心理学的研究要为儿童教育服务，这是教育实现儿童化的必要条件；要坚持运用科学研究的方法研究儿童。在他看来，儿童是独特的、发展的、应受尊重的人。

① 王振宇，秦光兰，林炎琴．为幼儿教育发现中国儿童，为儿童创办中国幼儿教育：纪念陈鹤琴先生诞辰 125 周年［J］．学前教育研究，2018（1）：3-12.

1. 儿童是一个独特的有价值的人

儿童不是“小人”，不是成人的缩小版。儿童期是一个对人的一生有着重要价值的特殊阶段。儿童具备自己独特的心理和行为的特点，只有尊重儿童的独立性、自主性，才能养成儿童的自尊心、自爱心。陈鹤琴不仅从儿童心理学研究的成果阐述了儿童和儿童期的独特性，还进一步从文化学和社会学的角度阐明儿童作为独特的人，对人类社会的发展和延续有着不可忽略和低估的作用。儿童是一种家庭化和社会化的主要分子，也是一种改造家庭改造社会和促进文化的原动力。一方面，儿童是世界历史文化的继承者、开拓者；另一方面，儿童是巩固家庭的团结力，是家庭的快乐源泉，可以发展家庭间的同情心等。

2. 高度重视儿童的发展性

人类进化的成果就是儿童发展的潜力，这个成果首先是人脑的进化。人脑最复杂、最神奇的功能就是它的可塑性。重视儿童的发展性就是重视儿童的可塑性。陈鹤琴曾指出：“对个人而言儿童期就是可塑性的意思……一方面儿童期是发展能力的时期；一方面儿童期具有可以发展的性质，即所谓的可塑性或可教性。”他非常形象地指出：每一个人的心中都有一只具有极大的潜在力量的狮子，教育的任务就是唤醒这头狮子，让人变得自觉起来。需要注意的是，陈鹤琴是在普遍性的前提下谈可塑性，并不意味着儿童发展是整齐划一的。他说：“一班几十个儿童，他们的生活经验、个性、兴趣以及学习能力，大都不相同。”教师要充分认识儿童教育是整体的、连续的，而个体儿童的可塑性又是特殊的、独特的。

3. 尊重儿童

由于儿童带着先天能力和个体差异来到这个世界，并肩负着家庭和睦、社会发展、文化传承的使命，因此，我们必须尊重儿童。尊重儿童的全部内涵就是对儿童的关爱和教育。陈鹤琴的《家庭教育》一书共计 13 章，一共提出 123 条教育原则，其中每一条原则都体现着对儿童的关爱和教育。在家庭中，只关爱不教育就是溺爱，只教育不关爱就是粗暴，只有在尊重儿童的前提下才能处理好关爱和教育的关系。

陈鹤琴以儿童为本位的儿童观，是西方现代儿童观（发端于 18 世纪法国的卢梭，兴起于20世纪美国的杜威，运用于意大利的蒙台梭利）在中国的延续，也是当今幼儿教育的主流和趋势。但陈鹤琴充分认识到中国儿童除了具备儿童的一般特性外，还具有中国的文化历史和社会环境所形成的特点，他归纳出中国儿童的“三个不同于”，即儿童不同于成人；儿童不同于洋人；儿童不同于古人。这“三个不同于”是陈鹤琴儿童观的理论支柱。陈鹤琴的儿童观是一套完整的、科学的、高屋建瓴的理论体系，一头连接着西方现代儿童观，一头连接着中国儿童的现实，为幼儿教育发现了中国儿童，也为幼儿教育事业提供了科学基础。

（二）系统的教育观——“为儿童创办中国幼儿教育”

陈鹤琴强调幼儿教育要以了解儿童心理特点为基础，而且他将心理学原理演化成一个有事实依据的、通俗易懂的、切实可行的教育方法，构建了适合中国儿童的幼儿教育体系——“活教育”理论体系。陈鹤琴针对陶行知批判中国“教死书，死教书，教书死；读死书，死读书，读书死”的死教育现象，提出要使教师“教活书，活教书，教书活”，使儿童“读活书，活读书，读书活”的教育主张，并把这一教育主张定义为“活教育”，“活教育”理论体系成为陈鹤琴“五指活动课程”的理论基础。

1. 做人，做中国人，做现代中国人

20世纪上半叶中国饱受他国侵略凌辱，中国人在面临亡国灭种的危急关头，陈鹤琴提出“做人，做中国人，做现代中国人”的活教育目的论，批判只有知识，没有“人”的旧教育。他把做人作为教育的首要目标，第一步是成为一个融入社会的人，第二步则是成为一位爱国的公民，第三步则是成为一个现代的人，拥有自己独立的思维方式和意识。

2. 大自然、大社会都是活教材

陈鹤琴针对传统课程死读书的问题，提出“大自然、大社会都是活教材”的课程论。他认为，幼儿的知识来自直接经验，书本知识是间接经验，不易为幼儿所理解，因此，幼儿课程教材要以大自然、大社会为中心。我们要教幼儿真的、活的东西，让幼儿对事物有正确的真实的印象。大自然、大社会是幼儿天天接触的，幼儿园应以此为“活教材”。

3. 做中学，做中教，做中求进步

在具体方法上，陈鹤琴提出了“做中学，做中教，做中求进步”的活教育方法论，并详细列出 17 条教学原则、13 条训导原则。陈鹤琴强调“做”，一方面，为的是确立儿童在教学活动中的主体地位，陈鹤琴说：“凡是儿童自己能够做的应该让儿童自己做”“凡是儿童自己能够想的，应该让儿童自己想”“你要儿童怎样做，就应当教儿童怎样学”；另一方面，为的是强调儿童的直接经验，注重儿童在做中获得直接经验。

“活教育”是陈鹤琴根据中国的国情，为中国儿童创办的中国幼儿教育，是幼儿教育中国化的成功探索，是向西方学、走中国路的成功典范。

专栏 9-1　17 条教学原则

原则一：凡是儿童自己能够做的，应当让他自己做

原则二：凡是儿童自己能够想的，应当让他自己想

原则三：你要儿童怎样做，就应当教儿童怎样学

原则四：鼓励儿童去发现他自己的世界

原则五：积极的鼓励胜于消极的制裁

原则六：大自然大社会是我们的活教材

原则七：比较教学法

原则八：用比赛的方法来增进学习的效率

原则九：积极的暗示胜于消极的命令

原则十：替代教学法

原则十一：注意环境、利用环境

原则十二：分组学习，共同研究

原则十三：教学游戏化

原则十四：教学故事化

原则十五：教师教教师

原则十六：儿童教儿童

原则十七：精密观察

专栏 9-2 13 条训导原则

1. 从小到大
2. 从人治到法治
3. 从法治到心理
4. 从对立到一体
5. 从不觉到自觉
6. 从被动到自动
7. 从自我到互助
8. 从知到行
9. 从形式到精神
10. 从分家到合一
11. 从隔阂到联络
12. 从消极到积极
13. 从“空口说道”到“以身作则”

三、陈鹤琴的“五指活动课程”的课程结构[①]

（一）课程目标

陈鹤琴指出，儿童、教师和教材是教育的三大要素，作为教师，首先要充分了解儿童的个性特点，期望他们成长为怎样的人，然后选择适合的教材，使用恰当的教育方法，以达到所希望的目的。为此，他在充分考虑中国国情实际需要和儿童身心发展特点的基础上，提出了“五指活动课程”的具体目标，并回答了 4 个问题：一是“做怎样的人”的问题，培养的人应该具有“协作精神，同情心和服务他人的精神”；二是“有怎样的身体”的问题，培养的人“应有健康的体格，养成卫生的习惯，并有相当的运动技能”；三是“有怎样的智力”的问题，培养的人“应有研究的态度，充分的知识，表意的能力”；四是“有怎样的情绪”的问题，培养的人“应能欣赏自然美和艺术

① 陈文华．幼儿园课程论［M］．北京：科学出版社，2011：150-153.

美，养成欢天喜地的快乐精神，消泯惧怕情绪”。

（二）课程内容

“五指活动课程”是陈鹤琴以人的五指比喻课程内容的五个方面，并以此说明他的五指活动课程的特征，即五个方面的课程内容虽各有特色，但是却相互联系、相互影响，并且在独立中蕴含整体性。“五指活动课程”的课程内容主要包括健康活动：静养、饮食、睡眠、早操、游戏、户外活动、散步等；社会活动：升降旗、朝夕会、周会、纪念日、集会、每天的谈话、政治常识等；科学活动：栽培植物、饲养动物、研究自然、认识环境等；艺术活动：音乐（唱歌、节奏、欣赏）、图画、手工等；语文活动：故事、儿歌、谜语、读法等。

“五指活动课程”基本涵盖了幼儿生活的方方面面，五指是活的，可以伸缩、互相联系，因此，教师在预设课程时没有必要硬性要求每个领域都平等地安排相应的内容，不同的活动单元可以根据实际需要有不同的侧重。五种活动又有所侧重，如健康活动是第一位的，因为强国强身必须首先从重视幼儿的身体素质做起；幼稚园课程应该特别重视音乐，因为音乐可以陶冶儿童的性情，发展儿童欣赏美和创造美的能力。虽然可以有所侧重，但是课程本身是整体的、连贯的，“五指”生长在儿童的手掌上，指教师要注意儿童心理和生理的发展，同时不脱离社会实际，引导儿童做合理的活动，予以适当的教养。

专栏 9-3 “五指”内容与“五大领域”内容的比较

陈鹤琴：“五指”内容		《指南》：“五大领域”内容	
健康活动	静养、饮食、睡眠、早操、游戏、户外活动、散步等	健康	身心状况、动作发展、生活习惯与生活能力
社会活动	升降旗、朝夕会、周会、纪念日、集会、每天的谈话、政治常识等	社会	人际交往、社会适应
科学活动	栽培植物、饲养动物、研究自然、认识环境等	科学	科学探究、数学认知
艺术活动	音乐（唱歌、节奏、欣赏）、图画、手工等	艺术	感受与欣赏、表现与创造
语文活动	故事、儿歌、谜语、读法等	语言	倾听与表达、阅读与书写准备

（三）课程编制原则和方法

1. 课程编制原则

1951 年，陈鹤琴发表了《幼稚园的课程》一文，在这篇文章中，他批判了欧美国家所实行的完全从儿童出发、缺乏系统性的单元教学的课程编制模式，提出适合我国国情的幼稚园课程编制应遵循的十大原则，具体包括：第一，民族性，即课程应该是民族的，不是欧美的；第二，科学性，即课程应该是科学的，不是封建迷信的；第三，大众性，即课程应该是大众的，不是资产阶级的；第四，儿童性，即课程应该是儿童化的，不是成人化的；第五，连续发展性，即课程应该是连续发展的，而不是孤立的；第六，现实性，即课程应该符合实际需要，而不能脱离现实；第七，适合性，即课程应该适合儿童身心发展，促进儿童健康；第八，教育性，即课程应该培养儿童的“五爱”、国民公德和团结、勇敢等优良品质；第九，陶冶性，即课程应该陶冶儿童性情，培养儿童情感；第十，言语性，即课程应该培养儿童的说话技能，以表达自己的情感和思想。在十条原则中，陈鹤琴重点详细阐述了以下几条。

（1）民族性

陈鹤琴批评当时的中国幼稚园课程基本都是美国式的：“幼稚生听的故事是美国的故事，看的图画是美国的图画，唱的歌曲是美国的歌曲，玩的玩具、用的教材，也有许多是从美国来的。就连教学法，也不能逃出美国化的范围。这并不是说美国化的东西是不应当用的，而是因为两国国情上的不同。”“要晓得我们的小孩子不是美国的小孩子，我们的历史，我们的环境均与美国不同，我们的国情与美国的国情又不是一律。”因此，提倡应该充分运用我国的教育资源：“例如选取诗歌，我国古诗适合于儿童经验的确是很少，但是童谣、儿歌，各省很多，其中大半是儿童口吻的，我们能够加一步删改取舍的工作，不是很好的教材吗？又如音乐的器具，钢琴、留声机，确实能启发儿童爱好音乐，养成欣赏音乐的观念，但是我国固有的乐器，如琵琶、笙、箫、古琴之类，又何尝没有同样的价值呢？”所以，课程编制应该符合中国国情，要在吸收国外先进课程理念的基础上，形成具有中国特色的幼稚园课程。

（2）现实性、适合性

陈鹤琴强调幼儿教育的课程一定要适合幼儿的心理、兴趣和爱好，根据幼儿的特点来设置课程。他指出，儿童具有好游戏、好模仿、喜好成功、喜欢野外生活、喜欢称赞等心理特点，因此课程设置要充分考虑儿童身心发展的要求，以促进儿童的健康，真正体现课程编制科学性、儿童性、适合性的特点。

（3）连续发展性、教育性

人的一生是一个连续的过程，儿童所受的教育应该体现出动态的发展趋势，因此幼稚园课程编制应该具有连续发展的特点；课程编制应该以培养儿童的优良品质为出发点，为此幼稚园课程要处处充满教育的意味。

2. 课程编制方法

宏观的课程编制原则有较强的指导性，但是缺乏可操作性，因此陈鹤琴在十条课程编制原则的基础上提出了具有可操作性的 3 种课程编制方法。

（1）圆周法

“就是各班预定的单元相同，研究的事物也相同，不过取材内容随着儿童年龄的不同而分别予以适当的教材和分量。”也就是说，各班的主题相同，但是具体要求由浅入深，根据儿童年龄来具体执行。

（2）直进法

“就是将儿童生活中可能接触到的事物，依照事物的性质和内容的深浅而分布在各个不同年龄的班级里，如小班研究猫和狗，中班研究羊和牛，大班研究马和虎。”也就是说，各班的主题和具体要求都随年龄的不同而有所变化。

（3）混合法

“就是在编制课程的时候，以上二法均须采用。”在具体编制课程的过程中，通常采用的混合法比较多。

（四）课程组织方法——“整个教学法”

陈鹤琴反对分科教学，主张依据幼儿的身心发展规律，打破学科之间的界限，采用“整个教学法”组织课程内容，使幼儿在各个领域都能获得相应的发展。“整个教学法”是“五指活动课程”内容在实际中的具体化，是在正确理解儿童心理的基础上提出的适合幼儿园课程的活动组织方法。陈鹤琴指出：“整个教学法就是把儿童所应该学习的东西整个地、有系统地教儿童去学。这种教学法是把各种功课打成一片，所学的功课是无规定时间学习的；所运用的教材是以故事或社会或自然为中心的，或是作出发点的；但是所用的故事或关于社会自然的材料，总以儿童的生活、儿童的心理为依据的；这种教材最好为一个教师教，一个教师不能教的，两三个教师也可，不过时间稍难配合罢了。”陈鹤琴在“整个教学法”课程内容组织方法的基础上，还提出了“分组学习”“共同研究”“教学游戏化”等教学原则。陈鹤琴总结了“整个教学法”的三个特征，可以帮助我们更好理解其本质内涵。

1. 整合性

整合性指幼稚园课程要以大自然、大社会为中心，从其中选取儿童感兴趣的事物作为中心，组织设计各个领域的活动，促进幼儿各方面能力发展。陈鹤琴以《龟兔赛跑》为例来说明“整个教学法”的整合性组织与实施：第一阶段，以实物引起幼儿兴趣。教师预备一只乌龟，一只或两只兔子，通过观察和交谈等方式，引导幼儿获得一些关于乌龟和兔子的感性经验，并激发幼儿对后续学习内容的兴趣和动机。第二阶段，研究龟、兔的生理特点（自然常识）。教师与幼儿共同探讨龟、兔的生理特点。由于有实物，幼儿可以形成更为深刻的认识，为后续学习奠定基础；幼儿还可以掌握一定的探究方法。第三阶段，讲“龟兔赛跑”的故事。讲故事时，教师可以用预先绘制的大幅彩色挂图来引发幼儿兴趣。师幼具有平等的地位和权利，他们可以讲述各自的故事，而不是单纯地由教师讲、幼儿听。第四阶段，教师依次介绍各种材料并组织幼儿做相应活动。这些活动以前面几个阶段的观察和讲故事活动中了解的内容为基础，因此衔接起来是很自然的事情。由此可以看出，“整个教学法”与今天所提倡的“整合课程”“综合课程”等相通，即通过中心事件整合各个领域的教育内容和资源，促进幼儿整体发展。

2. 自然性

自然性指在课程实施过程中依据儿童的需要和兴趣、生活中的实际条件而自然地进行决策和调整。首先，课程实施要尊重儿童的兴趣、需要和发展水平，而不是依据成人预先制订的课程计划。只有真正尊重儿童的兴趣和需要，教师组织的活动才能成为儿童的自然性的体现，才能激发儿童内在的动机。其次，根据社会生活中的实际条件来实施课程，即强调课程实施与自然生活的协调一致。要根据当时当地的社会和自然条件来选择课程组织形式、课程内容，充分利用现有课程资源。《纲要》明确规定："教育活动的组织形式应根据需要合理安排，因时、因地、因内容、因材料灵活地运用。"

3. 弹性（灵活性）

弹性主要体现在两个方面：一方面，在课程决策时进行多方考虑；另一方面，在课程实施过程中，使课程保持灵活性。陈鹤琴提出的课程实施思想中还包含了使课程具有弹性的具体措施，比如创设适宜而丰富的课程实施环境，给幼儿提供多种适宜的选择机会，根据儿童的兴趣来调整活动进程和活动内容，等等。因此，教师要在课程实施和组织过程中充分体现创造性，正如《纲要》明确指出的"幼儿园教育活动的组织与实施是教师创造性地开展工作的过程"。

（五）课程实施①

1. 采用游戏式教学方法

陈鹤琴认为，游戏是幼儿生来喜欢的，幼儿以游戏为生活。幼儿园应当采用游戏式的教学方法去教导幼儿，要以自动代替被动。幼儿在游戏中、在活动中学习，往往会收到事半功倍的效果。

2. 采用小团体的教学法

由于幼儿的年龄参差不齐，智力水平不同，兴趣又不一致，因此在教学时应采用小团体式，区别对待，分组实施，使处于不同发展水平的幼儿都有所长进。

3. 通过环境的创设和材料的提供引起幼儿的学习动机

陈鹤琴强调，教师要希望幼儿做某种活动，或使幼儿明了某种观念，就需要布置环境，投放材料以刺激儿童，而且在环境创设时要依据教育的内容

① 王春燕. 幼儿园课程概论［M］. 北京：高等教育出版社，2007：206.

变化，材料的摆放要适合儿童，高度以 1 米的视线为标准。

除此之外，陈鹤琴还提出了比较法、观察法、替代法、比赛法等，通过多样化的方法，生动、形象、具体地对幼儿进行教育。同时教学中都以“做”为出发点，在做的过程中去学，在做的过程中去教，在做的过程中去求进步。

（六）课程评价

在 20 世纪 20 年代初，陈鹤琴主持鼓楼幼稚园课程试验之初就提出中国幼稚园存在缺乏具体的课程评价目标的弊病。陈鹤琴认为，没有具体的标准，就没有办法对课程实施过程及幼儿发展进行督察与评定，也就无法对课程作进一步的改进。陈鹤琴说：“考察品行，应当有品行的标准；甄别习惯，应当有习惯标准；检验技能，应当有技能标准；测验知识，应当有知识标准。”在 1925 年，他与张宗麟一起编制了《幼稚生应有的习惯和技能表》，包括卫生习惯、做人的习惯（个人的、社会性的）、生活的技能、游戏运动的技能、表达思想的技能、日常的常识等 185 项具体、明确的指标。这要求幼稚园结合幼儿心理和认识上的特点，运用形象、生动、直观的方法对幼儿进行检查与督察，从而开创了我国幼儿园课程评价的先河。

四、对陈鹤琴“五指活动课程”的评价

陈鹤琴是我国现代著名的教育家，是中国化、科学化幼儿教育的奠基人。他的“五指活动课程”是在对西方进步主义教育思想的批判和继承的基础上，结合中国现实需要而提出来的，是符合当时中国儿童发展特点的幼稚园课程。陈鹤琴的“五指活动课程”不仅在 20 世纪 50 年代前曾对幼稚园教育产生过重大的影响，而且对于 20 世纪 80 年代以后的幼儿园课程改革也具有重要的影响，即使对于今天我国幼儿园教育改革也具有重要的借鉴意义和价值。

第二节　张雪门的“行为课程”

一、张雪门简介

张雪门（1891—1973 年），浙江宁波鄞县人，我国著名的幼儿教育家。早在 20 世纪 30 年代，与陈鹤琴有“南陈北张”之称。

张雪门幼年在私塾熟读《四书》《五经》。1912 年担任鄞县私立星荫小学校长。1918 年，与几个朋友创立了星荫幼稚园（宁波市第一所中国人自办的幼稚园），任园长。1920 年，与人合办两年制的幼稚师范，同年，应邀到北平任孔德学校小学部主任，并考察平津幼稚教育。1924 年去北平大学任职员，同时在教育系学习。他通过社会调查、参观访问，于 1926 年拟定了“幼稚园第一季度课程”，在《新教育评论》上发表。1928 年秋，孔德学校开办了幼稚师范，请他主事，他受“骑马者应从马背上学”的启示，采取半日授课半日实习的措施，并创办幼稚园作为实习场所。1930 年秋，应北平香山慈幼院院长熊希龄之聘，编辑幼稚师范丛书，并在香山见心斋开办北平幼稚师范学校，任校长。1931 年“九・一八”事变后，张雪门认识到中国社会的半殖民地半封建性质，同时认识到今日之幼童就是国家未来的主人翁，他开始了幼稚园行为课程的研究。抗日战争和解放战争期间，张雪门辗转多地继续开展幼稚师范教育和幼稚教育的研究和实践。抗战胜利后，张雪门于 1946 年 1 月返回北平，适值“台湾民政处”电邀他赴台办理儿童保育院，他便于 1946 年 7 月中旬前往台湾。张雪门是一位爱国教育家，晚年虽客居台湾，却心系大陆，曾有《芙蓉》一诗曰：“未向园林添艳色，时从来客探芙蓉。年来心似秋光淡，却忆西山一片红。”西山即香山，诗中充分表述了他对北京的怀念。1973 年他因脑病复发，抢救无效，病逝于台湾，终年 83 岁。

从 20 年代后期开始，张雪门曾先后撰写了幼儿教育方面的论著 200 多万字，极大丰富了幼稚园课程方面的理论与思想，具体包括：《幼稚园的研究》

《幼稚教育》《中国幼稚园课程研究》《幼稚园行为课程》等。虽然这些著作里有些幼稚园课程论的内容是重复出现的，但是我们正好可以由此体会到张雪门对于幼稚园课程的重视。他的课程论思想主要集中地体现在他的“行为课程”理论中。针对国内当时幼稚园教育以教材为中心的状况，张雪门提倡幼稚教育生活化、幼儿生活教育化，经过长期的实践和理论研究，他提出了完整的幼稚园课程理论——行为课程及其方案。

二、“行为课程”的理论来源

五四运动后，随着中国新文化运动的开展，我国的幼教先驱们在实地考察我国幼儿园课程的基础上，开始探索幼儿园课程科学化和中国化的道路。张雪门在《我国三十年来幼稚教育的回顾》中写到蒙养院的日本式课程、教会幼稚园的宗教式课程、福禄贝尔和蒙台梭利课程是国内三种主要的幼儿园课程。这些课程的弊端逐渐暴露，张雪门在我国传统文化的浸染和杜威实用主义思想的影响下，开始探索适于中国的幼稚园课程。

（一）中国传统文化的浸染

张雪门深受中国传统文化的浸染，王阳明“知是行之始，行是知之成”的观点直接影响他的“行为课程”，可以说是“行为课程”的理论基石。张雪门曾说：“唯有从行动中所得到的认识，才是真实的知识；从行动中发生的困难，才是真实的问题；从行动中所获得的胜利，才是真正制驭环境的能力。”所以，“行为课程”强调幼儿认识的起点在于“行”，只有行动才能产生认识，只有行动才能发展认识。

（二）杜威实用主义思想的影响

张雪门深受杜威实用主义教育思想的影响，在其“行为课程”中，他强调儿童的直接经验，强调儿童与环境的相互作用，把课程的本质看作直接经验的总和。正如张雪门所言：“课程是经验，是人类的经验，用最经济的手段，按有组织的调制，用各种方法，以引起孩子的反应和活动。”1918 年前后，克伯屈（杜威的学生）创立的“设计教学法”传入我国，在我国当时的教育界引起广泛的关注。克伯屈主张学生自发决定学习的目的和内容，让学生在自己设计、自己实行的单元活动中，获得有关的知识和解决问题的能力。张雪门通过自己的实践，以“设计教学法”为基础，发展成为“行为课程”实施的一般程序和一大特色，即动机、目的、计划、实行和评价。

此外，张雪门也受到福禄贝尔、蒙台梭利课程思想的影响，吸收了行为主义心理学的一些观点，这些都是构成其行为课程的重要理论基础。

三、“行为课程”的课程结构

张雪门对课程本质的理解经历了从“经验”到“行为”的转变。“课程是什么？课程是经验，是人类的经验，用最经济的手段，按有组织的调制，用各种方法，以引起孩子的反应和活动。”幼稚园的课程就是“给三足岁到六足岁的孩子所能够做而且喜欢做的经验的预备”。由此可见，张雪门主张“课程就是经验”。但是经验太零碎、太紊乱，不能提供更高深、更专业的需求，他认为，课程是有选择的经验，是有价值的经验，“是适应生长基本价值的选品，随时代而变迁”。

随着深入的理论研究和实践观察，20 世纪 60 年代，张雪门对课程本质的理解有了新变化，在《幼稚园行为课程》中，他提出了“行为课程”的概念，即“生活就是教育：五六岁的孩子们在幼稚园生活的实践，就是行为课程……这份课程包括了工作、游戏、音乐、故事等材料，也和一般的课程一样。然而这份课程，完全根据于生活；它从生活而来，从生活而展开，也从生活而结束”。可见，生活与行动是“行为课程”的基本要素，一方面，他强调幼稚园的课程是一种具体的整个活动，自然地融合在儿童的生活中，“在幼稚园中，各种科目都变成儿童生活的一面，不能分而且不必分，不独这科与那科不分，有时候甚至一种科目当作儿童自己生活之表现，科目与人都无法分了”，“儿童先有了生活，然后有了教材的需要；不是有了教材，再去引起儿童生活作机械的反应”。另一方面，幼稚园课程应强调直接经验，“行为课程”首先应有助于的是实际行为，“我们所提倡的幼稚园课程，首先应注意的是实际行为，凡扫地、抹桌、熬糖、炒米花以及养鸡、养蚕、种玉黍和各种小花，能够实在行动的，都应让他们实际去行动”。“事怎样做必怎样学，怎样学必怎样教，做学教打成一片，才能完成行为课程”。“从行动中所得的认识，才是真实的知识；从行动中所发生的困难，才是真实的问题；从行动中所获得的胜利，才是真实的制驭环境的能力”。

（一）课程目标

第一阶段：强调满足幼儿个体的身心发展需要。

张雪门提出：“幼稚园课程的目的，在于联络孩子们的旧观念，以引起其新观念，更谋其旧经验的打破，新经验的建设。”他认为，课程固然要注意到社会生活的意义，但绝不可能凭着成人主观的意见。因为成人的需要不是儿童的需要，成人的经验不是儿童的经验。“儿童所反应的是他自己环境里的社会，但绝不是成人的社会”。因此幼稚园课程满足幼儿个体的需要更重于满足社会的需要。幼稚园的课程目标就是要满足儿童身心的需求，养成儿童扩充经验的方法与习惯，培养其生活的能力与意识，从而使幼儿的身心得到全面的发展。

第二阶段：兼顾社会需要和幼儿身心发展需要。

“九・一八”事变后，面对国家民族危亡，张雪门提出“把社会的需要组织在课程里面：而在另一面又正合儿童的生活，容易引起他们的动作”，在其课程目标中兼顾了社会需要和幼儿身心发展的需要。到1933年，张雪门把其幼儿教育定为改造民族的幼稚教育，最终将课程目标定为：“铲除我民族的劣根性；唤起我民族的自信心；养成劳动与客观的习惯态度；锻炼我民族为争中华之自由平等而向帝国主义作奋斗之决心与实力。”他确立了以社会需要为远景，以儿童个体发展需要为近景的幼稚教育任务，把儿童置身于其可接触的生活环境中充分发展，体现了幼稚园课程对儿童自身价值的尊重。

（二）课程内容

张雪门所说的“教材”一词指的就是课程内容。关于行为课程的内容，他指出：“儿童到幼稚园要学什么？幼稚园教师须教些什么？教和学又怎样地联络起来？这三个问题就是幼稚园教材研究的中心。”“幼稚园教材是一般在幼稚园的时候儿童生活的经验。”“教材的范围很大，并不限于一首歌曲，一件手工，凡儿童从家到校，从校到家，在家庭、道路、幼稚园所受到的刺激，能够引起儿童生活的要求，扩充儿童生活的经验，潜移儿童生活的意识都是。”“教材不论是现成的，不论是创造的，其唯一的目的，为充实幼儿的生活，绝非灌注他们的熟料。因为教材的目的在充实幼儿的生活，所以对他们仅是活动而非知识。虽然活动里面从始至终都不含有知识，但绝不是特殊地抽出来的死知识，且教材在儿童生活上的功能，是一种开始，而不是结果。”

1. “教材”（课程内容）的来源及内容

（1）本身个体发展而得

儿童自发的诸般活动，即儿童自身发展中所进行的一些活动。

（2）和自然环境相接触而得

儿童的自然环境，即儿童周围生活中一切有关自然界的事物与知识，如植物、动物、旅行，儿童对各种自然现象的活动。

（3）从社会环境交际而得

儿童的社会环境，即儿童现在生活与未来生活相关的社会生活知识，如家庭、邻近的地方、各种职业活动等。

总之，“行为课程”的内容就是儿童周围生活的自然环境和社会环境中能为儿童所接受并有助于其身心发展的各种经验。

2. “教材”（课程内容）的选择标准

（1）“应合于儿童的需要”

张雪门认为，幼稚园的孩子喜欢模仿，而且好奇心很强，所以大人的事、动植物的生长、天气的变化、各种感觉游戏等，都能引起他们搜求新经验的欲望，所以把这些材料编入课程，定能适合儿童的兴趣。

（2）“应顾到社会生活的意义”

一个人要想很好地适应社会生活，就必须认识社会生活的很多东西，如文字、数的观念、穿衣的技能、饮食、起居、风俗等，这都应是课程内容的一部分。

（3）“应在儿童自己的环境里搜集材料”

“儿童所能反应的，是他自己环境里的社会，但绝不是成人的社会。”因此，要从儿童周围的家庭、社会环境中去搜集材料。

（4）“应顾到社会生活的需要”

张雪门认为，“课程固然是实现现在，但并不是放弃将来”，所以选择教材的内容要既能注重现实的环境，又能有利于社会的发展。

（5）“上面所述还没有道及的一切冲动习惯态度”

张雪门认为，儿童日常生活中所产生的兴趣感情和动作的冲动，虽然有时是暂时的，但如果有利于儿童的发展，便利于儿童适应环境，教师就要抓住这种机会，选择相应的内容给予儿童练习的机会。

（三）课程组织

如何编制幼稚园课程？张雪门认为，幼稚园课程的组织与中小学、大学等有所不同，它有自己的特点与要求，应密切联系幼儿的生活经验，适合幼儿的发展，因此“行为课程”应遵循以下编制原则：

1. 整体性

张雪门说：“幼稚生对于自然界和人事界没有分明的界限；他看宇宙间的一切的一切，都是整个儿的。花开、鸟啼、客人来，凡能够引起他注意的，没有一样不当作自己的生活看待。”因此，张雪门认为幼稚园课程是“一种具体的整个活动”。幼稚园课程不像中小学、大学，分成国文、数学、地理、生活等各种学科，各有各的时间，各有各的统属，而应打破学科的界限，让各种科目都变成幼儿整体生活的一面，构成一种具体的整个活动。

2. 偏重个体发展

张雪门认为，教育既要适合儿童身心发展的需要，也要培养儿童成为符合社会需要的人，而在幼稚园阶段，教育则应偏重个体发展。正如张雪门所说：“我们编制课程时，原不能忽略社会的希求，但须极力注意儿童现在的需要和能力。”

3. 注重直接经验

张雪门认为，直接经验具有生动、切实的特点，与间接经验相比，显得零碎和低层次。但就幼稚生的身心特点而言，通过直接的学习价值更大，因此，幼稚园课程应该以直接经验为主。

另外，张雪门在20世纪70年代出版《中国幼稚园课程研究》一书，对其几十年幼稚园课程实践研究作了进一步总结，提出了幼稚园课程组织的标准：“课程须和儿童的生活联络。是有目的有计划的活动。事前应有准备，应估量环境，应有相当的组织，且须有远大的目标。各种动作和材料，全须合于儿童的经验能力和兴趣。动作中须使儿童有自由发展创作的机会。各种知识、技能、兴趣、习惯等全由儿童直接的经验中获得。”

（四）课程实施

幼稚园“行为”在课程的应用要遵循两个原则：一是课程固由于自然的行为，却须经过人工的精选。在课程实施前需要考虑：儿童在这一活动中能够学到什么？能够提高儿童哪方面的能力？是否具有一定的代表性？等等。二是课程固由于劳动行为，却需在劳动上劳心。课程实施过程中，在要求儿童活动的同时，也要注意培养智能和感情的东西。

为了进一步保证课程实施中“行为”的有效价值，张雪门引进了克伯屈的“设计教学法”，“行为课程”以“行为为中心，以设计为过程。只有行为没有计划、实行和检讨的设计步骤，算不得有价值的行为；只有设计，没有实践的行为是空中楼阁”①。“于是，谈行为便得谈设计，谈设计也便得连带了行为，再也不能分离，也不许再分离”。经过多年的实验研究及不断改进，张雪门确立了运用“设计教学法”来拟订“行为课程”计划，并采用“单元教学”来进行，具体包括：

1. 动机

激发儿童的学习动机是“行为课程”的第一位。“人的行为固然千殊万变，可是他的动机不外乎两种，第一种是由于内心的需求，第二种是由于外界的刺激”，“行为课程”的实施首先要诱导儿童自发的动机，有时也需要教师利用环境、设备、语言等来引起儿童的动机。

引起“动机”之后，在尚未决定“目的”前，还必须经过“环境的估量”，具体包括四个方面：第一，应估量儿童的动机是否合于教育的目的；第二，应考虑儿童固有的经验和能力；第三，是师资自身的智能问题；第四，是幼稚园现有的空间和经费问题。否则，即便有了动机，也只能放弃。

---

① 卢美贵. 幼儿教育概论［M］. 台北：五南出版社，1988：114.

2. 目的

“行为课程”的目的并不是儿童自己学习的目的，而是指教师希望儿童在这一行为中所获得的效果。从目的的内容来看，涉及儿童所获得的知识、技能、兴趣与态度、习惯等，例如，教师选择饲养动物的单元，其目的在于鼓励儿童研究动物的形态与生活、饲养的方法，并了解动物与人类的关系等。教师只有确定了目的后，才能有效地指导儿童的行为，教学也才能有一定的标准。

3. 活动

为了达到教学目的，必须认真设计“活动的要领、参加的人数、活动的时间和地点及每一小段的程序”等。这一步骤主要是计划预设活动，所以只做大体轮廓的估量，在之后的行为实践中，就应做详细的计划，以便切合实际需要。

4. 活动过程

张雪门指出：“活动如何开始？如何展开？如何结束？在组织课程时，是一种极重要的估量。”然而它只是行动的要点，尚缺乏具体的内容，所以必须拟订具体的活动过程，便于教师进行指导。

5. 工具及材料

张雪门认为，这一项的估量，虽然仍旧根据固有的各种科目拟订具体的工具和材料，但由于行为不是机械的，所以也有一定的变化。

由此可见，“行为课程”是起于活动而终于活动的有计划的设计，其实施过程中采用“单元教学法”，彻底打破了各科界限，在各“教材”中选择与学习单元相关的材料加以运用，使各科教材自然地融化在儿童的实际生活中。也正如张雪门所说：“真正的单元活动就是行为课程，真正的行为课程没有不是单元活动。我们若在形式上讲，叫做单元活动；若在实质上讲，就可以叫做行为课程。这两种课程实在可说是二而一、一而二，仅因角度看法的不同，产生了名称的区分。”

（五）课程评价

张雪门未专门提及“行为课程”的课程评价，但其所论述的课程实施后的进展即为课程评价。他虽然没有提出详细的评价指标，但却粗略地谈及了课程实施后4个方面的评价内容：

1. “对幼童的行为应有检讨”

张雪门指出：“行动终了，接着便须检讨，不论做得好做得坏，都应像审判一样的来考察：好的在哪一点？坏的在哪一点？为什么好？为什么坏？幼童如果明白了好或坏的所在和好或坏的原因，然后才能将成功失败的原因组织在自己的经验中，更可以加强下次活动趋避的倾向。”所以，教师在活动结束后要通过言语及实物对照对儿童行为进行恰当的评价，尤其是要鼓励他们做自我批评，从而使儿童了解自己好或坏的原因。

2. “对幼童行为应有继续的注意”

张雪门认为，行为是永远不停的，动机时时会在行动中产生，所以教师要对儿童的行为进行观察、注意，以便引导儿童的行为进入下一个活动阶段。

3. “对幼童行为应有记录”

张雪门强调教师应把每天活动中儿童的重要行为按次序详细地记下来，这样不但可以供将来考察，而且可以发现教师自己教学失败及成功的地方。

4. “对幼童行为经验应有估计”

张雪门反对一个大单元活动结束之后，教师简略统计教过的故事、手工、游戏及唱歌等，或只列出各科分数，而忽略行动所获得的智能及建设、思考、欣赏、练习等心理活动，以及独立合作、坚持到底、自己立法、自己遵守等美德。教师必须根据事实，对儿童在活动中产生的经验作细致的分析，从中选择其价值与行为预定的目标作对照，确立有否达到及在哪一个程度达到，这才是从行动中所获得的真实成绩。

四、对张雪门的“行为课程”的评价

张雪门一生实践与智慧的结晶就是“行为课程”，对我国幼儿园课程的改革和发展作出了重大的贡献，主要表现在以下几个方面：

第一，“行为课程”的基本思想就是“生活即教育”“行为即课程”，这不仅是对当时幼稚教育中普遍存在的教育与儿童实际生活相脱节现象的批判，而且体现了教育生活化、生活教育化的基本理念；

第二，“行为课程”的目标在兼顾社会需要的同时，更关注儿童个体的需要，其内容来自儿童周围的生活环境，体现了幼稚园课程的独特价值及用“生活来教育”“以社会生活为教育的素材”的基本出发点；

第三，“行为课程”的实施采用“单元教学法”，以行动为中心，通过动机、目的、活动、活动过程与工具材料等环节进行，表明“行为课程”的实施是一个有计划、有组织的过程，创立了当时幼稚教育崭新的课程模式，对当前的幼儿园课程改革有一定的借鉴价值与启发意义。

第三节　张宗麟的幼稚园课程思想

一、张宗麟简介

张宗麟（1899—1976 年），浙江绍兴人，1925 年毕业于东南大学教育系，协助陈鹤琴创办我国第一所幼稚教育实验中心——鼓楼幼稚园，并成为中国第一个男性幼稚教师。曾协助陶行知创办晓庄师范、生活教育社、国难教育社。1942 年参加新四军，后到延安大学任教。新中国成立后，历任教育部高教司副司长，高教部计划财务司副司长、计划司司长。主要著作有：《幼稚教育概论》、《给小朋友的信》、《乡村教育经验谈》、《幼稚教育论文集》（与陶行知、陈鹤琴合著）、《乡村小学教材研究》、《幼稚园的演变史》等。

二、主要的幼稚园课程思想

与陈鹤琴、张雪门的课程本质观相比，张宗麟对课程本质的理解更为宽泛。他指出：“幼稚园课程者，由广义的说之，乃幼稚生在幼稚园一切之活动也。”在张宗麟看来，幼稚园课程的本质是活动，它包括“一切教材，科目，幼稚生之活动”。基于对幼儿园课程本质的认识，他按照不同的标准对幼稚园课程进行了划分。

（一）按儿童活动划分

1. 开始的活动

幼稚生初入园时必须养成的习惯，也就是人生最基本的习惯，如放手巾、认识教师和同学，以及初步的礼节等。

2. 身体活动

强健身体的习惯与技能，如各种卫生习惯、跑步、跳、爬等。

3. 家庭活动

反映家人之间的关系、礼仪，以及家庭事务的活动。

4. 社会活动

养成公民素质的教育活动，包括各种节日、同伴关系的活动等。

5. 技能活动

培养儿童适当表现自己的活动。

（二）按学科划分

按照学科，可将幼稚园课程划分为音乐、游戏、故事、谈话、图画、手工、自然、常识、读法、识数十个科目，其中每一个科目又包括一些小项目。如音乐包括听琴、唱歌、节奏动作、弹奏乐器；游戏包括个人游戏和团体游戏；故事包括听、讲和表演；图画包括自由画、写生画和临摹画；手工包括纸工、泥工、缝纫及竹木；读法包括认字、短句故事等。

总之，无论以儿童活动分类或以学科分类，教师决不可拘泥于某时当教何种课程，而应动静交替地安排好儿童每一日的活动。

三、社会化的幼稚园课程

张宗麟认为，幼稚园课程中应增加“社会”科目，因为幼稚园的一切活动都具有社会性，幼稚园的儿童之间也进行社会性交往。

（一）设计社会化课程的依据——儿童社会

设计幼稚园课程的社会科目，需要了解幼稚生的社会。幼稚生的社会不同于成人的社会，它本质上是幼稚生的“生活状况”，即由幼稚生直接经验组成的社会，脱离了幼稚生的具体生活经验和其周围的社会环境，是难以理解他的“生活状况”的。但是，由于幼稚生的生活差异实在太大，因此课程设计者要根据普遍的情况，来制定富有弹性的社会课程。

（二）社会化课程的内容

1. 关于生活卫生、家庭邻里、商店邮局以及其他公共设施和名胜古迹等方面；

2. 日常礼仪的学习和演习；

3. 节日和纪念日活动；

4. 身体的认识活动和基本卫生活动；

5. 健康和清洁活动；

6. 认识党旗、国旗和总理形象的活动；

7. 各种集会和社团活动。

（三）社会化课程的实施

1. 应遵循的教育学原则和心理学原则

（1）将学校生活与实际生活打成一片；

（2）既注意儿童的个别学习，又注意儿童之间的互助与合作；

（3）教师要做儿童的朋友；

（4）使儿童获得成功；

（5）通过继续不断的学习养成良好的习惯；

（6）激发儿童进行良好社会性行为的兴趣，达到教育目的；

（7）要注意对儿童社会性行为的交替培养。

2. 注意事项

（1）注重培养儿童互助与合作的精神；

（2）培养儿童对他人的爱怜情感；

（3）培养儿童具有照顾他人的品质；

（4）使儿童明了生活的根源；

（5）使儿童了解人类生活具有纵横两个方面。

四、对张宗麟的幼稚园课程思想的评价

张宗麟的幼稚园课程思想与陈鹤琴的“活教育”、陶行知的“生活教育”

紧密相连，最具有特色的是他的幼儿“社会教育”思想。张宗麟于1931年出版的《幼稚园的社会》一书详细阐述了他关于幼稚园社会教育的主张，对我国幼儿园社会教育的发展产生了深远影响。他作为陈鹤琴和陶行知的学生与助手，积极参与了两位师长的许多实验研究，他崇尚亲身感知，亲自实践，他为幼儿教育事业的献身和创业精神是值得后人继承和发扬的。他主张尊重儿童和解放儿童，主张从中国国情出发，吸收和借鉴国外先进的教育思想，反对理论脱离实际，主张学以致用，他的研究成果和课程思想在我国幼教界产生了广泛和积极的影响。

第四节　国内幼儿园课程的历史变革和发展趋势

一、国内幼儿园课程的历史变革

（一）20世纪20年代至三四十年代的幼儿园课程变革

20世纪初，我国的幼儿园课程主要照搬国外的模式，从内容、方法，到设施、材料和玩具，先后效仿日本、西方，并受到福禄贝尔、蒙台梭利和杜威等人的教育思想和主张的相继影响。清末民初幼稚园课程改革的局面混乱，有教会式的宗教课程、蒙养院的日式课程、少数试验福禄贝尔和蒙台梭利的课程以及美式以幼儿为本位的经验型课程。

1. 杜威教育思想的影响

五四新文化运动提倡政治民主和科学进步，为国外各种文化思潮与流派的传入敞开了大门，在教育界也开始逐渐摆脱传统封建文化的束缚，走上了现代化的道路。对我国近现代教育产生过深刻影响的首推杜威的教育思想。1919—1921年，杜威在华的足迹遍及10余个省市，讲演达200余场次。杜威的实用主义哲学思想和进步主义教育思想影响包括幼儿园课程变革在内的中国教育变革。杜威批判传统教育，他的新教育主张包括：提倡科学与民主精神、尊重儿童的个性、反对教师的权威与知识灌输、注重教育的生活化和社会化，等等。

2. 我国幼儿教育家的探索

以陈鹤琴、陶行知、张雪门、张宗麟等为代表的教育家，接受并引进了一些西方教育思想，特别是杜威的进步主义教育思想，提出了从课程改革入手，使幼儿教育科学化、中国化的主张，并开始了中国化幼儿教育的实践探索。1923 年，陈鹤琴创办南京鼓楼幼稚园，树立了中国近代学前教育试验的典型，并开始“活教育”的实践探索；1927 年，张宗麟创建南京燕子矶幼稚园（中国第一个乡村幼稚园），旨在探索如何创办“中国的、贫民的、省钱的”乡村幼稚园，提出以“生活进程”代替幼稚园课程，从乡村儿童的生活实际出发，编订生活进程；张雪门依据杜威的“教育即生长”“做、学、教合一”的思想，开始了“行为课程”的研究。

3. 国民政府教育部颁布《幼稚园课程标准》

《幼稚园课程标准》源于陈鹤琴主持的南京鼓楼幼稚园的课程试验，1929 年 9 月，国民政府教育部令各省市作为暂行标准试验推行，以后又在各地试验的基础上进行修改，于 1932 年 10 月颁布并于 1936 年 7 月进行了修订。这是中国幼儿教育发展史上第一个幼稚园课程标准，规定了幼稚教育的总目标是增进儿童身心的健康，力谋幼稚儿童应有的快乐和幸福，培养人生基本的优良习惯，协助家庭教养幼稚儿童（包括身体、行为等各方面的习惯）；幼稚园的课程包括音乐、故事和儿歌、游戏、社会和常识、工作、静息及餐点共七项；幼稚园的课程不按学科分类，而是以儿童的生活活动来进行，以活动主题为中心组织课程，学科服从活动的主题。

国民政府教育部虽然曾用法令的方式将《幼稚园课程标准》推广到全国，要求各地遵照执行，但是“其思想与理念没有能够在辽阔的中国得以大规模实行。即使在当时的一些地方如江、浙、上海、江西一带实施，效果也不是很好，存在着很多的问题”①。

4. 历史影响

我国的幼教先驱们在探索科学化、中国化的幼儿园课程道路上付出了艰

① 王春燕. 中国学前课程百年发展、变革的历史与思考［D］. 南京：南京师范大学，2003.

辛努力，作出了卓越贡献，对我国幼儿园课程的发展与变革产生了深远影响。幼儿园课程在理论上确认了儿童的主体性，认定了课程应来源于儿童的生活和经验，课程内容应以自然和社会为中心，提出了课程的编制应是整体的、相互联系的，等等。20 世纪 80 年代以后的幼儿园课程改革，在理论和实践方面借鉴了此时的做法。

当时我国幼儿园课程改革的历史也表明，完美的教育理论并不等同于有效的教育实践，幼儿园课程变革深受社会、政治、经济、文化等多重因素的影响，幼儿园课程变革的成功与否，更多地取决于复杂生态环境中的宏观因素，而不是包括幼儿园课程本身在内的微观因素。

（二）20 世纪 50 年代到 70 年代的幼儿园课程变革

新中国成立初期，我国各项事业百废待兴，当时包括教育在内的各个领域选择了学习苏联的路径。

1. 学习借鉴苏联的幼教理论和经验

50 年代初，教育部邀请了苏联的部分幼儿教育专家来我国讲学，并在我国推广其幼儿教育经验。自 1951 年起，政府“自上而下”地发起了幼儿园课程的变革，教育部统一制定并分别于 1952 年 3 月和 1952 年 7 月颁布实施《幼儿园暂行规程》（草案）和《幼儿园暂行教学纲要》（草案）。这两个文件奠定了新中国成立初期我国幼儿园课程变革的基础，开始了全国一律试行以学科课程为基础的分科教学。此时的幼儿园课程变革，有苏联心理学、教育学的理论作支撑，借鉴了苏联分科教育的经验，尽管全盘否决了以往的做法（反对杜威、陶行知、陈鹤琴等人的儿童本位思想。1951 年，政府以法令的形式规定废除了单元课程），然而由于我国文化和当时的政治、计划经济等能接受分科教育，变革较平稳和顺利。

“文化大革命”重创了我国教育，幼儿教育也不例外。10 年后，教育逐步恢复，并走向正常化。1979 年，教育部颁发《城市幼儿园工作条例（试行草案）》，规定幼儿园应贯彻保教结合的原则，幼儿园教育应包含体育锻炼、游戏和作业、思想品德教育等几个方面。

2. 历史影响

20 世纪 50 年代的幼儿园课程变革逐渐形成幼儿园学科课程体系，教师容易操作。在我国百业待兴的历史背景下，一方面，教育需要新的正常秩序，这种重结果、易操作的学科课程体系迎合了当时需要；另一方面，教育资源缺乏、师资力量不足、师生比例较小的情况，对提高幼儿教育质量起了一定的作用。“文化大革命”之后，继续采用学科课程体系，有利于解决“文化大革命”动乱所带来的破坏，恢复正常的教育秩序。

但是其弊端十分显著，如以教师、教材、课堂为中心，将儿童看成是被动的“客体”；统一化的集体教育忽略了儿童之间存在的个体差异，无益于儿童的个性和创造性的发展，等等，这些弊端还对幼儿教育产生负面的影响。

（三）20 世纪 80 年代以来的幼儿园课程变革[①]

1. 20 世纪 80 年代：我国幼儿园课程改革重新开局

1981 年，教育部在继承 1952 年制定的《幼儿园暂行规程》和《幼儿园暂行教学纲要》的基础上制定并颁布了《幼儿园教育纲要（试行草案）》，规定幼儿园教育的内容为生活卫生习惯、体育活动、思想品德、语言、常识、计算、音乐、美术 8 个方面。《幼儿园教育纲要（试行草案）》的出台为有效恢复幼儿园保教秩序，启动新一轮课程改革奠定了坚实的政策基础。教育部组织课程专家、相关领域专家、高校教师、幼儿园园长、幼儿园骨干教师共同编写了全国统编幼儿园教材，由指定的出版社出版，供全国幼儿园使用，这是新中国成立以来第一次全国统编的教材，也是唯一的幼儿园统编教材。

20 世纪 80 年代后，全国各地陆续自发探索幼儿园课程综合化路径，这些探索从单科扩展到了整体，从城市扩展到了农村，推动着幼儿园课程变革。比较有影响的包括：1983 年南京师范大学和南京实验幼儿园开展的“幼儿园综合教育结构的探讨”教育实验，1984 年中央教育科学研究所与北京第五幼儿园、崇文区第二幼儿园以常识为中心的“幼儿园综合教育”实验，1985 年上海市长宁区主题教育实验小组开展的综合主题教育实验，等等。这些“民

① 杜继纲，蔡冠宇，和卓琳，彭代玉．从编制到理解：我国幼儿园课程改革 40 年回顾与展望［J］．学前教育研究，2019（3）：21-30.

间”探索，有利于解决幼儿园学科课程过分强调系统的单科知识和技能的传授，忽视各学科间的内在联系，忽视儿童自身的活动和直接经验的问题，促进幼儿园恢复正常秩序，为国家教育决策部门改革幼儿园课程提供科学依据。

2. 20 世纪 90 年代：我国幼儿园课程改革整体推进

1989 年原国家教委（现教育部）颁布了《幼儿园工作规程（试行）》，并于 1990 年 2 月 1 日开始试行。该规程吸收了 80 年代幼教工作者的实践经验和理论成果，不仅将国内外诸多新颖的幼教课程理念带入人们的视野，其原则性规范而非硬性规定的政策立场，也为我国幼儿园课程改革提供了重组空间。其变革精神主要体现在：强调幼儿的主动活动，为幼儿提供充分活动的机会；注重教育要适合幼儿的个体差异，促进每个幼儿在不同水平上的发展；指出游戏是幼儿园的基本活动；强调寓教育于幼儿园一日活动之中；强调幼儿园活动的过程。原国家教委在各地建立了试行规程的 10 个示范幼儿园，为其后借助于教育行政力量推向全国的大规模幼儿园教育改革运动提供了“看得见”的范本。

此阶段，广大幼教工作者参加课程研究、改革和实践的热情不断高涨，除了综合教育课程以外，幼儿教育理论和实践工作者设计与实施了活动教育课程、发展性课程、游戏课程、情感课程等各种幼儿园试验性的课程，各地也相继开展了课程变革试点工作，结合本地实际编制新课程和新教材。当然在幼儿园变革中还存在不成熟等问题，如许多新课程和新教材仍基于目标模式设计幼儿园课程，强调行为目标，使幼儿园课程变革所强调的儿童发展和活动过程等落空。

3. 进入 21 世纪：我国幼儿园课程变革全面深化

2001 年教育部颁布的《幼儿园教育指导纲要（试行）》，进一步深化和推进了幼儿园课程变革。新纲要在继承规程的基本理念的同时，突出强调了以幼儿发展为本，尊重幼儿的人格和权利，尊重幼儿身心发展的规律和学习特点，以游戏为基本活动，保教并重，关注个别差异，促进每个幼儿富有个性的发展；认定幼儿的学习与发展是一个主动建构的过程，幼儿园教育应注重幼儿自主性的发挥与发展，幼儿园课程要为幼儿提供整合的、情景化、生活化的经验。新纲要将幼儿园教育内容划分为健康、语言、社会、科学、艺术5个领域，强调各领域的内容相互渗透，并规定了各领域目标、内容与要求和指导要点。新纲要为各地提供指导意见的同时，也为幼儿园课程理论和实践工作者提供了更大的自主探索空间。各地在落实文件的过程中，积累了不少成熟的工作经验，幼儿园课程改革进入崭新的发展阶段。

4. 2010年以来：我国幼儿园课程改革迎来新契机

《国家中长期教育改革和发展规划纲要（2010—2020年）》明确提出，积极发展学前教育、促进学前教育事业科学发展。《国务院关于当前发展学前教育的若干意见》明确要求，学前教育要“遵循幼儿身心发展规律，面向全体幼儿，关注个体差异，坚持以游戏为基本活动，保教结合，寓教于乐，促进幼儿健康成长”，我国学前教育事业进入快速发展期，幼儿园课程改革迎来新的历史契机。

教育部于2012年颁布《3～6岁儿童学习与发展指南》，贯彻“终身教育”和“儿童是自主建构者”理念的同时，围绕幼儿发展提出了细致教育建议，帮助广大幼儿园教师和家长了解3～6岁幼儿学习与发展的基本规律和特点，全面提高科学保教水平。为进一步总结推广幼儿园课程改革经验，2016年教育部公布并开始施行《幼儿园工作规程》，标志着有计划、有组织的全国性幼儿园课程改革的开始。2017年的教育部等4部门《关于实施第三期学前教育行动计划的意见》，进一步明确了未来我国学前教育发展和课程改革如何全面提升学前教育，更好促进儿童全面和谐发展的核心任务和重点工作。党的二十大提出“幼有所育”，党和各级政府从顶层设计的高度明确了学前教育作为重大民生工程的重要价值，普惠性学前教育资源迅速扩大，“入园难”“入园贵”问题得到有效缓解。2021年12月教育部等9部门印发的《“十四五”学前教育发展提升行动计划》，我国的学前教育从高速度增长步入高质量发展的战略转型期。

5. 历史影响

20世纪80年代以来，我国幼儿园课程改革重新开局，到巩固深化与整体推进，最终迎来新发展契机，积累了不少成功经验，表现出鲜明时代特征。幼儿园课程改革始终以自上而下与自下而上相互推动、理论研究与实践探索齐头并进的方式展开；幼儿园课程改革基本确立了“以儿童发展为本”、为终身教育奠基的课程框架；为幼儿园课程改革带来了教学方法与学习方式的深层变革；幼儿园课程改革依托的教师专业发展长效机制逐步建立，等等。随着国家各项改革的深入，我国幼儿园课程也进入高质量发展时期。但是在我国，幼儿园课程作为一门学科的时间并不长，借鉴国外经验的同时如何正视自身课程改革历史，课程实践与政策之间的复杂博弈，如何实现城乡幼儿园课程的融合化发展等，我们还需要各个层面合力破解困扰我国幼儿园课程改革的关键问题和系列难题，构建中国式的幼儿园课程体系，我们还有大量的工作要做。

二、国内幼儿园课程变革的发展趋势

在纵观幼儿园课程变革的历史和经验，横观我国的政治、经济、文化等各领域发展状况，以及国际幼儿教育的发展状况的基础上，我国幼儿园课程变革呈现以下发展趋势。

（一）关注传承和发扬中华优秀文化

当今，在全球化和多元化的大背景下，我国幼儿园课程变革在吸取国外幼儿园课程中有价值的元素的同时，更加关注传承和发扬中华优秀文化，并将能反映中华优秀文化的教育、教学内容编入幼儿园课程。幼儿园课程改革关注传承和发扬中华优秀文化，有利于实现幼儿教育的社会价值，有利于培养认同和适应自己文化的中国未来一代合格的公民，有利于传承和发扬中国五千年优秀文化，有利于改变因盲目引进西方文化而导致的负面影响。关注传承和发扬中华优秀文化，并不意味着排斥文化交流，但在幼儿园课程的编制和实施中，应该让中华优秀文化以及能反映中华优秀文化根本价值的东西成为主流。

（二）关注生命教育

从终身教育的视角看，儿童的生命质量决定着国家和民族的前途和命运，因此幼儿园课程变革应关注幼儿的生命教育，以适合幼儿的方式，引导幼儿认识、体验、珍惜、尊重、保护、热爱生命，提升生命质量。幼儿的生命教育一般包括：情绪表现表达、人际沟通、冲突的解决、应付环境的变化，等等。生命教育体现在幼儿园课程的方方面面，它与幼儿的日常生活和活动紧密相连，我们可以通过幼儿园丰富多样的活动和日常生活随时开展生命教育。

（三）健全幼儿园课程管理体系，发挥地方课程管理的中介作用

当前，我国学前教育事业发展规模与质量之间矛盾突出。幼儿园课程管理问题表现在：一方面，课程政策很难转换为课程实践；另一方面，幼儿园层面自主开展课程改革实践过程中乱象丛生，缺乏有效监管，缺乏有效归纳、概括和提升。大家在关注城乡失衡、东西部失衡的同时，国家虽然将大量学前教育经费投向西部和农村地区，但是学前教育质量均衡化发展缺乏相应幼儿园课程改革经验的强力支撑与有效回应。把握区域和园所课程发展的多样化，总结地方和省域课程改革的成功经验，明确地方课程管理的中介责任，是未来我国幼儿园课程改革的重要基础。就如同《中共中央 国务院关于学前教育深化改革规范发展的若干意见》明确提出的："加强幼儿园保育教育资源监管，在幼儿园推行使用的课程教学类资源须经省级学前教育专家指导委员会审核。"

（四）在强调课程有效性的前提下，幼儿园课程走向平衡化

幼儿园课程变革从"二元对立"下"非此即彼"的模式逐渐走向妥协和平衡的"亦此亦彼"的思维方式。幼儿园课程工作者在儿童本位与社会本位、儿童经验与知识逻辑、儿童主体与教师主导以及过程导向与目标导向之间进行协调和妥协，进行兼容和平衡。当然，幼儿园课程走向平衡化不是没有原则和标准的，其原则和标准就是幼儿园课程实施的有效性，即既有益于幼儿的发展，又有益于有效地将幼儿的发展纳入社会需要的轨道。

（五）0～6岁学龄前儿童教育课程一体化

在我国，幼儿园课程历来被认为是服务于3～6岁的幼儿的。近年来，幼儿园课程开始向下延伸，0～6岁儿童的教育出现了一体化的趋向。其主要原因包括：脑科学研究的新进展，让人们认识到0～3岁是人一生发展最为迅速和关键的时期，是开发人的潜能的最佳时期；世界上不少国家都有协调主管0～6岁儿童的保育和教育的各种机构，使0～6岁儿童的保育和教育能得到一

体化管理的趋向；由于出生率的下降，幼儿教育服务功能的扩大等因素，一些幼儿园开始招收 3 岁以下的儿童。0 ~ 6 岁学龄前儿童教育课程一体化，使原本以养育为主的 0 ~ 3 岁儿童教育模式转化为保育和教育相整合的教育模式，也使 0 ~ 3 岁和 3 ~ 6 岁这两个年龄段之间产生了自然的衔接。

（六）幼儿园课程与社区教育和服务相融合

我国幼儿园的发展有逐渐依托社区的发展趋向。社区的服务功能不断扩大和加强，社区资源的综合运用备受关注。幼儿园依托社区、融入社区，其价值不只限于运用社区资源，更重要的是在更宏观的层面上加强了对幼儿及其家庭的全方位的、多层次的和多功能的教育与服务。幼儿园课程与社区教育和服务相融合，会给我国幼儿园课程变革带来新的思路和发展契机。

（七）重视教师专业水平的提高

我国幼儿园课程变革出现的实践问题，与师资水平有很大的关联，在一定程度上，师资水平已经成了决定幼儿园课程变革成败的关键因素，这是因为，幼儿园课程变革所追求的目标最终是要通过教师教育行为的转变才能得以体现的。重视幼儿园教师专业水平的提高，虽然不是幼儿园课程变革本身的问题，但却是我国幼儿园课程变革所急需解决的问题。当前，提高幼儿园教师的专业水平已经成为政府机构、学术机构和教育机构最为关注的问题之一。随着时间的推移，我国的幼儿园课程变革会伴随着教师素质的提高而发生期望中的改观。

小　结

本章详细分析了陈鹤琴、张雪门、张宗麟为代表的 3 位教育家的幼儿园课程思想，并归纳我国幼儿园课程的历史变革和发展趋势。

第一节在分析陈鹤琴的儿童观与教育观的基础上，详细介绍了“五指活动课程”。陈鹤琴是我国现代著名的教育家，是中国化、科学化幼儿教育的奠基人。他认为儿童是一个独特的有价值的人，我们应高度重视儿童的发展性，尊重儿童，“为幼儿教育发现中国儿童”，并“为儿童创办中国幼儿教育”，秉持“大自然、大社会都是活教材”的课程论思想，“做中学，做中教，做中求进步”，最终实现“做人，做中国人，做现代中国人”。陈鹤琴以五个手指比喻课程内容，虽有区别，但却是整体的、连贯的；他主张课程应该是民族的，不是欧美的，课程编制要适应儿童的需要，要具有连续发展性、教育性，并提出了具有可操作性的三种课程编制方法；主张采用“整个教学法”进行课程组织；采用游戏式教学方法、小团体的教学法，通过环境的创设和材料的提供引起幼儿的学习动机，进行课程实施。1925 年，他与张宗麟一起编制了《幼稚生应有的习惯和技能表》，从而开创了我国幼儿园课程评价的先河。陈鹤琴的“五指活动课程”不仅在 20 世纪 50 年代前曾对幼稚园教育产生过重大的影响，而且对于 80 年代以后的幼儿园课程改革也具有重要的影响，即使对于今天我国的幼儿园教育改革也具有重要的借鉴意义和价值。

早在 30 年代，张雪门与陈鹤琴有“南陈北张”之称。张雪门的“行为课程”思想深受中国传统文化的浸染和杜威实用主义思想的影响，也受到福禄贝尔、蒙台梭利课程思想的影响，吸收了行为主义心理学的一些观点，这些都是构成其行为课程的重要理论基础。他认为，“生活就是教育：五六岁的孩子们在幼稚园生活的实践，就是行为课程”，生活与行动是“行为课程”的基本要素。“行为课程”的内容就是儿童周围生活的自然环境和社会环境中能为儿童所接受并有助于其身心发展的各种经验。“行为课程”应遵循整体性、偏重个体发展、注重直接经验的编制原则。为了进一步保证课程实施中“行为”的有效价值，张雪门确立了运用克伯屈的“设计教学法”来拟订“行为课程”计划，并采用“单元教学法”来进行，具体包括：动机、目的、活动、活动过程、工具及材料。张雪门一生实践与智慧的结晶就是“行为课程”，对我国幼儿园课程的改革和发展作出了重大的贡献。

张宗麟指出：“幼稚园课程者，由广义的说之，乃幼稚生在幼稚园一切之活动也。”在张宗麟看来，幼稚园课程的本质是活动。基于对幼儿园课程本质的认识，他按照儿童的活动、学科等不同的划分标准，对幼稚园课程进行了划分。张宗麟的幼稚园课程思想与陈鹤琴的“活教育”、陶行知的“生活教育”紧密相连，最具有特色的是他的幼儿“社会化的幼稚园课程”思想。张宗麟于 1931 年出版的《幼稚园的社会》详细阐述了他关于幼稚园社会教育的主张，对我国幼儿园社会教育的发展产生了深远影响。

我国幼儿园课程的历史变革主要经历了3个阶段：一是20世纪20年代至三四十年代的幼儿园课程变革：深受杜威教育思想的影响，国民政府教育部颁布《幼稚园课程标准》，我国幼儿教育家在探索科学化、中国化的幼儿园课程的道路上付出了艰辛努力，作出了卓越贡献，对我国幼儿园课程的发展与变革产生了深远影响。二是50年代到70年代的幼儿园课程变革：新中国成立初期，我国各项事业百废待兴，当时包括教育在内的各个领域选择了学习苏联的路径，逐渐形成幼儿园学科课程体系。三是80年代以来的幼儿园课程变革经历了重新开局、整体推进、全面深化，迎来了改革新契机，积累了不少成功经验，表现出鲜明的时代特征。国内幼儿园课程变革的发展呈现出关注传承和发扬中华优秀文化，关注生命教育，健全幼儿园课程管理体系，发挥地方课程管理的中介作用，在强调课程有效性的前提下幼儿园课程走向平衡化，0～6岁学龄前儿童教育课程一体化，幼儿园课程与社区教育和服务相融合，重视教师专业水平的提高等发展趋势。

1. 陈鹤琴．陈鹤琴全集［M］．南京：江苏凤凰教育出版社，2019.

2. 王振宇，秦光兰，林炎琴．为幼儿教育发现中国儿童，为儿童创办中国幼儿教育：纪念陈鹤琴先生诞辰125周年［J］．学前教育研究，2018（1）.

3. 戴自俺．张雪门幼儿教育文集（上下卷）［M］．北京：北京少年儿童出版社，1994.

4. 虞永平，张帅．从模仿借鉴到规范创新：新中国成立70年来幼儿园课程的发展［J］．南京师大学报（社会科学版），2019（6）.

5. 杜继纲，蔡冠宇，和卓琳，彭代玉．从编制到理解：我国幼儿园课程改革40年回顾与展望［J］．学前教育研究，2019（3）.

练习题

一、选择题

1. 将儿童生活中可能接触到的事物，依照事物的性质和内容的深浅而分布在各个不同年龄的班级里，如小班研究猫和狗，中班研究羊和牛，大班研究马和虎，该方法属于陈鹤琴提出的（　　）。

A. 圆周法　　B. 直进法　　C. 混合法　　D. 分科法

2. 我国幼儿教育史上第一位男性幼稚园教师是（　　）。

A. 陈鹤琴　　B. 张雪门　　C. 张宗麟　　D. 陶行知

3. 张雪门经过多年实验研究及不断改进，确立了运用设计教学法来拟定行为课程计划，并采用（　　）来进行。

A. 整个教学法　　B. 五指活动课程

C. 单元教学法　　D. 行为课程

4. 20 世纪 50—70 年代我国第二次课程改革主要借鉴了（　　）幼教理论和经验。

A. 日本　　B. 英国　　C. 苏联　　D. 德国

5. 张宗麟认为幼稚园课程应该是（　　）的幼稚园课程。

A. 单元化　　B. 整合化　　C. 生活化　　D. 社会化

二、简答题

简述陈鹤琴“五指活动课程”的基本思想。

参考答案

一、选择题

1. B　2. C　3. C　4. C　5. D

二、简答题

“五指活动课程”是指陈鹤琴以人相连的五指比喻课程内容的 5 个方面

（健康、社会、科学、艺术、语文活动），并以此说明他的“五指活动课程”的特征，即五个方面的课程内容虽各有特色，但是却相互联系、相互影响，并且独立中蕴含整体性。五指“是生长在儿童的手掌上的，指要注意儿童心理和生理的发展，但是不脱离社会实际，领导儿童做合理的活动，予以适当的教养”。“五指活动课程”基本涵盖了幼儿生活的方方面面，五指是活的，可以伸缩、互相联系。因此，教师在预设课程时没有必要硬性要求每个领域都平等地安排相应的内容，不同的活动单元可以根据实际需要有不同的侧重。五种活动又有所侧重，如，健康活动是第一位的，因为强国强身必须首先从重视幼儿的身体素质做起。又比如，他认为幼稚园课程应该特别重视音乐，因为音乐可以陶冶儿童的性情，鼓励儿童进取，发展儿童欣赏美和创造美的能力。虽然可以有所侧重，但是课程本身是整体的、连贯的。就像人的五指生长一样，新的组织在已有的基础上生发出来，并共同构成新的结构，因为接受了相对完善的教育，儿童也因此变得更加完善。